D0681466

MARLEY E EU

JOHN GROGAN

MARLEY E EU

A vida e o amor do pior cão do mundo

Tradução
Pedro Serras Pereira

4.ª edição

IIIII
casadasletras

ISBN 972-46-1668-1
(Edição original: ISBN 0-06-081708-9)

© John Grogan, 2005

Direitos reservados para Portugal
CASA DAS LETRAS/EDITORIAL NOTÍCIAS
Rua Bento de Jesus Caraça, 17
1495-686 Cruz Quebrada
Tel: 21 005 23 50, Fax: 21 005 23 40
E-mail: info@casadasletras.pt

✦ JRP SGPS

Título original: Marley & Me
Tradução: Pedro Serras Pereira
Revisão: Silvina de Sousa
Capa: Neusa Dias

Edição: 10 06 0021
1.ª edição: Junho de 2006
4.ª edição: Julho de 2006
Depósito legal n.º 246 084/06

Pré-impressão: JCT
Impressão e acabamento: Multitipo – Artes Gráficas, Lda.

Em memória do meu pai, Richard Frank Grogan, cujo espírito delicado inspira todas as páginas deste livro

ÍNDICE

PREFÁCIO

O CÃO PERFEITO

No Verão de 1967, quando eu tinha dez anos, o meu pai cedeu aos meus insistentes apelos e levou-me a escolher o meu cão. Juntos seguimos na nossa carrinha pela província do Michigan até chegarmos a uma quinta governada por uma mulher bem constituída juntamente com a sua mãe, uma mulher de outro tempo. A quinta produzia um único bem — cães. Cães de todas as espécies, feitios, idades e temperamentos. Tinham apenas duas coisas em comum: eram todos vadios de ascendência indistinta e desconhecida, e todos estavam disponíveis para uma boa casa. Estávamos numa quinta de vira-latas.

— Vá lá, filho, tens o tempo todo que precisares — disse o meu pai. — A decisão que tomares vai acompanhar-te durante muitos anos daqui para a frente.

Depressa decidi que os cães mais velhos eram um caso para a caridade alheia. Fui imediatamente a correr para a jaula dos cachorros.

— Não deves querer um cão medroso — aconselhou o meu pai. — Tenta abanar a jaula para veres os que não têm medo.

Agarrei no portão de gradeado e puxei-o com um estrondo metálico. Uma dúzia de cachorros cambaleou para trás, estatelando-se uns em cima dos outros num monte de pêlo arrepiado. Ficou apenas um. Era dourado com uma centelha amarela no peito e arremeteu contra o portão, abanando a cauda destemidamente. Deu um pulo e lambeu-me excitadamente os dedos através do gradeamento. Foi amor à primeira vista.

Trouxe-o para casa numa caixa de cartão e chamei-lhe *Shaun*. Era um desses cães que contribuem para dar bom nome à raça. Obedecia a todas as ordens que eu lhe ensinei e era naturalmente bem-educado. Podia deixar cair uma côdea no chão que ele só lhe tocava quando eu lhe fazia sinal. Vinha até mim quando o chamava e ficava sempre que lho ordenava. Deixávamo-lo sair sozinho à noite, pois sabíamos que não tardava a regressar das suas voltas. Não é que o fizéssemos muitas vezes, mas podíamos deixá-lo sozinho em casa durante várias horas, certos de que não provocaria nenhum acidente nem faria disparate algum. Corria com os carros sem ir atrás deles e passeava ao meu lado sem trela. Era capaz de mergulhar até ao fundo do nosso lago e reemergir com pedras tão grandes que chegavam a ficar-lhe presas nos maxilares. Não havia nada de que mais gostasse do que andar de carro e sentar-se calmamente no banco detrás ao meu lado nas viagens em família, contente por passar horas à janela a ver o mundo a desfilar. E, o que era melhor, treinei-o para me puxar na minha bicicleta através do bairro à laia de trenó, viajando sem esforço, para grande inveja dos meus amigos. Nunca me pôs em perigo.

Estava comigo quando fumei o meu primeiro (e último) cigarro e quando beijei uma rapariga pela primeira vez. E estava ali ao meu lado quando surripiei o *Corvair* do meu irmão mais velho para a minha primeira volta de carro.

Shaun era vivo mas controlado, afectivo mas calmo. Tinha a dignidade e as boas maneiras para se esconder timidamente por trás dos arbustos para fazer as suas necessidades, ficando apenas com a cabeça de fora. Graças a este seu hábito higiénico, o nosso relvado era sempre seguro para se andar descalço.

Os nossos familiares vinham visitar-nos aos fins-de-semana e voltavam para casa decididos a comprar também um cão, de tão impressionados que ficavam com *Shaun* — ou o *Santo Shaun*, como passei a chamar-lhe. Era uma piada de família chamar-lhe *Santo*, mas em que quase se podia acreditar. Nascido sob o signo de uma linhagem duvidosa, era um dos dez milhares de cães indesejados na América. Contudo, por um qualquer golpe de boa fortuna, tornara-se desejado. Entrou na minha vida e eu na dele — e ao fazê-lo deu-me a infância que todas as crianças merecem.

O caso amoroso durou catorze anos, e quando ele morreu já eu deixara de ser o miúdo que o trouxera para casa nesse dia de Verão. Era já um homem, recém-saído da faculdade e a trabalhar no outro extremo do estado no meu primeiro emprego. O *Santo Shaun* ficara para trás quando eu parti. O lugar dele era ali. Os meus pais, por essa altura reformados, telefonaram a dar-me a notícia. A minha mãe dir-me-ia mais tarde: «Em cinquenta anos de casamento, só vi o teu pai chorar duas vezes. A primeira foi quando perdemos a Mary Ann» — a minha irmã, ainda recém-nascida. «A segunda quando o *Shaun* morreu.»

O *Santo Shaun* da minha infância. Era um cão perfeito. Pelo menos é assim que o hei-de recordar. Foi o *Shaun* que estabeleceu o critério segundo o qual iria julgar todos os cães que se seguiram.

1

UM CASAL E UM CACHORRO

Éramos jovens e apaixonados. Estávamos a viver esses primeiros dias sublimes de casamento em que a vida parece melhor do que nunca. Só estávamos bem um com o outro.

E assim, numa noite de Janeiro de 1991, a minha mulher há quinze meses e eu jantámos rapidamente e saímos para responder a um anúncio dos classificados do *Palm Beach Post*.

Porque estávamos a fazer isto, não tinha bem a certeza. Algumas semanas antes acordara um dia logo de madrugada e encontrara a cama vazia ao meu lado. Levantei-me e vi Jenny de roupão, sentada na mesa de vidro no alpendre do nosso pequeno bangaló, debruçada sobre o jornal com uma esferográfica na mão.

Não havia nada de estranho na cena. O *Palm Beach Post* não só era o nosso jornal como a fonte de metade do rendimento do nosso lar. Éramos um casal de jornalistas de carreira. Jenny trabalhava como escritora numa secção do *Post* chamada «Accent», ao passo que eu era um repórter no jornal concorrente da zona, o *Sun-Sentinel* da Florida do Sul, que ficava a uma hora de carro para sul, em Fort Lauderdale. Todas as manhãs começávamos por passar os jornais em revista, vendo como as nossas histórias eram tratadas e desenvolvidas pela concorrência. Assinalávamos, sublinhávamos e agrafávamos mecanicamente.

Mas nessa manhã o nariz de Jenny não estava nas páginas dos jornais mas sim na secção dos classificados. Quando me aproximei, vi que assinalava febrilmente o cabeçalho «Animais domésticos — cães».

— Uh — disse eu naquela voz de marido recente, ainda vagamente trémula e gentil. Alguma coisa que eu deva saber?

Ela não respondeu.

— Jen-Jen?

— É a planta — disse ela por fim, com a voz percorrida por uma pequena nota de exaspero.

— A planta? — perguntei.

— Essa estúpida planta — disse ela. — A que nós matámos.

A que *nós* matámos? Não é que eu fizesse questão de frisar este ponto, mas para que fique claro tratava-se da planta que *eu* comprara e que *ela* matara. Tinha-a surpreendido com ela uma noite, uma *dieffenbachia* grande e encantadora com folhas variegadas de amarelo e esmeralda.

— Qual é a ocasião? — perguntara ela.

Mas não havia ocasião nenhuma em especial. Tinha-lha dado por razão nenhuma em especial, apenas como quem diz: *Caramba, a vida de casados não é bestial?*

Ela tinha adorado quer o gesto quer a planta e agradecera lançando os braços à volta do meu pescoço e beijando-me nos lábios. Depois apressou-se a matar a minha prenda com a eficácia de um assassino impiedoso. Não é que o tenha feito deliberadamente; simplesmente, regou a pobre criatura até a matar. Não se pode dizer que a Jenny tivesse mão para as plantas. Partindo do pressuposto de que todas as coisas vivas requerem água, mas esquecendo-se, aparentemente, de que também precisam de ar, começou a afogar a *dieffenbachia* diariamente.

— Tem cuidado para não lhe pores água a mais — alertara eu.

— *Okay* — retorquira ela, para depois lhe despejar mais um litro em cima.

Quanto mais doente a planta ficava, mais ela a alagava, até que por fim acabou por se desfazer num monte de terra com água a escorrer. Olhei para o seu esqueleto mirrado no vaso à janela e pensei: *Caramba, alguém que acreditasse em augúrios teria aqui pano para mangas.*

E agora aqui estava ela, fazendo o salto cósmico da flora morta num vaso para a fauna viva dos animais domésticos dos classificados. *Mata uma planta, compra um cão.* Bem, claro que fazia todo o sentido.

Olhei mais atentamente para o jornal à sua frente e vi que aquele anúncio em particular parecia ter captado a sua atenção. Tinha desenhado três estrelas gordas ao seu lado. Podia ler-se: «Cães *labrador*, amarelos. Puro-sangue do AKC[1]. Todas as vacinas. Progenitores no local.

— Então — disse eu —, importas-te de recapitular o que aconteceu da planta ao cachorro?

— Sabes — disse ela, olhando para cima. — Esforcei-me tanto e olha o que aconteceu. Nem sequer consigo cuidar de uma planta. Quer dizer, será que é assim *tão* difícil? A única coisa que é preciso é regar o diabo da coisa.

Até que chegou ao assunto principal:

— Se eu não consigo tratar de uma planta, como vou poder cuidar de um bebé? — Parecia a ponto de desatar a chorar.

A questão do bebé, como eu lhe chamava, tinha-se tornado uma constante na vida da Jenny e estava a agravar-se cada vez mais. No dia em que nos conhecemos, num pequeno jornal no Michigan ocidental, ela saíra da faculdade havia poucos

---

[1] American Kennel Club — organização nacional de desenvolvimento e registo de cães de raça pura, constituída por mais de quinhentos clubes autónomos. *(N. do T.)*

meses, e a vida adulta parecia um conceito distante. Era o nosso primeiro emprego fora da escola. Comíamos muita piza, bebíamos muita cerveja e nem sequer púnhamos a hipótese de um dia virmos a ser outra coisa que não jovens consumidores incorrigíveis de piza e cerveja.

Mas os anos foram passando. Mal tínhamos começado a andar juntos quando várias oportunidades profissionais — e um programa de pós-graduação para mim — nos levaram em direcções diferentes pelo Leste dos Estados Unidos. A princípio estávamos apenas a uma hora de carro de distância um do outro. Depois passámos a estar a três. A seguir a oito e a vinte e quatro. Quando aterrámos os dois no Sul da Florida e demos o nó, ela tinha quase trinta anos. Os seus amigos começavam a ter filhos. O seu corpo enviava-lhe mensagens estranhas. A janela da oportunidade para a procriação, outrora aparentemente aberta, começava a fechar-se lentamente.

Debrucei-me sobre ela por trás, envolvi-lhe os ombros com os braços e beijei-a na testa. — Está tudo bem — disse-lhe.

Mas tive de admitir que era uma boa questão. Nenhum de nós alguma vez tivera de alimentar o que quer que fosse nas nossas vidas. Claro que tínhamos tido animais de estimação em crianças, mas esses não contavam. Sempre soubéramos que os nossos pais os iriam manter vivos e de boa saúde. Ambos sabíamos que um dia queríamos ter filhos, mas estaria algum de nós realmente à altura da tarefa? As crianças eram tão… tão… assustadoras. Eram frágeis e indefesas e parecia que se quebrariam facilmente se as deixássemos cair.

Um pequeno sorriso despontou no rosto de Jenny.

— Pensei que talvez um cão fosse um bom treino — disse.

Enquanto conduzíamos através da escuridão, em direcção a noroeste para fora da cidade onde os subúrbios de West Palm Beach se esbatem em propriedades rurais, pensei na nossa decisão de trazer um cão para casa. Era uma grande responsa-bilidade, especialmente para duas pessoas com empregos a tempo inteiro. Ainda assim sabíamos no que nos estávamos a meter. Ambos tínhamos crescido com cães e adorávamo-los imensamente. Eu tinha tido o *Santo Shaun* e Jenny o *Santo Winnie*, o adorado *setter* inglês da sua família. Havia quase sem-pre cães presentes nas memórias mais felizes das nossas infân-cias. Passear com eles, nadar com eles, brincar com eles, metermo-nos em sarilhos com eles. Se a intenção de Jenny fosse ter um cão apenas para treinar as suas competências mater-nais, teria tentado dissuadi-la e aplacá-la com um peixe-dou-rado, por exemplo. Mas tal como sabíamos que queríamos ter filhos um dia, sabíamos com igual certeza que a nossa casa de família não ficaria completa sem um cão esparramado aos nos-sos pés. Quando éramos namorados, muito antes de os bebés alguma vez entrarem no nosso horizonte, passávamos horas a conversar sobre os saudosos animais domésticos da nossa infân-cia, e como um dia desejaríamos — assim que tivéssemos uma casa a que pudéssemos chamar nossa e alguma estabilidade nas nossas vidas — voltar a ter um cão.

Agora tínhamos ambas as coisas. Estávamos juntos num sítio que não planeávamos deixar nos tempos mais próximos. E uma casa a que podíamos chamar nossa.

Era uma casinha perfeita num lote vedado de mil metros quadrados, ideal para um cão. E a localização também era per-feita, um bairro citadino assustador, a um quarteirão e meio do canal Intracosteiro, que separava West Palm Beach das man-sões esparsas de Palm Beach. Na base da nossa rua, a Churchill Road, um parque verde alinhado com um caminho pavimen-tado estendia-se por várias milhas ao longo do canal. Era ideal para correr e andar de bicicleta e de patins. E, mais do que qualquer outra coisa, para passear o cão.

A casa fora construída nos anos cinquenta e tinha o encanto das casas da Florida antiga — uma lareira, paredes de gesso, janelas grandes e arejadas e portas francesas conduzindo ao nosso espaço favorito, o alpendre das traseiras. O pátio era um pequeno refúgio tropical, repleto de palmeiras, bromélias, abacateiros e cóleos de cores vivas. A dominar a propriedade havia uma mangueira enorme; todos os verões ela largava os seus frutos pesados com baques sonoros e grotescos, como se fossem corpos a cair do tecto. Ficávamos acordados na cama a ouvir: *Tum! Tum! Tum!*

Alguns meses depois de voltarmos da nossa lua-de-mel, comprámos um bangaló de dois quartos e uma casa de banho e começámos imediatamente a remobilá-lo. Os antigos donos, um funcionário dos correios reformado e a mulher, adoravam a cor verde. O estuque exterior era verde. As paredes interiores eram verdes. As cortinas também. As persianas eram verdes. A porta da frente era verde. A carpete, que eles tinham acabado de comprar para ajudar a vender a casa, era verde. Nem um verde-amarelado-vivo nem um verde-esmeralda-frio ou mesmo um verde-lima mais ousado, mas sim um verde de vomitar-as-entranhas-depois-de-uma-sopa-de-ervilhas acentuado com um toque de caqui. Aquilo mais parecia uma tenda militar.

Na nossa primeira noite em casa arrancámos a alcatifa verde nova de ponta a ponta e arrastámo-la até ao passeio. Onde estivera a carpete encontrámos um assobradado de carvalho que, tanto quanto se podia ver, jamais experimentara a sola de um único sapato. Afagámo-lo e encerámo-lo aplicadamente, deixando-o lustroso e brilhante. Depois saímos e gastámos a maior parte de duas semanas de salário num tapete persa feito à mão, que desfraldámos na sala de estar em frente da lareira. Ao longo dos meses, fomos repintando e substituindo todas as superfícies e acessórios verdes. A pouco e pouco, a casa do funcionário dos correios começava a tornar-se nossa.

Claro que, quando acabámos de pôr a casinhola em ordem, fazia todo o sentido trazer um colega de quarto enorme de quatro patas com as unhas das patas afiadas, dentes grandes e competências de língua inglesa excessivamente limitadas para começar a dar cabo dela outra vez.

— Mais devagar, dingo, senão falhas o corte — ralhou Jenny. — Deve estar mesmo a aparecer.

Estávamos a avançar no meio de uma escuridão total através daquilo que em tempos fora uma região pantanosa, drenada para a agricultura após a Segunda Guerra Mundial e mais tarde colonizada por habitantes dos subúrbios em busca de um estilo de vida rústico.

Tal como Jenny previra, os nossos faróis não tardaram a iluminar uma caixa de correio assinalada com a direcção que procurávamos. Cortei numa estrada de cascalho que levava a uma grande propriedade arborizada com um lago em frente da casa e um pequeno celeiro nas traseiras. À entrada da casa, fomos recebidos por uma mulher de meia-idade chamada Lori, que nos deu as boas-vindas com um *labrador retriever* amarelo a seu lado.

— Esta é a *Lily*, a mãe babada — disse Lori depois de nos apresentarmos.

Podíamos ver que cinco semanas depois do parto *Lily* ainda tinha o ventre inchado e as tetas pronunciadas. Ajoelhámo-nos, e ela aceitou benevolentemente as nossas festas. Era exactamente aquilo que um *labrador* devia ser — doce, afeiçoado, calmo e lindo de morrer.

— Onde está o pai? — perguntei.

— Oh — disse a mulher, hesitando por uma fracção de segundo. — O *Sammy Boy*? Anda por aí algures —, apressando-se a acrescentar — Imagino que estejam ansiosos para verem os cachorros.

Conduziu-nos através da cozinha para um quarto que tinha servido de sala de aleitamento. O chão estava coberto de jornais e a um canto havia uma caixa espalmada alinhada com toalhas de praia velhas. Mas nós mal reparámos nessas coisas. Como poderíamos observar o que quer que fosse quando havia nove cachorrinhos amarelos tropeçando uns nos outros enquanto se amontoavam para espreitar os últimos forasteiros a aparecer de visita? Jenny suspirou.

— Meu Deus — disse ela. — Acho que nunca vi nada tão lindo na minha vida.

Sentámo-nos no chão e deixámos os cachorros treparem--nos pelas pernas enquanto *Lily* saltitava à nossa volta, a cauda a abanar e o focinho a aconchegar cada uma das suas crias para se certificar de que estava tudo bem. O acordo que eu fizera com Jenny quando concordara em vir até aqui era que iríamos dar uma vista de olhos aos cachorros, fazer algumas perguntas e manter o espírito aberto quanto à eventualidade de nos sentirmos realmente preparados para trazer um cão para casa.

— Este é o primeiro anúncio a que estamos a responder — dissera eu. — Não vamos tomar decisões precipitadas.

Mas bastaram trinta segundos para eu ver que já tinha perdido a batalha. Não havia dúvida de que antes de a noite acabar um destes cachorros iria ser nosso.

Lori era aquilo a que se chama um criador de quintal. No que respeitava à compra de um cão puro, éramos meros novatos, mas tínhamos lido o suficiente para saber que devíamos evitar as chamadas fábricas de cães, essas operações comerciais de criação que reproduzem puros-sangues como a Ford produz os seus *Taurus*. Ao contrário dos automóveis construídos em série, os cães com *pedigree* podem vir com graves problemas hereditários, que poderão variar da displasia da anca à cegueira precoce, provocados pela procriação consanguínea.

Lori, por outro lado, fazia da criação um *hobby*, motivada mais pelo amor à criação do que pelo lucro. Possuía apenas uma cadela e um cão. Provinham de linhagens distintas e tinha os registos para o provar. Esta seria a segunda e última ninhada da *Lily* antes de se retirar para a boa vida de animal doméstico do campo. Com ambos os progenitores no local, o comprador podia confirmar a linhagem pessoalmente — embora no nosso caso o pai estivesse na rua e fora do baralho.

A ninhada consistia em cinco fêmeas, todas reservadas excepto uma, e quatro machos. Lori pedia quatrocentos dólares pela fêmea remanescente e trezentos e setenta e cinco pelos machos. Um deles parecia ser-nos particularmente afeiçoado. Era o mais patusco do grupo e arremeteu contra nós, pulando às cambalhotas sobre as nossas pernas e esgravatando as nossas camisas para nos lamber as caras. Abocanhava-nos os dedos com uns dentes de bebé surpreendentemente afiados e troteava em círculos desajeitados à nossa volta com umas patas amarelo-torradas gigantes verdadeiramente desproporcionadas face ao resto do corpo.

— Aquele ali pode levá-lo por três e meio — disse a dona.

Jenny é uma regateadora fanática com o hábito de trazer para casa toda a sorte de objectos de que nós nem precisamos nem queremos pelo simples facto de terem um preço demasiado atractivo para os deixar passar.

— Bem sei que jogas golfe — disse-me ela um dia enquanto puxava de uma colecção de tacos da bagageira do carro.

— Mas nem imaginas o negócio que eu fiz com eles.

E agora os olhos dela brilhavam.

— Oh, querido — arrulhou ela. — O pequenino está livre!

Tive de admitir que era realmente adorável. E vivaço. Sem que tivesse tempo de perceber o que ele estava a fazer, já o sacana me roera metade da correia do relógio.

— Temos de fazer o teste do medo — disse eu.

Já contara a Jenny a história de ter ido buscar o *Santo Shaun* quando era miúdo várias vezes e de como o meu pai me ensinara a fazer um gesto brusco ou um barulho alto para fazer a triagem entre os medrosos e os resolutos. Sentada no meio dos cachorros, Jenny lançou-me aquele rolar de olhos que normalmente reservava para os comportamentos peculiares da família Grogan.

— A sério — disse eu. — Funciona.

Levantei-me, virei costas aos cachorros e voltei a rodopiar bruscamente, dando um grande passo na direcção deles, e berrei: «Hei!» Mas ninguém parecia demasiado preocupado com as contorções deste estranho. Só um deles avançou ao encontro da investida. Era o *Cachorro Livre*. Arremeteu contra mim a todo o gás, fazendo-me um bloqueio de corpo atravessado contra os tornozelos e abocanhando-me os atacadores como se convencido de que eles fossem um inimigo perigoso que precisasse de ser destruído.

— Acho que é o destino — disse Jenny.

— Achas que sim? — perguntei, levantando-o na palma da mão diante da cara, estudando-lhe a carantonha. Ele olhou-me com uns olhos castanhos de derreter o coração e mordiscou-me o nariz. Atirei-o para os braços de Jenny, e ele fez a mesma coisa a ela. — Lá que parece gostar de nós, parece — disse eu.

E assim foi. Passámos um cheque de trezentos e cinquenta dólares a Lori, e ela disse-nos que podíamos ir buscar o *Cachorro Livre* daí a três semanas, quando ele tivesse oito semanas e desmamasse. Agradecemos-lhe, fizemos uma última festa a *Lily* e despedimo-nos.

A caminho do carro, pus o braço à volta do pescoço de Jenny e apertei-a contra mim.

— Dá para acreditar? — perguntei. — Acabámos mesmo por encontrar o nosso cão.

— Estou em pulgas para o trazer para casa — disse ela.

Ao chegar ao carro, ouvimos um barulho vindo da floresta. Havia alguma coisa a remexer por entre os arbustos — e a arfar ruidosamente. Soava como aquelas coisas que se ouvem nos filmes de terror. E vinha na nossa direcção. Ficámos petrificados, de olhos postos na escuridão. O som tornava-se cada vez mais próximo e mais alto. Depois, a coisa irrompeu na clareira e arremeteu na nossa direcção, uma mancha amarela. Uma *enorme* mancha amarela. Enquanto passava por nós a galopar, parecendo nem sequer dar pela nossa presença, vimos que era um grande *labrador retriever*. Mas nada que se parecesse com a doce *Lily*, à qual tínhamos acabado de fazer festas. Este estava encharcado e coberto de lama e espigas. Tinha um ar selvagem com a língua descaída para um dos lados e espumando pela boca. No vislumbre momentâneo que me foi dado registar detectei um brilho estranho, ligeiramente tresloucado, e, no entanto, alegre nos seus olhos. Era como se este animal tivesse acabado de ver um fantasma — e não pudesse estar mais entusiasmado com isso. Depois, com o estridor retumbante de uma manada de búfalos, desapareceu por trás da casa e a perder de vista. Jenny soltou um pequeno suspiro.

— Acho — disse eu, com um ligeiro enjoo a crescer-me na garganta — que acabámos de conhecer o pai.

2

ÀS VOLTAS COM O SANGUE AZUL

O nosso primeiro acto oficial enquanto donos do cão foi ter uma discussão. Começou na viagem de regresso da casa do criador e continuou em acessos e fragmentos ao longo da semana seguinte. Não havia maneira de nos pormos de acordo sobre o nome a dar ao nosso *Cachorro Livre*. Jenny arrasava as minhas sugestões, e eu as dela. A batalha culminou uma manhã antes de sairmos para o emprego.

— Chelsea? — disse eu. — Mas que nome *tão* chique. Um cão que se preze jamais aceitaria um tal nome.

— Como se ele soubesse — retorquiu Jenny.

— *Caçador* — reafirmei. — Caçador é perfeito.

— *Caçador?* Estás a brincar, não? Não me digas que estás numa de macho desportista? É demasiado masculino. Para além disso, nunca caçaste coisa nenhuma em toda a vida.

— Ele é um macho — acrescentei, irritado. — *É suposto que seja masculino*. Não faças disto pretexto para uma das tuas tiradas feministas.

A coisa não estava a correr bem. Eu tinha acabado de abrir as hostilidades. À medida que Jenny se preparava para contra-atacar, tentei reconduzir rapidamente a discussão para a minha proposta principal.

— Não vejo qual é o problema de *Louie*.

— Nenhum, se fores um gasolineiro — retorquiu ela.

— Hei! Calma aí! Estamos a falar no nome do meu avô. Ou achas que lhe devíamos dar antes o nome do teu avô? «*Lindo* cão, *Bill*!».

Enquanto discutíamos, Jenny encaminhou-se distraidamente para a aparelhagem e pôs o leitor de cassetes a tocar. Era uma das suas estratégias de combate conjugal. Em caso de dúvida, abafar o adversário. A cadência sincopada do *reggae* de Bob Marley começou a pulsar nos altifalantes, com um efeito quase instantaneamente apaziguador em ambos.

Só tínhamos descoberto o falecido cantor jamaicano quando nos mudámos do Michigan para o Sul da Florida. No marasmo provinciano do Upper Midwest, fôramos submetidos a uma dieta rigorosa de Bob Seger e John Cougar Mellencamp. Mas aqui no pulsar étnico que era o Sul da Florida, a música de Bob Marley, mesmo uma década após a sua morte, estava por todo o lado. Ouvíamo-la no rádio do carro enquanto seguíamos pelo Boulevard Biscayne. Ouvíamo-la enquanto beberricávamos *cafés cubanos* em Little Havana e comíamos galinha seca jamaicana nas pequenas espeluncas dos sombrios bairros imigrantes a oeste de Fort Lauderdale. Ouvíamo-la enquanto provávamos a nossa primeira fritada de conchas no Bahamian Goombay Festival, na zona de Coconut Grove, em Miami, e enquanto fazíamos compras de arte haitiana em Key West.

Quanto mais explorávamos, mais nos apaixonávamos, quer pelo Sul da Florida quer um pelo outro. E Bob Marley parecia estar sempre como pano de fundo. Estava presente enquanto nos bronzeávamos na praia, enquanto pintávamos as paredes verdes desbotadas da nossa casa, enquanto acordávamos de madrugada com os guinchos dos papagaios e fazíamos amor aos primeiros raios de luz filtrados pela aroeira da nossa janela. Apaixonámo-nos pela sua música por aquilo que era, mas também pelo que ela definia, que era esse momento nas nossas vidas em que deixávamos de ser dois e passávamos a ser um só. Bob Marley era a banda sonora da nossa vida juntos neste sítio estranho, exótico e selvagem, que era tão diferente de qualquer outro onde tivéssemos vivido antes.

E agora ouvíamos a nossa canção favorita irromper dos altifalantes, uma canção dolorosamente bela que nos falava directamente ao coração. A voz de Marley enchia o quarto, repetindo o coro vezes sem fim: *Is this love that I'm feeling?* E exactamente ao mesmo tempo, em uníssono perfeito, como se o tivéssemos ensaiado durante semanas, gritámos ambos: «*Marley*!»

— É isso mesmo! — exclamei eu. — É o nosso nome.— Jenny estava a sorrir, o que era bom sinal. Experimentei-o para ver o tamanho. — Anda, *Marley*! — ordenei.

Jenny entrou no ritmo:

Marley, és um fofinho-lindo-lindo-lindo!

— Hei, acho que resulta — disse.

Jenny também achava. A nossa luta acabara. Tínhamos achado o nome do nosso cachorro.

Na noite seguinte, depois do jantar, fui ao quarto onde Jenny estava a ler e disse:

— Acho que precisamos de apimentar um bocado o nome.

— Do que estás a falar? — perguntou ela. — Ambos o adoramos.

Eu estivera a ler os papéis de registo no American Kennel Club. Como um *labrador retriever* puro com ambos os pais devidamente registados, *Marley* tinha igualmente direito ao registo no AKC. Isto só era realmente necessário se uma pessoa quisesse participar em exposições ou fazer criação de cães, para o que não haveria papel mais importante. Para um animal de estimação, porém, era perfeitamente inútil. Mas eu tinha grandes planos para o nosso *Marley*. Esta era a primeira vez que eu contactava com alguma coisa que se parecesse com alta linhagem, incluindo na minha própria família. Tal como *Santo Shaun*, o cão da minha infância, eu era um badameco de origem indistinta e sem distinção. A minha linhagem representava mais nações do que a União Europeia. Este cão era o mais perto do sangue azul a que eu alguma vez chegaria e não estava disposto a desperdiçar as oportunidades que ele me oferecia. Tenho de admitir que estava um pouco deslumbrado.

— Suponhamos que queríamos entrar numa competição com ele — disse eu. — Alguma vez viste um campeão com um só nome? Têm sempre títulos longos, como *Sir Dartworth of Cheltenham.*

— E o seu senhor, Sir Dorkshire de West Palm Beach — disse Jenny.

— Estou a falar a sério — acrescentei. — Podíamos ganhar dinheiro como criadores. Sabes quanto pagam as pessoas por um cão de alta craveira? Têm todos nomes fantásticos.

— Como queiras, querido — respondeu Jenny, e retomou o seu livro.

Na manhã seguinte, depois de uma noite de ebulição mental, abordei-a no lavatório da casa de banho e disse-lhe:

— Surgiu-me o nome ideal.

Ela olhou para mim cepticamente.

— Venha ele — atirou ela.

— *Okay.* Estás pronta? Aqui vai. — Deixei que cada palavra me caísse lentamente dos lábios: — *Sua Majestade... Marley... Grogan... de Churchill.*

Caramba, pensei eu, *que nome tão majestoso.*

— Caramba — observou Jenny —, que nome tão idiota.

Não me importei. Era eu que estava a tratar da papelada e já tinha preenchido o nome. A tinta. Jenny bem podia ironizar; quando *Sua Majestade Marley Grogan de Churchill* granjeasse as máximas honras no Westminster Kennel Club Dog Show daí a alguns anos e eu o troteasse gloriosamente à volta do ringue antes de uma adorável audiência televisiva internacional, veríamos quem riria melhor.

— Anda cá, meu duque *dorky* — disse Jenny. — Vamos tomar o pequeno-almoço.

3

A CAMINHO DE CASA

Enquanto contávamos os dias até podermos trazer *Marley* para casa, tornei-me um leitor tardio sobre *labradores retriever*. E digo *tardio* porque quase tudo o que eu lia dava-me o mesmo conselho veemente: antes de comprar um cão, não deixe de investigar minuciosamente a raça para saber exactamente no que se está a meter. Uuups.

Um morador num apartamento, por exemplo, dificilmente se daria bem com um são-bernardo. Uma família com filhos pequenos faria bem em evitar o *chow-chow*. Uma pessoa inactiva à procura de um cão de colo para ajudar a passar o tempo em frente da televisão seria levado à loucura por um *border collie*, que precisa de correr e trabalhar para ser feliz.

Tenho vergonha de admitir que Jenny e eu não fizéramos pesquisa quase nenhuma antes de nos decidirmos por um *labrador retriever*. Escolhemos a raça com base num único critério: atracção de rua. Já por muitas vezes os admiráramos com os seus donos ao longo do trilho de bicicletas do canal Intracosteiro — galhofeiros enormes, altivos e apalermados que pareciam adorar a vida com uma paixão nunca vista neste mundo. Mais embaraçoso ainda, a nossa decisão não tinha sido influenciada pelo *The Complete Dog Book*, a bíblia das raças caninas publicada pelo American Kennel Club, ou por qualquer outro guia reputado. Foi influenciada por esse outro peso-pesado da literatura canina, *The Far Side*, de Gary Larson. Éramos grandes fãs dessa banda desenhada. Larson enchia as suas pranchas de *labradores* urbanos e espirituosos que faziam e diziam as coisas mais terríveis. Sim, falavam! Como não gostar deles? Os *labradores* eram animais imensamente divertidos — pelo menos às mãos de Larson. E quem não gostaria de ter um pouco mais de diversão na vida? Estávamos rendidos.

Agora, enquanto me debruçava sobre trabalhos mais sérios acerca do *labrador retriever*, sentia-me aliviado ao verificar que a nossa escolha, por mais mal-informada que fosse, não era tão desastrada quanto isso. A literatura estava cheia de testemunhos candentes acerca da personalidade afectuosa e equilibrada do *labrador retriever*, da sua afeição às crianças, da sua falta de agressividade e do seu desejo de agradar. A sua inteligência e maleabilidade faziam dele uma primeira escolha para o treino de busca e salvamento e como cães-guias para cegos e deficientes. Tudo isto era bastante auspicioso para um animal de estimação numa casa onde também acabaria por haver crianças mais tarde ou mais cedo.

Um dos guias debitava: «O *labrador retriever* é conhecido pela sua inteligência, afeição aos humanos, destreza de movimentos e incansável dedicação a qualquer tarefa. Outro deslumbrava-se com a enorme lealdade da raça. Este conjunto de qualidades havia levado o *labrador retriever* de cão de desporto, protegido pelos caçadores de aves devido à sua capacidade para recolher patos e faisões de águas frias, ao animal de estimação mais apreciado da América. No ano imediatamente anterior, em 1990, o *labrador retriever* destituíra o *cocker spaniel* nos registos do American Kennel Club enquanto raça mais popular do país. Desde então, nenhuma outra raça esteve perto de superar o *labrador*. Em 2004, cumpriu o seu décimo quarto ano consecutivo como o cão de topo do AKC, com 146 692 indivíduos registados. Num distante segundo lugar vinham os *golden retrievers*, com 52 550, e, em terceiro lugar, os pastores-alemães, com 46 046.

Acidentalmente, havíamos tropeçado numa raça de que a América parecia não se fartar. Não era possível que todos esses americanos felizes com os seus cães se tivessem enganado, pois não? Tínhamos escolhido um vencedor com provas dadas. E no entanto a literatura estava cheia de advertências agoirentas.

Os *labradores* tinham sido criados como cães de trabalho e possuíam normalmente uma energia ilimitada. Eram altamente sociáveis e não ficavam bem sozinhos por muito tempo. Podiam ser cabeçudos e difíceis de treinar. Precisavam de exercício físico rigoroso todos os dias, sob pena de se tornarem destrutivos. Alguns eram altamente excitáveis e difíceis de controlar, mesmo para os experientes criadores de cães. Tinham aquilo que poderia parecer ser uma eterna infância de cachorros, estendendo-se por três anos ou mais. A sua adolescência, longa e exuberante, exigia especial paciência por parte dos donos.

Eram musculados e tinham sido criados ao longo dos séculos para se adaptarem à dor, qualidades estas que lhes eram bastante úteis quando mergulhavam nas águas geladas do Atlântico Norte para ajudar os pescadores. Mas tendo uma casa por cenário, essas mesmas qualidades significavam que podiam ser como um elefante numa loja de porcelana. Eram animais grandes, fortes, de peito bem formado que nem sempre tinham noção da sua própria força. Uma dona contar-me-ia mais tarde que um dia amarrara o seu *labrador* macho à grelha do portão da garagem para que ele pudesse estar por perto enquanto ela lavava o carro à entrada. O cão localizou um esquilo e atirou--se a ele, arrancando a estrutura metálica directamente da parede.

Depois tropecei numa frase que me despertou uma centelha de medo no coração. «Os progenitores podem ser um dos melhores indicadores do futuro temperamento do seu novo cão. Uma percentagem surpreendente do comportamento é hereditária.» A imagem daquele supercão irrompendo do meio da floresta a espumar e coberto de lama na noite em que fomos escolher o nosso cachorro acudiu-me imediatamente ao espírito. *Valha-me Deus*, pensei eu. O livro aconselhava, sempre que possível, a ver o pai e a mãe. Assaltou-me então outra imagem, desta vez a forma quase imperceptível como a criadora hesitara quando lhe perguntei onde estava o pai. *Oh... anda por aí algures*. E depois a forma como ela se apressara a mudar de assunto. Começava a fazer sentido. Qualquer comprador de cães mais avisado teria exigido conhecer o pai. E o que teria ele encontrado? Um dervixe maníaco irrompendo cegamente através da noite como se levasse um bando de demónios no seu encalço. Rezei silenciosamente para que *Marley* tivesse herdado o temperamento da mãe.

Genética individual à parte, os *labradores* puros partilham todos de certas características previsíveis. O American Kennel Club estabelece padrões para as qualidades que os *labradores retriever* deverão possuir. Fisicamente, são sólidos e musculados, com uma pelagem curta, densa e resistente ao frio. O pêlo pode ser preto, castanho ou de toda uma vasta gama de amarelos, do bege-claro ao vermelho-raposa. Uma das características distintivas do *labrador retriever* é a sua cauda grossa e vigorosa, que se assemelha à de uma lontra e pode varrer uma mesa de café de um só golpe. A cabeça é grande e maciça, com maxilares poderosos e orelhas arrebitadas e frouxas. A maioria dos *labradores* tem cerca de sessenta centímetros de altura na cernelha ou nos membros e o macho típico pesa entre trinta e trinta e seis quilos, embora alguns possam pesar bastante mais.

Mas, ainda de acordo com o AKC, não é só o aspecto que faz de um *labrador* um *labrador*. A descrição da raça do clube afirma: «Tal como a cauda do "castor", o temperamento do verdadeiro *labrador retriever* é uma marca distintiva da raça. Idealmente é de uma natureza meiga, afável e dócil, um animal sempre ansioso por agradar e destituído de agressividade para com homens ou animais. O *labrador* tem tudo para agradar às pessoas. O seu trato dócil, a sua inteligência e adaptabilidade fazem dele um cão ideal.»

Um cão ideal! Dificilmente se poderia encontrar recomendação mais auspiciosa. Quanto mais lia, melhor me sentia acerca da nossa decisão. Mesmo as advertências não me assustavam por aí além. Jenny e eu iríamos dedicar-nos naturalmente ao nosso novo cão, cobrindo-o de atenções e carinhos. Estávamos empenhados em levar o tempo que fosse necessário para o ensinar a obedecer e treinar as suas competências sociais. Éramos ambos caminheiros entusiásticos, batendo o caminho à beira-mar quase todas as tardes depois do trabalho, e muitas vezes de manhã. Seria perfeitamente natural trazermos o nosso cão novo para os nossos passeios enérgicos. Haveríamos de deixar o sacana de rastos. O escritório de Jenny ficava a pouco mais de um quilómetro de distância, e como ela vinha almoçar a casa todos os dias podia atirar bolas para ele apanhar no pátio das traseiras e ajudá-lo a queimar mais um bocado dessa tal energia ilimitada para que fôramos alertados.

Uma semana antes de trazermos o nosso cão para casa, Susan, a irmã de Jenny, ligou de Boston. Ela, o marido e os seus dois filhos estavam a planear ir ao Disney World na semana seguinte; quereria a Jenny pegar no carro e ir passar uns dias com eles? Uma tia carinhosa que procurava uma oportunidade para se aproximar dos seus sobrinhos — Jenny ficou ansiosa por ir. Mas estava dilacerada.

— Não vou estar cá para ir buscar o pequeno *Marley* — disse ela.

— Vai — aconselhei-a eu. — Eu vou buscar o cão e preparar tudo para quando voltares.

Tentei parecer indiferente, mas no meu íntimo estava exultante com a perspectiva de ter o cachorro só para mim durante uns dias seguidos de vinculação masculina ininterrupta. Ele ia ser o nosso projecto conjunto, pertencente a ambos por igual. Mas eu nunca acreditei que um cão pudesse obedecer a dois donos, e se só podia haver um líder principal na hierarquia familiar, então preferia que fosse eu. Esta pequena corrida de três dias dar-me-ia uma vantagem inicial.

Uma semana mais tarde, Jenny partiu para Orlando — a três horas e meia de distância. Nessa noite após o trabalho, numa sexta-feira, regressei à casa da criadora para ir buscar o novo elemento das nossas vidas. Quando Lori trouxe o meu novo cão das traseiras da casa, soltei uma exclamação bem audível. O cachorro que tínhamos escolhido três semanas antes mais do que duplicara. Arremeteu de cabeça contra os meus tornozelos, caindo enrolado aos meus pés e rebolando-se de barriga para o ar, patas a abanar, no que eu só podia esperar ver um sinal de súplica. Lori deve ter sentido o meu choque.

— Está a ficar um menino crescido, não está? — perguntou ela alegremente. — Havia de vê-lo a devorar a comidinha para cão!

Agachei-me, cocei-lhe a barriga, e perguntei:

— Estás pronto para ir para casa, *Marley*? — Era primeira vez que usava o seu novo nome a sério e soou-me bastante bem.

Já no carro, usei duas toalhas de praia para lhe arranjar uma boa cama e aconcheguei-o no banco do passageiro. Mas mal tinha entrado na estrada quando ele se começou a contorcer-se e a tentar sair das toalhas. Arrojou-se sobre a barriga na minha direcção, chiando enquanto avançava. Chegado à consola central, *Marley* encontrou os primeiros de muitos imbróglios que haveria de descobrir ao longo da sua vida. Ali estava ele, as patas traseiras suspensas sobre o lado do passageiro e as dianteiras sobre o do condutor. No meio, o estômago estava firmemente assente no travão de mão. As pequenas patas, levantadas, esperneavam em todas as direcções. Remexia-se, sacudia-se e balançava-se, mas estava varado como um cargueiro num banco de areia. Inclinei-me e passei-lhe a mão pelo lombo, o que apenas o excitou ainda mais e desencadeou novo surto de espasmos. As patas detrás procuravam desesperadamente tracção na pequena superfície alcatifada entre os dois assentos. A pouco e pouco, começou a trabalhar as patas detrás no ar, com o traseiro a subir, a subir, a subir, a cauda a dar a dar furiosamente, até a lei da gravidade finalmente triunfar. Escorregou de cabeça até ao outro lado da consola, caindo com um salto mortal aos meus pés e rebolando de barriga para o ar. Daí foi só saltar rapidamente para o meu colo.

Meu Deus, que felicidade a dele — tremendamente feliz. Tremia de alegria enquanto aconchegava a cabeça na minha barriga e mordiscava os botões da camisa, a cauda a bater no volante como o ponteiro de um metrónomo.

Não tardei a descobrir que podia interferir na cadência da sua cauda pelo simples facto de lhe tocar. Quando tinha ambas as mãos no volante, o compasso era de três pulsações por segundo. *Tap. Tap. Tap.* Mas bastava encostar-lhe um dedo na cabeça para que o ritmo saltasse da valsa para a bossa nova. *Tap-tap-tap-tap-tap-tap!* Dois dedos e passava a um mambo. *Tap-tapa-tap-tapa-tap!* E quando lhe cobria a cabeça com a mão e lhe massajava o pêlo com os dedos, o compasso explodia para um samba ao ritmo de uma metralhadora. *Tatatatatata-tatata-tatatatata!*

— Uau! Tens um ritmo e peras! — disse-lhe eu. — És mesmo um cão de *reggae.*

Quando chegámos a casa, levei-o para dentro e desapertei-lhe a trela. Ele desatou a farejar e só parou após ter farejado quase todos os centímetros quadrados do apartamento. Depois sentou-se nas patas traseiras e levantou o focinho para mim como quem diz: *boa onda, mas onde estão os meus irmãos e irmãs?*

A realidade desta nova vida só se confirmou plenamente à hora de ir para a cama. Antes de o ir buscar, tinha-lhe preparado um sítio para dormir na garagem anexa à nossa casa. Nunca lá estacionávamos, usando-a mais como armazém e sala de serviço. A máquina de lavar e a de secar roupa estavam lá, bem como a tábua de passar a ferro. A sala era seca e confortável e tinha uma porta que dava para um pátio vedado. E era virtualmente indestrutível, com o seu chão e paredes de cimento.

— *Marley* — disse eu alegremente, levando-o até lá —, este é o teu quarto.

Eu tinha espalhado brinquedos de roer por todo o lado, jornais pelo meio do chão, enchido uma tigela de água e feito uma cama com um caixote forrado com um pedaço de uma colcha. — E aqui é onde vais dormir — disse eu, e pousei-o dentro da caixa. Ele estava habituado a tais acomodações mas sempre as partilhara com os seus irmãozinhos. Agora pateava o fundo da caixa e olhava para mim com um ar abandonado. À laia de teste, recuei para dentro de casa e fechei a porta. Fiquei parado à escuta. A princípio nada. Depois, um leve choramingar, quase inaudível. Depois uma choradeira desbragada. Parecia que alguém o estava a torturar.

Abri a porta e ele parou de ganir assim que me viu. Fui ter com ele e fiquei a fazer-lhe festinhas durante alguns minutos, após o que voltei a sair. De pé do outro lado da porta, comecei a contar. Um, dois, três... Ele deu-me sete segundos até os ganidos e latidos recomeçarem. Repetimos o exercício várias vezes, sempre com o mesmo resultado. Eu já estava cansado e decidi que era altura de ele ganir até adormecer. Deixei a luz da garagem acesa, fechei a porta, encaminhei-me para o outro lado da casa e arrastei-me para a cama. As paredes de cimento não conseguiam abafar os seus clamores desesperados. Fiquei deitado, tentando ignorá-los, achando que ele acabaria por desistir e adormecer a qualquer momento. Mas a gritaria continuou. Mesmo depois de ter enrolado a almofada à volta da cabeça, continuava a ouvi-lo. Pensei nele ali sozinho pela primeira vez na vida, neste ambiente estranho sem um único cheiro canino. A mãe estava desaparecida, bem como todos os irmãozinhos. Pobre animal. E se fosse comigo?

Aguentei-me mais uma meia hora até me levantar e ir ter com ele. Mal me localizou, a sua expressão avivou-se e a cauda começou a abanar contra a caixa. Era como se estivesse a dizer: *anda lá, salta cá para dentro; há aqui imenso espaço.* Em vez disso, levantei a caixa com ele lá dentro e levei-a para o meu quarto, coloquei-a no chão bem encostada à cama. Deitei-me mesmo na borda do colchão, com o braço descaído para dentro da caixa. Assim adormecemos os dois, a minha mão pousada em cima dele, sentindo a sua caixa torácica a subir e descer a cada fôlego.

4

MR. WIGGLES

Durante os três dias seguintes entreguei-me de corpo e alma ao nosso novo cão. Fiquei no chão com ele e deixei-o pular e rebolar por cima de mim. Brinquei à luta com ele. Usei uma toalha das mãos velha para jogar ao cabo-de-guerra com ele — e fiquei surpreendido com a força que já tinha. Ia atrás de mim para todo o lado — e tentava abocanhar qualquer coisa a que pudesse deitar o dente. Levou apenas um dia a descobrir a melhor coisa que havia na sua casa nova: papel higiénico. Desaparecia na casa de banho e, cinco segundos depois, voltava a correr cá para fora, com a ponta do rolo de papel higiénico cerrada nos dentes, com uma serpentina de papel desenrolada atrás dele enquanto corria às voltas pela casa. Era como se a nossa casa tivesse sido decorada para a Noite das Bruxas.

De meia em meia hora levava-o ao pátio das traseiras para ele se aliviar. Quando tinha acidentes em casa, ralhava-lhe. Quando fazia chichi na rua, encostava a minha bochecha à dele e congratulava-o na minha voz mais doce. E quando fazia cocó lá fora, continuava como se ele tivesse acabado de acertar na chave do Totoloto.

Quando Jenny regressou do Disney World, entregou-se a ele com o mesmo abandono. Era uma coisa maravilhosa de se ver. À medida que os dias se sucediam vi na minha jovem mulher uma faceta calma, gentil e maternal que ainda não me tinha sido dado conhecer. Pegava nele ao colo; fazia-lhe festinhas; brincava com ele; fazia trinta por uma linha com ele. Escovava--lhe o pêlo a pente fino em busca de pulgas e carraças. Levantava-se a meio da noite quase de hora a hora — noites a fio — para o levar à casa de banho no quintal. Foi isso, mais do que qualquer outra coisa, que fez dele um cão domesticado em apenas algumas semanas.

Acima de tudo, dava-lhe de comer.

Seguindo as instruções do saco, dávamos a *Marley* três grandes tigelas de comida para cão por dia. Devorava qualquer naco de comida em questão de segundos. O que entrava tinha de sair, claro está, e o nosso pátio das traseiras foi-se tornando tão convidativo como um campo de minas. Não nos podíamos aventurar no quintal senão de olhos muito bem abertos. Se o apetite de *Marley* era grande, os seus excrementos eram ainda maiores, montículos gigantes que pareciam praticamente inalterados face ao que lhe entrara boca adentro. Estaria ele sequer a digerir aquilo que comia?

Aparentemente sim. *Marley* crescia a um ritmo galopante. Como uma daquelas trepadeiras selvagens que podem recobrir uma casa em poucas horas, desenvolvia-se exponencialmente em todas as direcções. A cada dia que passava ia-se tornando cada vez maior, um pouco mais selvagem, um pouco mais alto, um pouco mais pesado. Tinha nove quilos e meio quando o trouxe para casa nessa primeira noite e daí a algumas semanas já pesava vinte e dois. A sua cabecinha gira e engraçada que eu aconchegara facilmente enquanto conduzia nessa noite rapidamente se metamorfoseou em algo semelhante em forma e peso a uma bigorna de ferreiro. As patas eram enormes, os músculos surgiam já desenhados nos flancos e o seu peito tornara-se robusto como um *bulldozer*. Tal como os livros prometiam, a sua cauda fina de cachorro começava a tornar-se grossa e vigorosa como a de um castor.

Que cauda aquela. Todos os objectos na nossa casa ao nível do joelho ou mais abaixo caíam por terra sob as espadeiradas da cauda de *Marley*. Varria as mesas de chá, espalhava revistas pelo chão, derrubava fotografias emolduradas das prateleiras, lançava garrafas de cerveja e copos de vinho pelos ares. Chegou mesmo a quebrar uma persiana de uma janela francesa. Gradualmente, todos os artigos que não foram derrubados migraram para um patamar mais alto e seguro acima do movimento da sua matraca dançante. Os nossos amigos com crianças vinham visitar-nos e espantavam-se:

— A vossa casa já é à prova de bebé!

Marley não abanava apenas a cauda. Abanava o corpo todo, começando pelas partes dianteiras e prolongando todo o movimento para trás. Era como a versão canina de um *Slinky*. Parecia-nos que não tinha ossos, mas tão-só um grande músculo elástico. Jenny começou a chamar-lhe *Mr. Wiggles*[2].

E não havia altura em que se abanasse mais do que quando tinha qualquer coisa na boca. A sua reacção a qualquer situação era sempre a mesma: agarrar o sapato ou o lápis mais próximo — qualquer objecto servia, na verdade — e correr com ele. Parecia haver uma pequena voz na sua cabeça a sussurrar-lhe: *força! Apanha-o! Baba-o todo! Corre*!

Alguns dos objectos que ele apanhava eram suficientemente pequenos para serem dissimulados, o que parecia agradar-lhe especialmente — parecia pensar que estava a conseguir ludibriar-nos. Mas *Marley* jamais daria um bom jogador de póquer. Quando tinha alguma coisa para esconder, não conseguia disfarçar o seu júbilo. Punha sempre um ar empertigado, até explodir numa espécie de frenesim maníaco, como se tivesse levado um pontapé no traseiro de um folião invisível. O seu corpo começava a tremer, a sua cabeça a abanar de um lado

2 A partir de *wiggle*, «abanar(-se)», «sacudir(-se)», em inglês. *(N. do T.)*

para o outro e o seu traseiro desandava numa espécie de dança espasmódica. Chamávamos a isso o *mambo do Marley*.

— Então, o que foi desta vez? — perguntava e enquanto me aproximava ele encetava a sua fuga, ziguezagueando pela sala, os quartos traseiros a subir e a descer como os eixos de uma locomotiva, tão exultante com o seu prémio proibido que era incapaz de se conter. Quando finalmente o conseguia encurralar e obrigar a abrir as mandíbulas, nunca ficava de patas a abanar. Havia sempre alguma coisa que ele tinha apanhado do caixote do lixo ou do chão ou, à medida que se ia tornando mais alto, directamente da mesa da sala de jantar. Guardanapos de papel, lenços de papel amarrotados, recibos da mercearia, rolhas de garrafas, clipes para papéis, peças de xadrez, cápsulas de garrafas — era como uma sucata. Um dia entreabri-lhe as mandíbulas e descobri-lhe o cheque do meu ordenado emplastrado no céu-da-boca.

Daí a semanas, já era difícil lembrarmo-nos de como era a vida antes da chegada do nosso novo inquilino. Caímos rapidamente numa rotina. Eu começava todas as manhãs, antes mesmo da primeira chávena de café, por levá-lo num passeio rápido de ida e volta até à praia. Depois do pequeno-almoço e do meu duche matinal, patrulhava o pátio das traseiras de pá em punho, enterrando minas terrestres na areia e nas traseiras da garagem. Jenny ia para o emprego antes das nove, e eu raramente saía de casa antes das dez, depois de trancar *Marley* no seu búnquer de betão com um «porta-te bem, *Marley*». Ao meio-dia e meia, Jenny vinha a casa na sua hora de almoço, altura em que lhe dava a refeição do meio do dia e lhe atirava uma bola no pátio das traseiras até o deixar extenuado. Nas primeiras semanas, fazia igualmente uma viagem rápida a casa a meio da tarde para o levar à rua. A maioria das noites, depois de jantar, saíamos os dois com ele até à marginal, onde caminhávamos ao longo do canal enquanto os iates de Palm Beach passavam indolentemente ao pôr do Sol.

Caminhar é provavelmente a palavra errada. *Marley* passeava como uma locomotiva em fuga. Corria à frente, debatendo-se com a trela com todas as suas forças, enrouquecendo e quase sufocando na sua obstinação. Nós puxávamo-lo para trás. Ele arrastava-nos para a frente. Nós puxávamos e ele rebocava-nos, arfando como um fumador compulsivo, estrangulado pela coleira. Guiava para a esquerda e para a direita, disparando para todas as caixas de correio e arbustos, farejando, arquejando e urinando descontroladamente, acabando por se molhar mais a si próprio do que ao alvo pretendido. Descrevia círculos à nossa volta, enredando-nos a trela nos tornozelos antes de pular novamente para a frente, quase nos atirando ao chão. Quando alguém se aproximava com outro cão, *Marley* dardejava em direcção a eles, rejubilante, erguendo-se nas patas detrás quando chegava ao fim da trela, ansioso por fazer novos amigos.

— Parece mesmo apaixonado pela vida — comentou o dono de um cão, e isto dizia tudo.

Ainda era suficientemente pequeno para nos permitir ganhar estas guerras de puxões, mas a cada semana que passava a balança de poderes pendia cada vez mais para o seu lado. Começava a ficar grande e forte. Era óbvio que não faltava muito para ser mais forte do que qualquer um de nós. Sabíamos que precisaríamos de o refrear e ensiná-lo a obedecer prontamente, sob pena de nos vir a arrastar para mortes humilhantes por atropelamento no meio da estrada. Os nossos amigos com mais experiência de cães diziam-nos para não precipitarmos o regime de obediência.

— Ainda é muito cedo — aconselhou um deles. — Gozem a infância dele enquanto podem. Já não não falta muito. Depois, podem dedicar-se seriamente a treiná-lo.

Foi o que fizemos, o que não quer dizer que lhe tenhamos dado rédea solta. Estabelecemos regras e tentámos pô-las em prática de modo consistente. As camas e a mobília eram de acesso interdito. Beber água na casa de banho, cheirar as virilhas e roer as pernas das cadeiras eram crimes passíveis de repreensão, embora parecessem justificar o risco. *Não* tornou--se a nossa palavra preferida. Trabalhávamos com ele as regras básicas — anda, quieto, senta, deita —, com pouco sucesso. *Marley* era novo e eléctrico, atento como uma galinha e volátil como nitroglicerina. Era tão excitável que qualquer interacção deixava-o num frenesim de o fazer trepar as paredes, com um efeito de café triplo. Só anos mais tarde nos apercebemos, mas estes eram os primeiros sinais desse estado que viria a ser cunhado para descrever o comportamento de milhares de meninos de escola difíceis de controlar, catraios com bicho-carpinteiro. O nosso cachorro era um caso exemplar de perturbação de hiperactividade com défice de atenção.

Ainda assim, apesar de todas as suas extravagâncias juvenis, *Marley* estava a cumprir um papel importante na nossa relação. O próprio facto de ser um caso perdido provava a Jenny que era capaz de lidar com a sua vocação maternal. Havia várias semanas que tinha *Marley* ao seu cuidado, e a verdade é que ele ainda estava vivo. Mais do que isso, estava cheio de energia e vigor. Por vezes gracejávamos que talvez devêssemos começar a reduzir-lhe a ração para deter o seu crescimento e mitigar os seus índices de vitalidade.

A transformação de Jenny de assassina implacável de plantas em mamã criadora de animais continuou a surpreender--me. Penso que até se surpreendeu a si mesma. Estava dentro dela. Um dia, *Marley* desatou a soluçar violentamente. Antes de eu sequer me aperceber de que ele estava aflito, já Jenny tinha pulado da cadeira. Agachou-se, abriu-lhe a boca com uma mão e enfiou-lhe a outra bem fundo na goela, desencantando uma enorme bola de celofane envolta em saliva. Um dia inteiro de trabalho. *Marley* deixou escapar um último tossido, martelou a cauda contra a parede e levantou o focinho para ela com uma expressão que parecia querer dizer: *podemos fazer isto outra vez?*

À medida que nos sentíamos mais à vontade com o novo membro da família, falávamos espontaneamente no sentido de expandir a nossa família de outras maneiras. Semanas depois de trazermos *Marley* para casa, decidimos deixar de usar contraceptivos. Não é que tenhamos resolvido engravidar, o que seria um gesto demasiado arrojado para duas pessoas que tinham dedicado as suas vidas a ser tão indecisas quanto possível. Em vez disso, limitámo-nos a retroceder um passo, decidindo deixar de tentar *não* engravidar. Era uma lógica um pouco retorcida, admitíamos, mas de algum modo fazia-nos sentir melhor. Sem pressão. A mínima pressão. Não estávamos a tentar ter um bebé; apenas a deixar acontecer o que o destino nos reservasse. Deixar a natureza seguir o seu caminho. *Seja o que Deus quiser* e tudo isso.

Na verdade, estávamos aterrorizados. Tínhamos vários amigos que haviam tentado fazer filhos durante meses, anos mesmo, sem êxito, e que a pouco e pouco tornaram o seu desespero público. A meio de um jantar de amigos desatavam a falar obsessivamente das idas ao médico, dos números de esperma e da medição dos ciclos menstruais, para grande embaraço de toda a gente à mesa. Afinal, que pode uma pessoa dizer nestas alturas? *Acho que os vossos números de esperma parecem óptimos*! Era quase dolorosamente insuportável. Tínhamos um medo de morte de acabar como eles.

Jenny tivera já várias crises de endometriose antes de casarmos e fora sujeita a uma cirurgia laparoscópica para remover o excesso de tecidos desvitalizados das suas trompas de falópio, o que não augurava nada de bom quanto à sua fertilidade. Ainda mais perturbante era um pequeno segredo do nosso passado. Nesses primeiros tempos apaixonados da nossa relação, quando o desejo subjugava por completo qualquer coisa que se parecesse com bom senso, nós tínhamos atirado todas as precauções para um canto juntamente com as nossas roupas e feito sexo de modo arrebatado e negligente, sem usar qualquer tipo de contraceptivo. Não só uma mas muitas vezes. Fora uma enorme estupidez, e, olhando para trás vários anos depois, devíamos beijar o chão de gratidão por termos escapado miraculosamente a uma gravidez indesejada. Em vez disso, a única coisa que conseguíamos pensar era: *o que se passa connosco? Nenhum casal normal poderia ter fornicado daquela maneira sem protecção sem ter de se haver com as consequências. Estávamos ambos convencidos de que a concepção não ia ser tarefa fácil.*

Por isso, enquanto os nossos amigos anunciavam os seus planos para tentar engravidar, nós permanecíamos calados. Jenny ia simplesmente guardar os seus contraceptivos no armário dos medicamentos e não pensar mais no assunto. Se ficasse grávida, óptimo. Se não, bem, a verdade é que também não estávamos propriamente a tentar, pois não?

O Inverno em West Palm Beach é uma altura maravilhosa do ano, marcada por noites frias e dias quentes, secos e soalheiros. Depois do Verão longo, insuportável e indolente, grande parte do qual passado sob ar condicionado ou saltando de sombra em sombra na tentativa de evitar o sol escaldante, o Inverno era a altura em que celebrávamos o lado ameno dos subtrópicos. Fazíamos todas as nossas refeições no alpendre das traseiras, espremíamos laranjas frescas apanhadas da laranjeira do quintal todas as manhãs, cuidávamos de um pequeno jardim de ervas e de alguns tomateiros plantados ao longo da fachada lateral da casa e apanhávamos pequenos hibiscos em botão que púnhamos a boiar em pequenas taças de água na mesa da sala de jantar. À noite dormíamos debaixo de janelas abertas, com o aroma perfumado de gardénias a pairar sobre nós.

Num desses dias magníficos de fins de Março, Jenny convidou um colega do trabalho para trazer o seu *basset hound*, chamado *Buddy*, para um encontro de cães. *Buddy* era um cão recolhido por um canil com o focinho mais triste que eu alguma vez tinha visto. Soltámos os dois cães no pátio das traseiras e lá desataram eles aos pulos. O velho *Buddy* não sabia exactamente o que fazer deste adolescente louro hiperactivo que corria e pulava que nem uma seta, descrevendo círculos cada vez mais apertados à sua volta. Mas levou a coisa com bonomia, e brincaram e galhofaram um com o outro durante uma hora até se quedarem à sombra da mangueira, exaustos.

Alguns dias depois, *Marley* começou a coçar-se sem parar. Arranhava-se com tal violência, que tínhamos medo de que pudesse começar a sangrar. Jenny ajoelhou-se imediatamente e iniciou uma das suas inspecções de rotina, passando-lhe as mãos pelo pêlo e apartando-lho entre os dedos para lhe examinar a pele por baixo. Ao fim de alguns segundos, exclamou:

— Raios me partam! Anda cá ver isto.

Eu espreitei por cima do ombro dela mesmo a tempo de ver um pequeno ponto negro desaparecer rapidamente do sítio onde ela lhe tinha apartado o pêlo. Espojámo-lo no chão e começámos a examinar-lhe o pêlo centímetro a centímetro. *Marley* estava encantado com a dupla atenção de que gozava e arfava alegremente, a cauda a bater no chão. Para onde quer que olhássemos víamo-las por todo o lado. Pulgas! Carradas delas. Surgiam-lhe entre os dedos, sob a coleira e refugiavam-se-lhe no interior das orelhas frouxas. Mesmo que não fossem demasiado rápidas para serem apanhadas, o que não era o caso, eram tantas que nem sequer valia a pena pensar em começar a tirá-las.

Já tínhamos ouvido falar das lendárias pulgas e carraças da Florida. Só com temperaturas realmente gélidas, e não com meras geadas, é que as colónias de pulgas eram aniquiladas. Durante a maior parte do ano, floresciam naquele clima ameno e húmido. Aqui, até as mansões dos milionários ao longo da praia em Palm Beach tinham baratas. Jenny estava passada dos carretos; o seu cão estava infestado de vermes. Claro que atirámos a culpa toda para cima do *Buddy* sem termos provas consistentes. Jenny tinha imagens mentais não só da infestação do cão como da nossa casa inteira. Pegou na chave do carro e saiu a correr porta fora.

Meia hora depois estava de volta com um saco cheio de químicos para criar o nosso próprio centro de acção ambiental. Havia banhos antipulgas, pó antipulgas, nebulizadores antipulgas, espumas antipulgas e líquidos desinfectantes antipulgas. Havia um pesticida para o relvado, que, segundo o tipo da loja, teria de ser borrifado de fio a pavio se queríamos ter alguma esperança de que as malditas se rendessem. Havia ainda uma escova especialmente concebida para remover os ovos dos insectos.

Enfiei a mão no saco e saquei o recibo.

— Valha-me Deus, amor — disse. — Este dinheiro dava para alugar uma avioneta de desinfestação.

A minha mulher não estava preocupada. Voltara a assumir o papel de assassina — desta vez para proteger os seus entes queridos — e não estava a brincar. Lançou-se impetuosamente à tarefa. Esfregou *Marley* no tanque da roupa, usando sabonetes especiais. Depois juntou-lhe o desinfectante, que continha o mesmo químico, notei eu, que o insecticida para o relvado, e despejou-o sobre ele até o encher dos pés à cabeça. E enquanto ele ficava a secar na garagem, cujo cheiro se assemelhava a uma unidade industrial da Dow Chemical, Jenny aspirava furiosamente — chão, paredes, alcatifas, cortinas, almofadas, camas e sofás. Depois começou a borrifar a casa com *spray*. E enquanto ela criava uma nuvem antipulgas lá dentro, eu criava outra cá fora.

— Achas que demos cabo destas filhas da mãe? — perguntei.

— Acho que sim — respondeu.

O nosso ataque em várias frentes na colónia de pulgas do número 345 de Churchill Road foi um sucesso retumbante. Todos os dias examinávamos *Marley*, entre os dedos, dentro das orelhas, sob a cauda, ao longo da barriga e em todos os pontos acessíveis do seu corpo. Não encontrámos o menor indício de uma pulga em lado nenhum. Verificámos as alcatifas, os sofás, as bainhas das cortinas, o relvado — e nada. Tínhamos exterminado o inimigo.

5

A TIRA DE TESTE

Algumas semanas depois estávamos deitados na cama a ler quando Jenny fechou o livro e disse:

— Se calhar não é nada.

— O que não é nada? — perguntei, ausente, sem levantar os olhos do meu livro.

— O meu período está atrasado.

Tinha toda a minha atenção.

— O teu período? Ai está? — Voltei-me para ela.

— Isto acontece de vez em quando. Mas já passa mais de uma semana. E também me tenho andado a sentir um bocado esquisita.

— Esquisita como?

— Como se tivesse uma ligeira gripe estomacal, não sei bem. No outro dia bebi um golinho de vinho e pensei que ia vomitar.

— Isso nem parece teu.

— Só de pensar em álcool dá-me náuseas.

Não ia dizer nada, mas a verdade é que ela também andava um bocado intratável ultimamente.

— Achas que...— ia eu a perguntar.

— Não sei. E tu?

— Como hei-de saber?

— Eu não disse nada — sublinhou Jenny. — É só uma hipótese — percebes. Não quero dar má sorte.

Foi aí que eu percebi como isto era importante para ela — e para mim também. De certo modo, o desejo de ter um filho insinuara-se sub-repticiamente dentro de nós; estávamos prontos para ter um bebé. Ficámos os dois lado a lado durante um bom bocado, sem dizer nada, só a olhar em frente.

— Nunca mais vamos conseguir dormir — disse eu por fim.

— O *suspense* está a dar-me cabo dos nervos — admitiu ela.

— Anda lá, vai vestir-te — acrescentei. — Vamos à farmácia comprar um *kit* de teste de gravidez.

Enfiámo-nos nos nossos calções e *T-shirts* e abrimos a porta de entrada, com *Marley* aos pulos à nossa frente, exultante com a perspectiva de uma volta de carro a meio da noite. Empinou-se nas patas detrás junto ao nosso *Toyota Tercel*, pulando para baixo e para cima, tremebundo, com a saliva a pender-lhe dos queixos, ofegante, absolutamente fora de si com a antecipação do grande momento em que eu lhe abriria a porta do carro.

— Credo, até parece que é ele o pai — disse eu.

Quando abri a porta, pulou para o banco com tal deleite que voou directamente para o outro lado, parando apenas ao embater estrondosamente com a cabeça no vidro, aparentemente sem dano de maior.

A farmácia estava aberta até à meia-noite e eu fiquei com *Marley* no carro à espera enquanto Jenny saía a correr. Há certas compras para as quais os homens não foram feitos, e os testes de gravidez vêm certamente num dos primeiros lugares dessa lista. O cão começou a andar de um lado para o outro no banco, a ganir, os olhos grudados na porta da farmácia. Como era de seu timbre sempre que estava excitado, o que praticamente só não acontecia quando se encontrava a dormir, estava a arfar e a salivar abundantemente.

— Oh, por amor de Deus, sossega lá um bocadinho — disse-lhe eu. — O que achas que ela vai fazer? Fugir de nós pela porta das traseiras?

Ele respondeu sacudindo-se com grande alvoroço, borrifando-me com uma chuva de baba de cão e pêlo solto. Já nos habituáramos às boas maneiras de *Marley* no automóvel, pelo que tínhamos sempre uma toalha de emergência no banco da frente, que eu usava para me limpar e ao interior do carro.

— Aguenta aí os cavalos — disse-lhe. — Tenho a certeza de que ela tenciona voltar.

Cinco minutos depois Jenny regressava, com um pequeno saco na mão. À medida que saíamos do parque de estacionamento, *Marley* enfiou os ombros entre os assentos da frente do nosso pequeno monovolume, balançando as patas dianteiras no meio da consola, com o nariz a tocar no espelho retrovisor. A cada curva que fazíamos, caía desamparado com o peito sobre a alavanca do travão de mão. E após cada novo tombo, imperturbável e mais feliz do que nunca, voltava para o seu poleiro.

Alguns minutos depois estávamos na casa de banho com o nosso *kit* de oito dólares e noventa e nove espalhado ao lado da sanita. Li as instruções em voz alta.

— *Okay* — disse eu. — Informa que é infalível noventa e nove por cento das vezes. A primeira coisa que tens de fazer é urinar neste copo.

O passo seguinte foi mergulhar uma pequena tira de teste de plástico na urina e depois num frasquinho com uma solução que vinha com a embalagem.

— Espera cinco minutos — referi. — Depois introduzimo-la na segunda solução durante quinze minutos. Se ficar azul, estás oficialmente de esperanças, menina!

Contámos os primeiros cinco minutos. Depois Jenny introduziu a tira no segundo frasco e disse:

— Não consigo ficar a olhar.

Fomos para a sala de estar e fizemos conversa de circunstância, como se estivéssemos simplesmente à espera que fervesse a água na chaleira.

— Então e aqueles golfinhos — gracejei.

Mas tinha o coração a palpitar violentamente e uma sensação de apreensão nervosa a subir-me pelo estômago. Se o teste fosse positivo, aí sim, as nossas vidas iam mudar para sempre. Se fosse negativo, Jenny ficaria destroçada. E eu provavelmente também, comecei a pensar. Uma eternidade depois, o alarme tocou.

— Vamos a isto — disse eu. — Seja como for, sabes que te adoro.

Entrámos na casa de banho e tirámos a tira de teste do frasco. Não havia margem para dúvidas, era azul. Tão azul como o mar mais profundo. Um azul-escuro, vivo, de um blusão da marinha. Um azul absolutamente inconfundível.

— Parabéns, meu amor — disse-lhe.

— Oh, meu Deus — foi a única coisa que ela conseguiu responder, e lançou-se nos meus braços.

Enquanto permanecemos junto da sanita, abraçados, de olhos fechados, dei-me gradualmente conta de uma grande agitação aos nossos pés. Lá estava *Marley*, sacudindo-se, a abanar a cabeça, com a cauda a bater na porta do roupeiro com tanta força que julguei que a ia amolgar. Quando me baixei para lhe fazer uma festa, ele esquivou-se e fugiu. *Uh-oh*. Era o *mambo do Marley*, e isso só podia querer dizer uma coisa.

— O que tens tu desta vez? — perguntei, e comecei a persegui-lo. Ele troteou até à sala de jantar, saltitando para fora do meu alcance sempre que eu estava prestes a apanhá-lo. Quando finalmente o encurralei e lhe abri as goelas, comecei por não ver coisa alguma. Depois, lá bem no fundo da sua língua, no limiar do não retorno, prestes a desaparecer no alçapão, vi algo. Era uma coisa fina, longa e espalmada. E azul como o mar mais profundo. Enfiei a mão e saquei a nossa tira de teste positiva. — Desculpa lá desiludir-te, meu velho — disse eu. — Mas esta vai para o álbum de família.

Jenny e eu desatámos a rir e continuámos por um bom bocado. Divertimo-nos imenso a especular sobre o que estaria a passar por aquela sua enorme cabeça quadrangular. *Hmmm, se eu destruir a prova, talvez eles se esqueçam deste episódio infeliz e eu já não tenha de partilhar o meu castelo com um intruso.*

Depois, Jenny segurou *Marley* pelas patas da frente, levantou-o nas patas traseiras e dançou com ele às voltas pelo quarto. *Vais ser tio!*, cantarolava ela. *Marley* reagiu daquela sua maneira tão típica — atirando-se para cima e assentando-lhe uma enorme lambidela em cheio na boca.

No dia seguinte, Jenny telefonou-me para o trabalho. Tinha a voz gorgolejante. Acabara de regressar do médico, que confirmara oficialmente os resultados do teste.

— Ele diz que está tudo operacional — confirmou ela.

Na noite anterior, tínhamos revisto o calendário, tentando localizar a data da concepção. Ela estava com medo de já estar grávida quando havíamos empreendido a nossa saga histérica de erradicação de pulgas algumas semanas antes. A exposição a todos aqueles pesticidas não seria benéfica, pois não? Jenny expôs as suas preocupações ao médico, e este disse-lhe que em princípio tal não devia constituir motivo de inquietação. Não os utilize mais, advertiu ele. Receitou-lhe um frasco de vitaminas pré-natais e disse-lhe que queria voltar a vê-la daí a três semanas para fazer uma ecografia, um processo de visualização por imagens electrónicas que nos daria a nossa primeira visão do pequeno feto em formação no ventre de Jenny.

— Ele quer por força que a gente traga uma cassete de vídeo — disse ela — para podermos guardar a nossa própria cópia para a posteridade.

Tomei nota disto na minha agenda de secretária.

6

COISAS DO CORAÇÃO

Os nativos dir-vos-ão que a Florida tem quatro estações. Algo subtis, afirmarão, mas quatro estações bem distintas, ainda assim. Não acreditem. Existem apenas duas — a estação amena, quente e seca e a estação húmida. Foi mais ou menos por altura do retorno abrupto a este calor tropical que acordámos um dia com a consciência de que o nosso cachorro já não era cachorro nenhum. Com a mesma rapidez com que o Inverno se fizera Verão, *Marley* tornara-se um adolescente pernegudo. Aos cinco meses, o seu corpo crescera o suficiente para preencher os refegos do seu casaco de pele amarelo. As suas patas enormes já não pareciam tão comicamente desproporcionadas. Os seus dentes aguçados de bebé tinham dado lugar a presas imponentes capazes de destruir um *Frisbee* — ou um sapato de pele novo em folha — em duas ou três dentadas. O timbre do seu ladrar aprofundara-se num som grave e assustador. Quando se levantava nas patas detrás, o que fazia amiúde, cambaleando às voltas como um urso dançarino de um circo russo, podia pousar as patas dianteiras nos meus ombros e olhar-me directamente nos olhos.

A primeira vez que o veterinário o viu, deixou escapar um pequeno assobio e disse: «Vão ter aqui um grande calmeirão.»

E realmente tínhamos. Tornara-se num belo espécime, e eu senti-me compelido a lembrar à relutante Miss Jenny que o tal nome formal com que eu o baptizara não andava muito longe da realidade. *Sua Majestade Marley Grogan de Churchill*, para além de evocar a sua residência em Churchill Road, era definição mesma da sua majestade. Pelo menos no dia em que ele parasse de correr atrás da sua própria cauda. Às vezes, depois de gastar o último grama de energia nervosa acumulado em intermináveis correrias, deitava-se no tapete persa da sala de estar, aquecendo-se ao sol que entrava obliquamente através das persianas. De cabeça levantada, nariz a brilhar, patas cruzadas à frente, fazia-nos lembrar uma esfinge egípcia.

Não fomos os únicos a reparar na transformação. Observávamos bem pelo espaço que os estranhos lhe concediam e pela forma como recuavam quando ele saltitava na sua direcção que já não o viam como um cachorro inofensivo. Para eles, *Marley* tornara-se uma presença atemorizadora.

A nossa porta de entrada tinha uma pequena janela oblonga ao nível dos olhos, com vinte centímetros de largura e quarenta de altura. *Marley* vivia para conviver, e sempre que alguém tocava à campainha, disparava em direcção à porta, entrando em derrapagem total ao aproximar-se do vestíbulo, lançando tapetes pelo ar ao patinar no soalho, para só parar ao embater na porta com grande estrondo. Desatava então a pular nas patas detrás, latindo desenfreadamente, com a sua enorme cabeçorra a preencher toda a janela para mirar directamente quem quer que estivesse do outro lado da porta. Para *Marley*, que se considerava o anfitrião oficial da residência, era uma recepção jovial. Mas para os vendedores ambulantes, carteiros, e para quem quer que não o conhecesse, era como se o Cujo tivesse acabado de saltar de um romance de Stephen King sem que houvesse mais nada a não ser a nossa porta de madeira a separá-los de uma morte impiedosa às mãos desse cão assassino. Vários foram os desconhecidos que, ao tocar à campainha e ao deparar-se-lhes a visão de *Marley* a ladrar-lhes debaixo do nariz, bateram rapidamente em retirada para uma distância segura, à espera que um de nós viesse à porta.

O que, em nossa opinião, não era necessariamente uma coisa má.

O nosso bairro era aquilo a que os urbanistas chamam um bairro em mutação. Construído nos anos quarenta e cinquenta e inicialmente povoado por reformados e emberizas-das-neves, começou a tornar-se um tudo-nada agreste à medida que os residentes originais foram morrendo e sendo substituídos por um grupo heterogéneo de arrendatários e famílias das classes trabalhadoras. Quando nos mudámos, o bairro estava novamente em fase de transição, desta vez refinado por um afluxo de *gays*, artistas e jovens profissionais liberais atraídos pela sua localização junto ao mar e pela sua arquitectura *funky*, estilo *art déco*.

O nosso quarteirão servia de tampão entre a zona dura da South Dixie Highway e as belas mansões ao longo da praia. A Dixie Highway era a antiga Estrada Nacional número um, que se estendia ao longo da costa leste da Florida e servia como via principal para Miami antes da chegada da Interestadual. Eram cinco faixas de asfalto crestado pelo sol, duas em cada direcção, com uma faixa de viragem comum à esquerda, que tinham sido bordejadas por um acervo inverosímil e algo decadente de lojas de bugigangas, bombas de gasolina, bancas de fruta, armazéns, restaurantes e motéis familiares de outros tempos.

Nas quatro esquinas da South Dixie Highway e da Churchill Road havia um licorista, uma loja de conveniência aberta vinte e quatro horas por dia, uma casa de importação com barras metálicas na janela e uma lavandaria de moedas ao ar livre onde as pessoas ficavam a noite inteira, deixando montes de garrafas abandonadas em sacos de plástico castanhos. A nossa casa ficava a meio do quarteirão, a oito portas do centro da acção.

O bairro parecia-nos seguro, mas corriam rumores acerca do seu lado mais negro. As ferramentas esquecidas no pátio desapareciam, e por ocasião de uma vaga de frio invulgar, alguém me roubou todos os toros de lenha que eu tinha empilhado junto à parede lateral da casa. Uma noite, estávamos nós a comer no nosso restaurante favorito, sentados na mesa habitual, mesmo em frente do vidro frontal, quando Jenny apontou para um furo de bala no vidro espelhado mesmo por cima das nossas cabeças e comentou secamente:

— Isto não estava aqui da última vez.

Uma bela manhã, ia eu a sair do nosso quarteirão a caminho do emprego, quando vi um homem estendido numa sarjeta, com as mãos e o rosto ensanguentados. Estacionei e fui a correr ter com ele, julgando que tivesse sido atropelado. Mas quando me agachei ao seu lado, fui assaltado por um intenso odor a álcool e urina, e quando ele começou a falar, tornou-se claro que estava inebriado. Chamei uma ambulância e esperei com ele, mas quando os paramédicos chegaram, ele recusou o tratamento. Com os paramédicos e eu especados a olhar, o homem levantou-se e foi a cambalear na direcção do licorista.

E houve a noite em que um homem com ar vagamente desesperado veio bater-me à porta dizendo-me que vinha visitar um amigo um quarteirão mais à frente e que ficara sem gasolina no carro. Poderia eu emprestar-lhe cinco dólares? Pagar-me-ia logo na manhã seguinte. *Oh, claro que sim, amigalhaço*, pensei. Quando, em vez disso, me ofereci para lhe chamar a polícia, murmurou uma desculpa esfarrapada e desapareceu.

O mais inquietante de tudo foi aquilo que soubemos acerca da pequena casa que fazia esquina com a nossa. Aí, tinha havido um crime poucos meses antes de nós chegarmos. E não fora um crime qualquer, tratara-se de um crime hediondo, envolvendo uma viúva inválida e uma motosserra. O caso correra por tudo quanto era jornais, e antes de nos mudarmos conhecíamos a história — com todos os pormenores excepto a localização, claro. E agora aqui estávamos nós a viver a dois passos do local do crime.

A vítima era uma professora reformada chamada Ruth Ann Nedermier, que vivera na casa sozinha e era uma das habitantes originais do bairro. Depois de uma operação de substituição da anca, tinha contratado uma enfermeira para ajudar a tratar dela, o que viria a revelar-se uma decisão fatal. A enfermeira, apurou a polícia mais tarde, vinha roubando os cheques de Mrs. Nedermier e falsificando a sua assinatura.

A velha senhora, fisicamente frágil mas mentalmente viva, havia confrontado a enfermeira quanto aos cheques desaparecidos e às despesas inexplicáveis no seu extracto bancário. Tomada pelo pânico, a enfermeira espancou a pobre mulher até à morte, após o que chamou o namorado, que veio com uma motosserra e ajudou a desmembrar o cadáver na banheira. Juntos, embalaram os restos numa mala, limparam o sangue da senhora da banheira e fugiram.

Durante vários dias, o desaparecimento de Miss Nedermier permaneceu um mistério, contaram-nos os vizinhos. O mistério foi resolvido quando um homem chamou a polícia para dar conta de um cheiro pestilento proveniente da sua garagem. Os agentes descobriram então a mala e o seu conteúdo nefando. Quando perguntaram ao dono da casa como tinha ela ido lá parar, ele contou a verdade: fora a sua filha a pedir-lhe para lha guardar ali em segurança.

Embora o horrível assassínio de Miss Nedermier fosse o acontecimento mais falado da história do nosso quarteirão, ninguém nos dissera uma palavra sobre o assunto quando nos preparávamos para comprar a casa. Nem o agente imobiliário, nem os proprietários, nem o fiscal, nem o avaliador. Ao longo da nossa primeira semana na casa nova, os vizinhos vieram trazer-nos bolinhos e um petisco e deram-nos a notícia. Quando nos deitávamos à noite, era difícil não pensar como uma viúva indefesa fora cortada aos bocados a escassos vinte metros da janela do nosso quarto. Era um crime desencadeado por circunstâncias muito específicas, dizíamos a nós próprios, algo que jamais nos aconteceria. E no entanto não conseguíamos passar por lá ou olhar da nossa janela da frente sem pensar no que ali sucedera.

De alguma maneira, o facto de termos *Marley* connosco e de vermos a cautela com que os vizinhos olhavam para ele dava-nos uma sensação de tranquilidade que talvez não tivéssemos de outro modo. Era um canzarrão enorme e patusco cuja estratégia contra os intrusos teria sido afogá-los em lambidelas. Mas os larápios e gatunos que rondavam a nossa casa não tinham de saber disso. Para eles, *Marley* era um cão enorme e poderoso, para além de imprevisivelmente louco. E isso era o que nos convinha.

Jenny adaptou-se muito bem à gravidez. Começou a levantar-se de madrugada para fazer exercício e ir passear o cão. Preparava refeições saudáveis e completas, repletas de vegetais e frutos frescos. Cortou com o café e os refrigerantes e, claro, o álcool, chegando ao ponto de me proibir de juntar uma colher de sopa de *sherry* numa panela como tempero.

Juráramos manter a gravidez em segredo até termos a certeza de que o feto era viável e que não corríamos qualquer risco de ter de abortar, mas a verdade é que nenhum de nós se saiu bem nesta frente. Estávamos tão excitados que deixávamos escapar a notícia de confidente em confidente, sob promessa de silêncio, até o nosso segredo já não ser segredo nenhum. Primeiro contámos aos nossos pais, depois aos nossos irmãos e aos nossos amigos mais chegados, a seguir aos colegas de trabalho e por fim aos vizinhos. Às dez semanas, a barriga de Jenny ficou ligeiramente arredondada. Começava a parecer real. Porque não partilhar a nossa alegria com o mundo? Quando chegou o dia da consulta e da ecografia de Jenny, era como se tivéssemos afixado um cartaz: John e Jenny estão de esperanças.

Tirei a manhã no dia da consulta e, tal como fora instruído, trouxe uma cassete de vídeo em branco para poder captar as primeiras imagens do nosso bebé. A consulta seria em parte exame médico, em parte sessão de esclarecimento. Seríamos confiados a uma enfermeira-parteira que responderia a todas as nossas dúvidas, mediria a barriga de Jenny, auscultaria o coração do bebé, e, claro, mostrar-nos-ia a sua silhueta minúscula na barriga da mãe.

Chegámos às nove da manhã, cheios de expectativa. A enfermeira-parteira, uma mulher gentil de meia-idade com sotaque britânico, conduziu-nos a uma sala de observações e perguntou-nos imediatamente:

— Querem ouvir o bater do coração do vosso bebé?

Se queríamos, dissemos nós. Pusemo-nos atentamente à escuta enquanto ela passava uma espécie de microfone ligado a um altifalante sobre o abdómen de Jenny. Ficámos em silêncio, esforçando-nos por ouvir o seu coraçãozinho a bater, sorrisos petrificados nas nossas caras, mas do altifalante só saía electricidade estática.

A enfermeira disse que era normal.

— Depende da posição do bebé. Às vezes não se consegue ouvir nada. Talvez seja um bocado cedo. — Ofereceu-se para passar directamente à ecografia. — Vamos lá dar uma espreitadela ao vosso bebé — informou ela jovialmente.

— O nosso primeiro lampejo do bebé Grogie — disse Jenny, sorrindo para mim.

A enfermeira-parteira levou-nos para a sala das ecografias e mandou Jenny deitar-se de barriga para cima numa mesa com um monitor ao lado.

— Trouxe uma cassete — disse eu, acenando com ela na mão.

— Para já guarde-a consigo — disse a enfermeira enquanto arregaçava a camisa de Jenny e começava a passar-lhe o instrumento do tamanho de um disco de hóquei sobre o gelo na barriga. Nós espreitámos o ecrã do computador e vimos uma massa cinzenta indistinta. — Hmm, esta não parece estar a conseguir apanhar nada — acrescentou ela numa voz completamente neutra. — Vamos tentar uma ecografia vaginal. Assim obtém-se muito mais pormenores.

Abandonou a sala e voltou minutos depois com outra enfermeira, uma loira alta e oxigenada com uma sonda na ponta do dedo. Chamava-se Essie. Pediu a Jenny para se despir e introduziu uma sonda revestida de látex na vagina. A enfermeira tinha razão: a resolução era de longe superior à da ecografia anterior. Fez um *zoom* de algo parecido com uma pequena bolsa no meio de um mar cinzento e, com um clique no rato, ampliou-o uma, duas, três vezes. Mas, apesar do alto grau de pormenor, a bolsa parecia não ser mais do que uma meia informe e vazia. Onde se encontravam os pequenos braços e pernas que os livros da especialidade afirmavam estar já formados às dez semanas? Onde estava a sua cabecinha? Onde estava o pulsar do coração? Jenny, com o pescoço torcido para espreitar o ecrã, continuava a arder em expectativa, e perguntou às enfermeiras com uma risadinha nervosa:

— Há alguma coisa lá dentro?

Levantei os olhos para Essie, vi logo que a resposta não era aquela que nós queríamos ouvir. De repente, percebi porque não abrira ela a boca enquanto clicava no rato para ampliar a imagem. Respondeu a Jenny numa voz controlada:

— Não propriamente aquilo que seria de esperar às dez semanas.

Pousei a mão no joelho de Jenny. Continuámos os dois de olhos postos na bolha do ecrã, como se pudéssemos devolvê-lo à vida com a nossa força de vontade.

— Jenny, acho que temos aqui um problema — disse Essie. — Deixe-me ir chamar o doutor Sherman.

Enquanto aguardávamos em silêncio, fiquei a saber o que as pessoas sentem quando descrevem o formigueiro descendente que dizem sentir antes de desmaiar. Senti o sangue a esvair-se-me da cabeça e um zunido nos ouvidos. *Se não me sentar*, pensei eu, *vou desmaiar*. Que vergonha seria.

A minha mulher forte a aguentar estoicamente as notícias com o marido inconsciente no meio do chão, e as enfermeiras a tentar reanimá-lo com sais de cheiro. Fiquei meio sentado no banco da enfermeira, segurando na mão de Jenny com uma mão e afagando-lhe o pescoço com a outra. Os olhos encheram-se-lhe de lágrimas, mas não chorou.

O doutor Sherman, um homem alto e com um ar distinto de maneiras algo bruscas mas afáveis, confirmou que o feto estava morto.

— Teríamos de ouvir o coração a bater, sem dúvida alguma — disse ele.

Repetiu-nos delicadamente aquilo que nós já sabíamos dos livros que andávamos a ler, que uma em cada seis gravidezes acaba em aborto espontâneo. Que isto era a maneira que a natureza tinha de seleccionar os mais fortes em detrimento dos fracos, dos retardados, das malformações graves. Numa aparente alusão à preocupação de Jenny com os pesticidas, disse-nos que não era nada que nós tivéssemos feito ou deixado de fazer. Colocou a mão na bochecha de Jenny e inclinou-se como para a beijar.

— Desculpe — disse ele. — Podem voltar a tentar daqui a alguns meses.

Ficámos ambos sentados em silêncio. De um momento para o outro, a cassete de vídeo pousada no banco ao nosso lado passara a representar um enorme embaraço, uma recordação pungente do nosso optimismo e ingenuidade. Apetecia-me mandá-la para o lixo. Escondê-la. Perguntei ao médico:

— E daqui para onde vamos?

— Vamos ter de retirar a placenta — respondeu ele. — Se fosse há uns anos, ainda nem sequer saberia que tinha abortado. Teria de esperar até ter uma hemorragia.

71

Deu-nos a escolher entre deixar passar o fim-de-semana e voltar na segunda-feira para a operação, que era o mesmo que um aborto, com o feto e a placenta a serem aspirados do útero. Mas Jenny queria despachar o assunto quanto antes, e eu também.

— Quanto mais depressa melhor — disse ela.

— Muito bem — concordou o doutor Sherman.

Deu-lhe uma coisa para forçar a dilatação e saiu. Ao fundo do corredor ouvimo-lo entrar alegremente noutra sala de observações e gracejar espalhafatosamente com uma mulher grávida.

Sozinhos na sala, Jenny e eu caímos pesadamente nos braços um do outro e deixámo-nos ficar assim até ouvirmos um ligeiro toque na porta. Era uma mulher mais velha que nunca tínhamos visto antes. Trazia um maço de papéis.

— Sinto muito, querida — disse ela a Jenny. — Sinto muito.

Depois mostrou-lhe o sítio onde ela deveria assinar a declaração de renúncia reconhecendo os riscos da raspagem uterina.

Quando o doutor Sherman voltou, era todo ele pragmatismo. Começou por lhe dar uma injecção de *Valium* e depois de *Demerol*, e a operação foi rápida ainda que não indolor. Ainda as drogas pareciam não ter surtido pleno efeito e já ele tinha concluído a operação. Quando terminou, deixou Jenny estendida e semi-inconsciente como se os sedativos atingissem o auge do seu efeito.

— Certifique-se de que ela não pára de respirar — pediu o médico, e saiu.

Eu não queria acreditar. Não era a ele que competia velar para que ela não deixasse de respirar? A declaração de renúncia que ela assinara não dizia em lado nenhum que «a doente poderá deixar de respirar a qualquer momento sob o efeito dos barbitúricos». Fiz como ele mandou, falando com ela em voz alta, esfregando-lhe o braço, dando-lhe palmadinhas suaves no rosto, e dizendo coisas como: «Hei, Jenny! Como me chamo?» Estava fechada para o mundo.

Decorridos vários minutos, Essie assomou à porta para ver como estávamos. Bastou-lhe olhar de relance para o rosto pálido de Jenny para virar costas e logo voltar a aparecer com um pano húmido e alguns sais de cheiro, os quais colocou debaixo do nariz de Jenny, pelo que me pareceu ser uma eternidade até ela começar a estremecer levemente, e só por breves instantes. Continuei a falar com ela em voz alta, dizendo-lhe para respirar fundo de modo a que eu a sentisse na minha mão. A pele dela estava lívida; por fim, consegui apanhar-lhe o pulso: sessenta pulsações por minuto. Passei-lhe o pano húmido nervosamente pela testa, face e pescoço. Passado um bocado, lá voltou a si, embora estivesse bastante trôpega.

— Já estava preocupado contigo — disse eu.

Ela limitou-se a olhar-me estupefactamente, como que tentando perceber porque estaria eu preocupado. A seguir voltou a desfalecer.

Meia hora depois a enfermeira ajudou-a a vestir-se e saímos do consultório comigo a ampará-la até ao carro com as seguintes instruções: nas próximas duas semanas, Jenny estava proibida de tomar banho ou duche, de nadar, de usar tampões, de fazer sexo.

Já no carro, Jenny manteve um silêncio desligado, encostando-se na porta do passageiro a espreitar através do vidro. Tinha os olhos vermelhos, mas não chorava. Procurei palavras reconfortantes, mas sem sucesso. Na verdade, que poderia eu dizer? Tínhamos perdido o nosso bebé. Sim, podia sempre dizer-lhe que voltaríamos a tentar. Podia dizer-lhe que muitos casais passam pela mesma coisa. Mas ela não queria ouvir isso, e eu também não tinha vontade de o dizer. Mais tarde seríamos capazes de olhar para tudo aquilo de forma distanciada. Mas não naquele momento.

Tomei a estrada panorâmica de Flagler Drive para casa, serpenteando ao longo da praia a partir da costa norte de Palm Beach, onde ficava o consultório, para o extremo sul, onde nós vivíamos. O sol cintilava no mar resplandecente; as palmeiras balançavam suavemente sob o céu azul sem nuvens. Era um dia feito para a alegria, não era para nós. Seguimos até casa em silêncio.

Quando chegámos, ajudei Jenny a sair e a sentar-se no sofá, após o que fui até à garagem, onde *Marley*, como sempre, aguardava o nosso regresso com uma expectativa ofegante. Assim que me viu, correu para o seu osso de couro cru, exibindo-o orgulhosamente às voltas pela sala, o dorso a dar a dar, a cauda a martelar na máquina de lavar roupa como um malho num timbalão. Implorou-me que tentasse arrancar-lho da boca.

— Hoje não, *Marley* — disse eu, e deixei-o sair para o pátio pela porta das traseiras.

Ele fez um longo chichi contra a nespereira, voltou a correr para dentro de casa, bebeu avidamente da sua tigela, esparrinhando a água por todos os lados, e disparou pelo corredor à procura de Jenny. Demorei apenas alguns segundos a trancar a porta do pátio, a limpar a água que ele tinha entornado e encaminhei-me para a sala.

Quando dobrei a porta, detive-me, incrédulo. Teria apostado uma semana do meu salário em como aquilo que eu estava a ver jamais poderia acontecer. O nosso cão selvagem e eléctrico estava com os membros encolhidos entre os joelhos de Jenny, com a sua enorme cabeçorra repousando suavemente no seu colo. Tinha a cauda descaída e inerte entre as patas, era a primeira vez que me lembrava de não a ver a abanar estando ele em contacto com um de nós. Tinha os olhos levantados para ela e gania suavemente. Ela afagou-lhe a cabeça umas quantas vezes e depois, inesperadamente, mergulhou o rosto no pêlo espesso do seu pescoço e desatou a soluçar. A soluçar de modo violento, incessante e lá bem do fundo de si mesma.

Permaneceram assim durante bastante tempo, *Marley* completamente imóvel, Jenny apertando-o contra si como se ele fosse uma boneca gigante. Eu afastei-me para o lado, sentindo-me como um *voyeur* intrometendo-me neste momento de intimidade, sem saber muito bem o que fazer. Até que, sem sequer levantar a cara, Jenny estendeu-me um braço, e eu juntei-me a ela no sofá, envolvendo-a com os braços. Assim ficámos os três, encerrados num abraço a partilhar a nossa dor.

7

O MESTRE E A BESTA

Na manhã seguinte, um sábado, acordei de madrugada e dei com Jenny deitada de lado de costas para mim, gemendo baixinho. *Marley* também estava acordado, com o queixo pousado no colchão, mais uma vez em comiseração com a sua dona. Eu levantei-me, fiz um café e um sumo de laranja natural, fui buscar o jornal e fiz torradas. Quando Jenny apareceu no seu roupão vários minutos depois, já trazia os olhos enxutos e fez--me um sorriso corajoso como que a querer dizer que já estava melhor.

Depois do pequeno-almoço, decidimos sair de casa e levar *Marley* a dar um passeio e um mergulho. O nosso bairro tinha um grande quebra-mar de betão e várias pedras e rochedos ao longo da praia, tornando o mar inacessível. Mas bastava caminhar meia dúzia de quarteirões para sul, e o quebra-mar inflectia para dentro, criando uma pequena praia de areia branca com inúmeros destroços de madeira espalhados pelo areal — o sítio ideal para um cão se divertir. Quando chegámos à pequena praia, sacudi um pau debaixo do nariz de *Marley* e desapertei--lhe a trela. Ele ficou a olhar para o pau como um homem esfomeado para um naco de pão, sem desgrudar os olhos do prémio.

— Vai buscar! — gritei, e atirei o pau para a água o mais longe que consegui.

Ele galgou a parede de cimento num pulo espectacular, galopou pela praia fora até à beira-mar, levantando nuvens de salpicos à sua volta. Foi para isto que os *labradores retriever* foram feitos. Está-lhes nos genes e na descrição das suas competências.

Ninguém sabe ao certo a origem dos *labradores retriever*, mas uma coisa é certa: não foi em Labrador. Estes cães-d'água musculados e de pêlo curto começaram por surgir no século XVII a algumas centenas de milhas a sul de Labrador, na Terra Nova. Aí, de acordo com os primeiros diaristas de então, os pescadores locais levavam os cães para o mar nos seus barcos a remos e tiravam grande partido das suas qualidades pondo-os a puxar linhas e redes e a ir buscar os peixes que caíam dos anzóis. A pele densa e gorda destes cães tornava-os imunes às águas gélidas da região, sendo que a sua excelência enquanto nadadores, energia ilimitada e capacidade para abocanhar o peixe delicadamente sem lhes danificar a carne faziam deles cães de trabalho ideais para os rigores do Atlântico Norte.

Como foi que os cães chegaram à Terra Nova, ninguém sabe. Não eram nativos da ilha e não há quaisquer indícios de que os primeiros esquimós a habitar a região tenham levado cães consigo. A teoria mais credível é a de que os primeiros antepassados dos *retrievers* foram introduzidos na Terra Nova por pescadores da Europa e da Grã-Bretanha, muitos dos quais abandonaram os seus navios e fixaram-se na costa, aí estabelecendo comunidades. A partir daí, aquilo que hoje conhecemos como *labrador retriever* poderá ter-se desenvolvido por cruzamentos aleatórios e não intencionais. É provável que partilhe o mesmo antepassado que o terra-nova, uma raça maior e mais peluda.

Seja como for que tenham evoluído, os assombrosos *retrievers* não tardaram a ser amestrados pelos caçadores da ilha para resgatarem caça de penas e aves aquáticas. Em 1662, um nativo de St. John's, na Terra Nova, chamado W. E. Cormack fez uma viagem a pé através da ilha e notou a abundância dos cães-

-d'água locais, que considerava serem «admiravelmente treinados como cães de caça e... úteis de muitas outras maneiras». A pequena nobreza inglesa acabou por se aperceber disto mesmo e por inícios do século XIX começou a importar os cães para Inglaterra para uso dos caçadores de faisões, pavões e perdizes.

De acordo com o Labrador Retriever Club, um grupo de criadores amadores formado em 1931, dedicado à preservação da integridade da raça, o nome *labrador retriever* sobreveio de modo algo inadvertido na década de 1830, quando o terceiro conde de Malmesbury escreveu ao sexto duque de Buccleuch, aparentemente instigado por uma contenda geográfica, para discorrer sobre a sua magnífica linha de cães de caça. «Aos meus chamamos sempre cães de Labrador», escreveu ele. Desde então, o nome pegou. O bom conde fazia notar que tinha grande empenho em manter «a raça o mais pura possível desde o primeiro». Mas outros eram menos escrupulosos quanto à genética, cruzando *labradores* livremente com outros cães de caça na esperança de transferir as suas qualidades excepcionais. Mas os genes do *labrador* provaram ser indomáveis, e a linha do *labrador retriever* permaneceu distinta, granjeando o reconhecimento do Kennel Club de Inglaterra como uma raça exclusiva a 7 de Julho de 1903.

B. W. Ziessow, um entusiasta e criador de longa data, escreveu para o Labrador Retriever Club: «Os caçadores americanos adoptaram a raça de Inglaterra, tendo subsequentemente desenvolvido e treinado o cão a fim de satisfazer as necessidades de caça específicas deste país. Hoje, como no passado, o *labrador* mergulhará nas águas gélidas do Minesota para resgatar um pássaro abatido; esforçar-se-á um dia inteiro a caçar pombos no calor intenso do Sudoeste — e a sua única recompensa será uma palmadinha no flanco pelo seu bom trabalho.»

Era esta a honrosa herança de *Marley*, e, de facto, parecia ter herdado pelo menos metade do instinto. Era um mestre na perseguição da sua presa. Contudo, parecia não ter apreendido a noção da devolução. Em traços gerais, a sua atitude poderia resumir-se assim: *se estás assim tão interessado no teu pau, o melhor é seres TU a mergulhar na água para o ir buscar.*

Apareceu depois a correr de volta para a praia com o seu prémio entre os dentes.

— Traz cá! — berrei eu, batendo palmas ao mesmo tempo. — Anda cá, rapaz, dá cá!

Ele empinou-se para trás, todo ele a abanar de excitação, e não tardou a sacudir uma saraivada de água e areia por cima de mim. Depois, para minha surpresa, deixou cair o pau aos meus pés. *Uau*, pensei eu. *Nada mau serviço.* Olhei para Jenny, que estava sentada num banco debaixo de um pinheiro-australiano e fiz-lhe um sinal de confiança com o polegar. Mas quando me baixei para apanhar o pau, *Marley* já estava pronto. Correu na direcção dele, arrebatou-o e disparou pelo areal desvairado, rodopiando sucessivamente sobre si próprio. Guinou para trás, quase colidindo comigo, incitando-me a persegui-lo. Eu ainda fiz algumas investidas, mas era evidente que ele tinha quer a velocidade quer a agilidade do seu lado.

— Tu és um *labrador* de caça — disse eu. — Não és um *labrador* de fuga!

Mas o que eu tinha e o meu cão não era um cérebro desenvolvido que excedia, mesmo que só ligeiramente, o meu vigor muscular. Peguei num segundo pau e fiz um grande espalhafato em torno do mesmo. Equilibrei-o em cima da cabeça e atirei-o de uma mão para a outra. Vi a determinação de *Marley* esmorecer. De um momento para outro, o pau que tinha na boca, o bem mais precioso que era possível imaginar à face da terra, perdera o seu valor. O meu pau exercia um fascínio irresistível. Ele aproximou-se devagarinho até se encontrar a escassos centímetros de mim.

— Há sempre mais um pau para roer, não é, *Marley?* — cacarejei, esfregando-lhe o pau no focinho, com ele a revirar os olhos para não o perder de vista.

Parecia estar a ver as engrenagens a trabalhar na sua cabeça enquanto ele procurava descortinar uma maneira de apanhar o novo pau sem ter de abandonar o primeiro. O seu lábio superior tremulou ao testar a possibilidade de fazer um abocanhamento rápido dois em um. Daí a pouco tinha a minha mão livre firmememente cravada na ponta do pau que ele tinha na boca. Eu puxava para um lado e ele para o outro, rosnando. Encostei-lhe o segundo pau ao nariz.

— Tu quere-lo, sabes bem que o queres — sussurrei. E se queria; a tentação era demasiado forte para ele. Senti a sua tentação afrouxar. Até que ele jogou a sua cartada. Entreabriu os queixos para tentar apanhar o segundo pau sem deixar cair o primeiro. Num abrir e fechar de olhos, saquei ambos os paus, erguendo-os bem acima da cabeça. Ele desatou aos pulos, ladrando e rodopiando, obviamente ultrajado por uma estratégia de batalha conduzida com tanto cuidado ter acabado de forma tão desastrada.

— É por isso que eu sou o mestre e tu és a besta — disse-lhe eu.

E com isto sacudiu-me mais água e areia para cima.

Atirei um dos paus para a água e ele lançou-se que nem uma seta atrás dele, latindo loucamente enquanto corria. Quando voltou era já um novo adversário, mais sábio e cauteloso. Desta vez teve o cuidado de não se chegar ao pé de mim. Permaneceu a uns três metros de distância, pau na boca, olhando para o novo objecto do seu desejo, que era precisamente o antigo objecto do seu desejo, o seu primeiro pau, agora empoleirado bem acima da minha cabeça. Podia adivinhar os seus novos estratagemas outra vez. Estava a pensar: *desta vez vou esperar aqui até que ele o atire, e depois ele fica sem paus nenhuns e eu fico com os dois.*

— Deves achar que eu sou mesmo imbecil, não é, cão? — exclamei.

Inclinei-me para trás e com um gemido forte e exagerado fiz o arremesso do pau com todas as minhas forças. *Mar-*

ley, claro está, precipitou-se, rosnando, para dentro de água com o seu pau trancado nos dentes. Simplesmente, eu não chegara a largar o meu. Julgam que *Marley* percebeu? Nadou meio caminho até Palm Beach até perceber que o pau continuava na minha mão.

— És mesmo cruel! — gritou Jenny do seu banco, e quando me voltei vi que ela estava a rir-se.

Quando *Marley* regressou finalmente a terra, caiu redondo na areia, exausto, mas nada disposto a abrir mão do seu pau. Eu mostrei-lhe o meu, recordando-lhe como era de longe superior ao dele, e ordenei: «Larga!» Armei o braço para trás como para fazer novo arremesso, e o palerma desatou a correr para a água outra vez. «Larga!», tornei eu quando ele voltou. Foram precisas várias tentativas, mas por fim foi o que ele fez. E assim que o pau dele caiu no chão, atirei o meu ao ar para ele o apanhar. Repetimos a brincadeira vezes sem conta, e de cada vez que o fazíamos, *Marley* parecia ir assimilando a ideia de forma mais clara. A pouco e pouco a lição entrava naquela sua enorme cabeça dura. Se ele me devolvesse o pau, eu atirar-lhe-ia um novo para ele ir buscar.

— É como uma troca de presentes de cortesia — disse-lhe eu. Tens de dar para receber.

Ele deu um pulo e esborrachou a sua boca cheia de areia contra a minha, o que eu tomei como um sinal de que tinha finalmente aprendido a lição.

Enquanto Jenny e eu caminhávamos para casa, *Marley*, por uma vez, não teimou em puxar pela trela, de tão extenuado que estava. Eu sorri, orgulhoso do que conseguíramos. Durante semanas, Jenny e eu tínhamo-nos esforçado por lhe ensinar algumas habilidades e comportamentos sociais básicos, mas os progressos haviam sido dolorosamente lentos. Era como se estivéssemos a viver com um garanhão selvagem — e a tentar ensiná-lo a beberricar o chá numa chávena de porcelana. Havia dias em que me sentia como Anne Sullivan para uma Helen Keller de *Marley*. Lembrei-me do *Santo Shaun* e de quão rapidamente eu, um mero rapazinho de dez anos, lhe ensinara tudo o que ele precisava de saber para ser um grande cão. E pensava no que estaria eu a fazer de errado desta vez.

Mas o nosso pequeno exercício de atirar o pau proporcionara-me uma centelha de esperança.

— Sabes — disse eu a Jenny —, acho que ele está finalmente a começar a aprender.

Ela baixou os olhos para ele, arrastando-se penosamente ao nosso lado. Estava alagado em suor e coberto de areia, a saliva a espumejar-lhe na boca, o seu troféu de madeira ainda cerrado entre os dentes.

— Eu não teria assim tanta certeza — disse ela.

Na manhã seguinte acordei outra vez de madrugada ao som de um gemido baixinho de Jenny ao meu lado.

— Hei — disse eu, e abracei-a contra mim. Ela aninhou a cabeça no meu peito, e eu senti-lhe as lágrimas a repassarem-me a *T-shirt*.

— Estou bem — respondeu-me. — A sério. Estou só... sabes como é.

Eu sabia muito bem. Estava a tentar ser o homem de ferro, mas também sentia a mesma coisa, o sentimento sombrio do malogro e da perda. Era estranho. Menos de quarenta e oito horas antes estávamos rejubilantes com a perspectiva do nosso bebé. E agora era como se nunca tivesse havido gravidez. Como se todo o episódio fosse apenas um sonho do qual nos era difícil despertar.

Mais tarde nesse dia levei *Marley* comigo no carro para ir buscar umas mercearias e umas coisas de que Jenny precisava da farmácia. À vinda, parei numa florista e comprei um enorme buquê de flores primaveris arranjadas num vaso, na esperança de que elas pudessem animá-la. Prendi-as com o cinto no banco detrás junto a *Marley* para que não tombassem. Quando íamos a passar na loja dos animais, decidi numa fracção de segundo que *Marley* também merecia uma prenda. Afinal, tinha-se saído melhor do que eu a reconfortar a inconsolável mulher das nossas vidas.

— Porta-te bem! — disse eu. — Volto já.

Fui à loja a correr e comprei-lhe um enorme osso de couro cru.

Quando chegámos a casa alguns minutos mais tarde, Jenny veio ao nosso encontro e *Marley* saiu do carro aos tropeções para a saudar.

— Temos uma surpresa para ti — disse eu.

Mas quando me voltei para apanhar as flores no banco detrás, a surpresa foi minha. O buquê era um sortido de margaridas, crisântemos, lírios vários e cravos vermelhos muito vivos. Agora, porém, os cravos não estavam em lado nenhum. Olhei mais de perto e encontrei os caules decapitados dos seus botões. Afora isso, o buquê permanecia intocado. Eu arregalei os olhos para *Marley* e ele começou a dançar como se estivesse a fazer uma audição para o *Soul Train*.

— Anda cá! — gritei eu, e quando finalmente o apanhei e lhe abri as goelas, encontrei a prova irrefutável do crime. Lá no fundo da sua bocarra cavernosa, amassado num dos queixos como uma bola de tabaco de mascar, estava o último dos cravos vermelhos. Os outros já teriam presumivelmente desaparecido no alçapão. Estava a ponto de o matar.

Olhei para Jenny e vi as lágrimas a escorrerem-lhe pelas faces. Mas desta vez eram lágrimas de riso. Nada a poderia ter deixado mais animada. Nem que tivesse contratado uma banda de *mariachis* para fazer uma serenata só para ela. Não me restava outra coisa a fazer senão rir-me também.

— Este cão — resmunguei.

— Deixa lá que eu também nunca morri de amores por cravos — disse ela.

Marley estava tão exultante de ver toda a gente feliz e a rir outra vez que deu um pulo nas patas detrás e fez um número de *break dance* especialmente para nós.

Na manhã seguinte, acordei com um sol luminoso repassado pelos ramos da aroeira e salpicado sobre a cama. Olhei de relance para o relógio; eram quase oito horas. Vi a minha mulher a dormir tranquilamente, o peito a subir e a descer numa cadência lenta e prolongada. Beijei-lhe os cabelos, pousei-lhe um braço sobre a cintura e voltei a fechar os olhos.

8

UM CONFLITO DE VONTADES

Quando *Marley* ainda não tinha feito seis meses, inscrevêmo-lo nas aulas de obediência. Só Deus sabe como ele precisava delas. Apesar do seu êxito no jogo de atirar o pau naquele dia na praia, começava a revelar ser um aluno problemático, denso, caótico, permanentemente distraído, uma vítima da sua própria energia nervosa ilimitada. Estávamos a começar a perceber que ele não era como os outros cães. Como o meu pai resumiu pouco depois de *Marley* tentar ter relações maritais com o seu joelho: «Este cão tem um parafuso a menos.»

Precisávamos de ajuda especializada.

O nosso veterinário falou-nos de um clube de treino de cães local que tinha aulas de obediência básica às terças-feiras à noite no parque de estacionamento por trás da armaria. Os monitores eram voluntários não remunerados do próprio clube, amadores sérios que teriam, presumivelmente, elevado os seus próprios cães aos píncaros da modificação comportamental. O curso consistia em oito lições e custava cinquenta dólares, o que nos parecia ser uma pechincha, sobretudo tendo em conta que *Marley* era capaz de destruir um par de sapatos de cinquenta dólares em trinta segundos. No clube, só faltava prometerem-nos que uma vez concluído o curso o nosso cão passaria a ser a próxima grande *Lassie*. Na inscrição, conhecemos a mulher que dirigiria a nossa aula. Era uma treinadora de cães grave e resoluta, que defendia a teoria de que não há cães incorrigíveis, mas sim donos com pouca sorte ou força de vontade.

A primeira lição parecia provar o seu ponto de vista. Ainda nós não tínhamos saído do carro, já *Marley* localizara os outros cães juntando-se em volta dos seus donos no alcatrão. Uma festa! Saltou por cima de nós e saiu disparado que nem uma seta, arrastando a trela. Dardejou de um cão para o outro, farejando as zonas íntimas, urinando a conta-gotas e lançando longos fios de saliva pelo ar. Para *Marley*, aquilo era um festival de cheiros — tantos odores genitais em tão pouco tempo — e ele tentava aproveitar cada instante, com o cuidado de se manter à minha frente enquanto eu corria atrás dele. De cada vez que eu estava prestes a apanhá-lo, ele afastava-se mais um ou dois metros. Por fim consegui aproximar-me o suficiente para me lançar num enorme salto e aterrar com ambos os pés sobre a trela, o que o levou a uma paragem brusca com um tal safanão que por momentos julguei que lhe tinha partido o pescoço. Ele foi puxado para trás, caiu de costas, revirou-se e ficou a olhar para mim como um heroinómano que tivesse acabado de tomar a sua dose.

Entretanto, a instrutora olhava para nós com um ar tão desdenhoso como se eu me tivesse acabado de despir e desatado a dançar ali mesmo no asfalto.

— Escolha o seu lugar, por favor — disse ela secamente, e quando me viu a mim e a Jenny a arrastar *Marley* ao mesmo tempo, acrescentou: — Vocês vão ter de decidir qual é o treinador.

Eu comecei a explicar que queríamos participar os dois para que ambos pudéssemos treinar com ele em casa, mas ela cortou-me a palavra.

— Um cão — esclareceu peremptoriamente — só pode responder a um único dono.

Eu comecei a protestar, mas ela silenciou-me com um daqueles seus olhares penetrantes — presumivelmente, o mesmo que usava para intimidar e submeter os seus cães — e eu esquivei-me para as linhas laterais com o rabo entre as pernas, deixando a dona Jenny ao comando.

Isto foi provavelmente um erro. *Marley* já era consideravelmente mais forte do que Jenny e sabia-o muito bem. Miss Dominatrix ainda mal tivera tempo de pronunciar as primeiras frases da sua introdução sobre a importância de estabelecermos uma relação de domínio sobre os nossos cães quando *Marley* decidiu que a cadela-d'água tradicional no outro lado da aula merecia ser olhada mais de perto. Saiu disparado com Jenny a reboque.

Todos os outros cães estavam calmamente sentados junto dos seus donos com intervalos regulares de três metros entre si, aguardando instruções. Jenny debatia-se heroicamente para imobilizar *Marley* e assentar os pés no chão, mas ele desembaraçava-se facilmente, arrastando-a pelo parque de estacionamento para farejar o traseiro a uma caniche atraente. A semelhança entre a minha mulher e um esquiador aquático a ser puxado por um barco a motor era assombrosa. Ficou toda a gente a olhar. Alguns riam entre dentes. Eu tapei os olhos com a mão.

Marley não era dado a apresentações formais. Chocou com a cadela e enfiou-lhe imediatamente o nariz entre as coxas. Eu imaginei que era a forma canina de um macho dizer: «Então, costumas vir aqui muitas vezes?»

Depois de *Marley* ter feito um exame ginecológico completo à caniche, Jenny conseguiu arrastá-lo para a sua posição. Miss Dominatrix anunciou calmamente:

— Isto, caros amigos, é um exemplo de um cão ao qual foi permitido pensar que é o macho dominante da sua matilha. Neste momento, é ele que manda.

Como para comprovar este ponto, *Marley* lançou um ataque à sua própria cauda, rodopiando loucamente, desferindo dentadas em seco e enredando a trela nos tornozelos de Jenny até a deixar completamente imobilizada. Eu pisquei-lhe o olho, e dei graças a Deus por não ser eu a estar ali.

A instrutora começou a aula pelos comandos para sentar e deitar. Jenny ordenava firmemente: «Senta!» E *Marley* saltava-lhe para cima e pousava-lhe as patas sobre os ombros. Ela obrigava-o a sentar-se à força, e ele rebolava-se pelo chão para ela lhe esfregar a barriga. Jenny voltava a tentar arrastá-lo para o seu lugar, e ele arrebatava-lhe a trela entre os dentes, sacudindo a cabeça de um lado para o outro como se estivesse a debater-se com uma pitão. Era demasiado penoso de assistir. A certa altura abri os olhos e vi Jenny estendida no alcatrão de barriga para baixo com *Marley* de pé em cima dela, a arquejar alegremente. Mais tarde explicou-me que lhe estava a ensinar a ordem para deitar.

Quando a aula acabou e Jenny e *Marley* vieram ter comigo, Miss Dominatrix interpelou-nos.

— Precisam mesmo de ter mão nesse animal — aconselhou ela com um ar sarcástico.

Sim? Muito obrigado pelo seu precioso conselho. E pensar que nos tínhamos inscrito apenas para proporcionar alguns momentos de diversão ao resto da aula. Nenhum de nós disse palavra. Limitámo-nos a recolher ao carro, humilhados, e seguimos para casa em silêncio, tendo por único som a respiração ofegante de *Marley*, tentando descer dos píncaros da sua primeira experiência de uma aula estruturada. Por fim, ocorreu-me dizer:

— Uma coisa é certa, parece adorar a escola.

Na semana seguinte, *Marley* e eu voltámos à aula, desta vez sem Jenny. Quando lhe sugeri que eu talvez fosse a coisa mais parecida com um macho dominante que havia lá em casa, ela resignou de bom grado ao seu breve título de dona e soberana e prometeu nunca mais voltar a expor a sua cara em público.

Antes de sair de casa, revirei *Marley* de barriga para o ar com um safanão, cresci para ele e rosnei na minha voz mais grossa e intimidante:

— Eu é que mando! Não és tu que mandas! Entendido, *Senhor Macho Dominante?*

Ele bateu com a cauda no chão e tentou abocanhar-me os pulsos.

A lição dessa noite destinava-se a ensinar os cães a acompanhar os seus donos na rua, algo que eu estava particularmente ansioso por conseguir. Estava farto de me debater com *Marley* a cada passo no meio da rua. Para além disso, ele já tinha estatelado Jenny no meio do chão de uma vez que disparara atrás de um gato, deixando-a com os joelhos a sangrar. Era chegada a altura de aprender a trotear tranquilamente ao nosso lado. Lutei energicamente com ele até ao seu lugar no asfalto, puxando--o violentamente a cada cão por que passávamos. Miss Dominatrix entregou-nos uma pequena corrente com uma argola de aço soldada em cada ponta. Isto, explicou ela, eram estranguladores e seriam as nossas armas secretas para ensinarmos os nossos cães a caminhar ordeiramente ao nosso lado. A coleira estranguladora era genialmente simples na sua concepção. Quando o cão se portava bem e acompanhava o seu dono como devia ser, com a cabeça descontraída, a corrente pendia-lhe solta em volta do pescoço. Mas se o cão arremetesse em frente ou se desviasse do seu caminho, a corrente apertava como um laço, sufocando o pobre cão errante até o submeter pela asfixia. Não levaria muito tempo, garantiu a nossa inspectora, ou os nossos cães aprendiam a obedecer ou morreriam por asfixia. *Deliciosamente perverso*, pensei eu.

Comecei a enfiar o estrangulador na cabeça de *Marley*, mas mal o viu abocanhou-o e prendeu-o entre os dentes. Eu abri-lhe a boca para lho tirar e voltei a tentar. Ele voltou a abocanhá-lo. Todos os outros cães tinham as coleiras postas; estava toda a gente à espera. Eu amordacei-o com uma mão e tentei enlaçar-lhe a corrente no focinho com a outra. Ele encolhia-se tentando abrir a boca de maneira a poder voltar a atacar a misteriosa serpente prateada. Por fim lá lhe enfiei a correia pela cabeça, e ele deixou-se cair no chão, revolvendo-se e esperneando, com as patas no ar e sacudindo a cabeça de um lado para o outro, até conseguir abocanhar novamente a correia. Eu olhei para a professora.

— Parece que está a gostar — disse eu.

Seguindo as instruções de Miss Dominatrix, levantei *Marley* do chão e tirei-lhe a corrente da boca. Depois, segundo as instruções, obriguei-o a sentar-se e pus-me ao seu lado, com a minha perna esquerda a roçar-lhe o quarto dianteiro. Após contar até três, deveria dizer: «*Marley*, junto!» e avançar um passo com o pé esquerdo — e nunca com o direito. Se ele começasse a desviar-se do caminho, bastaria uma série de pequenas correcções — pequenos puxões repentinos na trela — para o repor no caminho certo.

— Amigos, contar até três — vociferou Miss Dominatrix. *Marley* tremia e espumava de excitação com aquele objecto estranho e reluzente à volta do pescoço. Um... dois... três.

— Marley, junto! — ordenei eu.

Assim que dei o primeiro passo, ele levantou voo como um avião a jacto de um porta-aviões. Eu dei um puxão firme na trela e ouvi-o soluçar de modo aflitivo como se a corrente lhe comprimisse a traqueia. Recuou por instantes, mas assim que a correia afrouxou, os soluços asfixiantes eram já coisa do passado, algo muito remoto no pequeníssimo compartimento do seu cérebro dedicado às lições de vida. Voltou a arremeter para diante. Eu puxei novamente a trela e ele voltou a arfar de asfixia. Continuámos nisto até ao limite do parque de estacionamento. *Marley* arremetendo para diante, eu a puxá-lo para trás, cada vez com maior violência. Ele arfava e tossia. Eu gemia e transpirava.

— Aperte as rédeas ao cão! — gritou Miss Dominatrix.

Eu tentei com todas as minhas forças, mas a lição não estava a resultar, e eu comecei a pensar que *Marley* poderia muito bem estrangular-se a si mesmo antes de a aprender. Entretanto, os outros cães passeavam-se lado a lado com os seus donos, respondendo a pequenas correcções de pulso tal como Miss Dominatrix preconizara.

— Por amor de Deus, *Marley* — sussurrei eu. — É a honra da nossa família que está em jogo.

A instrutora mandou-nos retomar as nossas posições e tentar outra vez. Mais uma vez, *Marley* arrojou-se como um maníaco pelo alcatrão, olhos esbugalhados, estrangulando-se a si mesmo ao avançar. No outro lado do parque, Miss Dominatrix indicou-nos como exemplo de como não conduzir um cão.

— Dê cá — disse ela impacientemente, estendendo a mão. — Eu mostro-lhe.

Eu entreguei-lhe a trela, e ela manejou-a eficazmente, obrigando-o a dar meia volta, dando um último puxão no estrangulador ao mesmo tempo que o mandava sentar. Surpreendentemente, afundou-se nas patas traseiras, olhando para ela ansiosamente. *Praga.*

Com um pequeno repelão inteligente no cabo, Miss Dominatrix deu um passo em frente. Mas ele precipitou-se para diante quase instantaneamente, como se estivesse a puxar um trenó no Iditarod. A instrutora corrigiu-o violentamente, puxando-o para o lado; ele tropeçou, esganiçou-se e disparou novamente em frente. Parecia que lhe ia arrancar o braço. Eu deveria estar envergonhado, mas sentia aquela estranha sensação de comprazimento que normalmente acompanha o sentimento de vingança. Não estava a ter mais êxito do que eu. Os meus colegas casquinaram baixinho e eu sorri com um orgulho perverso. *Estão a ver, o meu cão é terrível com toda a gente, não é só comigo!*

Agora que já não era eu a vítima, tinha de admitir que a cena era realmente hilariante. Ao atingirem o limite do parque de estacionamento, os dois fizeram meia volta e voltaram na nossa direcção aos pulos e aos arrancões, Miss Dominatrix, carrancuda e com indisfarçável raiva apopléctica, *Marley* fora de si de contentamento. Ela puxava furiosamente a trela, e *Marley*, espumando pela boca, puxava ainda com mais força, gozando claramente este novo cabo-de-guerra que a professora o chamara a demonstrar. Quando me viu, avançou a todo o gás. Com um acesso sobrenatural de adrenalina, dardejou direito a mim, obrigando Miss Dominatrix a largar a correr para não se estatelar no meio do chão. *Marley* só parou quando se esborrachou contra mim com a sua habitual *joie de vivre*. Miss Dominatrix fulminou-me com um olhar que queria dizer que eu transpusera uma qualquer linha invisível e que não havia maneira de voltar atrás. *Marley* tinha ridicularizado tudo o que ela pregava sobre cães e disciplina. Humilhara-a publicamente. Devolveu-me a trela e, voltando-se para a aula como se este pequeno episódio nunca tivesse acontecido, disse:

— *Okay*, amigos, contar até três...

Quando a aula terminou, perguntou-me se podia dar-me uma palavra. Eu esperei com *Marley* enquanto ela ripostava às perguntas dos outros alunos. Quando o último se foi embora, voltou-se para mim e disse-me, num novo tom conciliatório:

— Creio que o seu cão ainda é muito novo para um treino de obediência estruturado.

— É um osso duro de roer, não é? — perguntei, sentindo um novo elo de camaradagem depois de termos partilhado a mesma experiência de humilhação.

— Ele ainda não está preparado para isto — respondeu ela. — Ainda tem de crescer um bocadinho primeiro.

Comecei então a perceber onde ela queria chegar.

— Não me está a tentar dizer...

— É uma distracção para os outros cães.

— ... que nos está...

— É demasiado irrequieto.

— ... a correr connosco da aula?

— Pode sempre voltar a trazê-lo daqui a seis ou sete meses.

— Quer dizer que está a correr connosco?

— Terei todo o gosto em reembolsá-lo.

— Está a correr connosco.

— Estou — reconheceu ela por fim. — Estou a correr convosco.

Como se alguém lho tivesse ordenado, *Marley* alçou a perna esquerda e soltou um jacto torrencial de urina, falhando o pé da sua adorada instrutora por meros centímetros.

Às vezes um homem precisa de se zangar para se tornar sério. Miss Dominatrix deixara-me zangado. Eu tinha um maravilhoso *labrador retriever* puro, um distinto membro de uma raça famosa por guiar os cegos, acudir às vítimas dos acidentes, ajudar os caçadores e recolher o peixe no mar revolto do Atlântico Norte, tudo com a maior calma e inteligência. Como se atrevia ela a expulsá-lo ao fim de apenas duas lições? Está bem que ele era um bocado para o irrequieto, mas era um cão genuinamente bem-intencionado, acima de tudo. Ainda haveria de provar àquela pavoa insuportável que *Sua Majestade Marley Grogan de Churchill* não era nenhum desistente. Voltaríamos a ver-nos em Westminster.

Logo na manhã seguinte, levei *Marley* comigo para o pátio das traseiras.

— Ninguém chuta os Grogan para fora da escola — disse-lhe eu. — Intreinável? Vamos ver quem é intreinável. Que me dizes? — Ele desatou a pular para baixo e para cima. — Vamos conseguir, *Marley*? — Ele sacudiu-se. — Não te oiço! Vamos conseguir? — Ele ganiu. — Muito bem. Então vamos a isto.

Comecei pela ordem para sentar, que já andávamos a treinar desde que ele era um cachorro pequeno e a que obedecia razoavelmente bem. Olhei-o de cima, fiz-lhe uma carranca de macho dominante e mandei-o sentar numa voz calma e firme. Ele obedeceu. Eu aplaudi. Repetimos o exercício várias vezes. A seguir passámos à ordem de deitar, que também já vínhamos treinando há algum tempo. Ele olhou-me fixamente nos olhos, com o pescoço esticado para a frente, antecipando a minha directiva. Eu ergui a mão lentamente e retive-a no ar enquanto ele aguardava a palavra. Com um movimento brusco para baixo, estalei os dedos, apontei para o chão e disse:

— Deita!

Marley desfez-se como gelatina, batendo no chão com um baque. Não teria caído com mais convicção se explodisse uma bomba no quintal. Jenny, sentada no alpendre com o seu café, também reparou nisto, e gritou:

— Salve-se quem puder!

Ao fim de várias sessões de mergulho para a relva, decidi passar ao próximo desafio: a ordem de chamar. Esta era especialmente difícil para *Marley*. Claro que o problema não estava em convencê-lo a vir. O difícil era mantê-lo à distância até o chamarmos. O nosso cão hiperactivo estava sempre tão ansioso por se grudar a nós que não era capaz de ficar quieto quando nos afastávamos.

Fi-lo sentar-se de frente para mim e fixei os meus olhos nos dele. Enquanto nos fitávamos, ergui a palma da mão, estendendo-a à minha frente como uma sentinela. «Aí», disse eu, e dei um passo para trás. Ele imobilizou-se, fitando-me ansiosamente, à espera do mais leve sinal de poder vir ter comigo. Ao meu quarto passo atrás, não aguentou mais e libertou-se, desatando a correr e atirando-se contra mim. Eu repreendi-o e voltei a tentar. Uma e outra vez. A cada nova tentativa deixava-me afastar mais um pouco até investir. Daí a um bocado, estava já uns bons quinze metros a meio do quintal com o braço estendido na direcção dele. Esperei. Ele permanecia sentado, estancado na sua posição, corpo inteiro a tremer de antecipação. Podia ver a energia nervosa a acumular-se dentro dele; era como um vulcão prestes a rebentar. Mas manteve-se firme. Contei até dez. Ele não se mexeu. Os olhos dele fixaram-se em mim; os seus músculos mexeram-se. *Okay, já chega de tortura*, pensei. Deixei cair o braço e gritei:

— *Marley*, anda cá!

Enquanto ele se catapultava para a frente, eu agachei-me a bater palmas para o encorajar. Pensei que fosse desatar a correr à toa pelo quintal, mas ele vinha direito a mim. *Perfeito!* pensei eu.

— Anda cá, rapaz! — incitei. — Anda cá! — E ele veio. Veio a correr direito a mim.

— Mais devagar, rapaz — disse eu. Ele continuava a galgar em direcção a mim. — Mais devagar, *Marley* — repeti. Ele continuou disparado. — Mais devagar!

Tinha uma expressão vazia e tresloucada, e nos instantes que antecederam o impacte apercebi-me de que não havia ninguém aos comandos. Era um cão desvairado a correr. Ainda tive tempo de proferir uma derradeira ordem.

— PÁRA! — gritei eu.

Blam! Abalroou-me sem sequer abrandar a passada e eu caí para trás, embatendo violentamente no chão. Quando abri os olhos alguns segundos depois, senti *Marley* totalmente escarranchado em cima de mim, estendido sobre o meu peito e a lamber-me impacientemente o rosto. *Que tal me saí, chefe?* Em termos estritamente técnicos, tinha cumprido as ordens à risca. Afinal, eu é que me esquecera de referir a necessidade de parar quando chegasse ao pé de mim.

— Missão cumprida — suspirei.

Jenny espreitou-nos pela janela da cozinha e chamou:

— Vou para o trabalho. Quando vocês os dois acabarem de brincar, não se esqueçam de fechar as janelas. Em princípio deve chover esta tarde.

Dei um biscoito ao meu cão-matador, tomei um duche e saí a correr para o jornal.

Quando cheguei a casa nessa noite, Jenny estava à minha espera à porta e não parecia nada contente.

— Vai ver na garagem — disse ela.

Quando abri a porta da garagem a primeira coisa que vi foi *Marley*, estendido na alcatifa, com um ar bastante abatido. Nessa imagem instantânea, vi que o seu focinho e patas dianteiras não estavam bem. Estavam castanho-escuras, e não amarelo-claras como o habitual, crestadas em sangue seco. Até que a minha atenção se estendeu ao resto da sala e fiquei sem respirar. A garagem — o nosso indestrutível búnquer — estava de pantanas. Os tapetes todos esfarrapados, a tinta esgravatada das paredes de cimento e a tábua de passar a ferro de pernas para o ar, com o pano envolvente retalhado. Pior ainda, o umbral da porta onde eu me encontrava parecia ter sido atacado por um triturador de jardim com lascas de madeira espalhadas num raio de três metros à volta da porta, que estava completamente escalavrada e reduzida a metade da espessura. O primeiro metro da ombreira da porta desaparecera por completo. As paredes estavam listradas de sangue por onde *Marley* esgadanhara com as patas e o focinho.

— *Praga* — disse eu, mais atónito do que zangado.

De repente, veio-me à cabeça a imagem da pobre Mrs. Nedermier e o crime da motosserra do outro lado da rua. Sentia-me como se estivesse no meio da cena de um crime.

Ouvi a voz de Jenny atrás de mim.

— Quando vim a casa à hora de almoço, estava tudo bem — disse ela. — Mas dava para perceber que vinha lá mau tempo.

Quando ela voltou para o jornal, sobreveio uma poderosa intempérie, com lençóis de chuva, relâmpagos alucinantes e trovões tão poderosos que quase os sentíamos a retumbar no peito.

Quando Jenny chegou a casa algumas horas depois, *Marley*, espumando no meio da carnificina da sua tentativa de fuga, estava completamente tomado pelo pânico. Estava tão aflito que ela nem sequer conseguira ralhar com ele. Para além disso, o mal já estava feito; *Marley* não faria ideia por que razão estava a ser castigado. Jenny estava tão destroçada com aquele ataque licencioso à nossa casa nova, a casa em que trabalháramos com tanto esforço, que nem sequer conseguiu lidar com ele.

— Espera até o dono chegar a casa! — dissera ela em tom ameaçador, e fechara-lhe a porta.

Depois do jantar, tentámos fazer uma análise daquilo a que passáramos a chamar a «selvajaria». A única conclusão a que chegámos foi que, sozinho e aterrorizado como se a tempestade se abatesse sobre o bairro, *Marley* decidira que a melhor *chance* que tinha de sobreviver era escavar um caminho para casa, provavelmente movido por um qualquer instinto de refúgio herdado do seu antepassado, o lobo. E perseguira o seu objectivo com uma obstinação e eficácia que eu só teria julgado possível com a ajuda de maquinaria pesada.

Quando acabámos de lavar a loiça, Jenny e eu fomos à garagem, onde *Marley*, igual a si mesmo outra vez, pegou num brinquedo de roer e saltitou à nossa volta, procurando desafiar-nos para uma joguinho de cabo-de-guerra. Eu segurei-o enquanto Jenny lhe limpava o sangue ressequido do pêlo com uma esponja. Depois ficou a olhar para nós, abanando a cauda, enquanto limpávamos o produto do seu labor. Mandámos os tapetes e o pano da tábua de passar a ferro para o lixo, varremos os restos lascados da nossa porta, esfregámos o sangue das paredes, e fizemos uma lista de coisas de que iríamos precisar da loja de ferragens para reparar os danos — o primeiro de muitos trabalhos de reparação que eu acabaria por fazer ao longo da sua vida. *Marley* parecia fervorosamente entusiástico pelo facto de nos ter ali, dando-nos uma mãozinha com os seus esforços de remodelação.

— Não é motivo para estares tão contente — ralhei e trouxe-o para casa nessa noite.

9

AQUILO DE QUE OS MACHOS SÃO FEITOS

Qualquer bom cão precisa de um veterinário, um profissional preparado para o manter forte e saudável e imune às doenças. Qualquer novo dono de um cão precisa de ter um, sobretudo pelos conselhos, confiança e consultas grátis que os veterinários acabam por passar a maior parte do seu tempo a dispensar. Eu e Jenny tivemos alguns problemas até encontrar o nosso protector. Um deles era tão esquivo que nunca chegámos a ver senão a sua ajudante adolescente; outro era tão velho que eu estava convencido de que não seria capaz de distinguir um gato de um chihuahua. Havia um terceiro que só tratava das tias de Palm Beach e dos seus cãezinhos de enfeitar e trazer no bolso. Até que tropeçámos no médico dos nossos sonhos. Chamava-se Jay Butan — doutor Jay para todos os que o conheciam — e era do tipo jovem, esperto, moderno e extraordinariamente gentil. O doutor Jay percebia de cães como os melhores mecânicos percebem de carros, isto é, por intuição. Era visivelmente apaixonado por animais, mas mantinha uma salutar sensibilidade quanto ao seu papel no mundo dos homens. Nesses primeiros meses, passávamos a vida a telefonar-lhe e consultávamo-lo acerca das preocupações mais triviais. Quando *Marley* começou a criar crostas escamadas nas patas, receei que estivesse a desenvolver uma qualquer doença de pele, quem sabe se contagiosa. Esteja descansado, disse-me o doutor Jay, isso são só calos de ele se estender no chão. Um dia, *Marley* soltou um longo bocejo e eu detectei-lhe uma estranha descoloração roxa ao fundo da língua. *Valha-me Deus*, pensei eu. *Está com cancro*. Sarcoma de Kaposi na boca. Esteja descansado, recomendou o doutor Jay, não passava de uma marca de nascença.

Agora, na presente tarde, Jenny e eu estávamos numa sala de observações com ele, discutindo as neuroses cada vez mais profundas de *Marley* com as trovoadas. Nós esperávamos que o incidente do triturador de jardim na garagem fosse apenas uma bizarria isolada, mas acabou por revelar-se simplesmente o início daquilo que seria um padrão de comportamento fóbico e irracional para o resto da vida. Apesar da fama que os *labradores* tinham de serem excelentes cães de caça com armas de fogo, nós acabáramos por adquirir um que ficava mortalmente aterrorizado com qualquer barulho mais forte do que uma rolha a saltar de uma garrafa de champanhe. Estalinhos de Carnaval, motores de explosão e tiros de pistola deixavam-no aterrado. A trovoada era uma casa de horrores só por si. A mera sugestão de uma tempestade deixava *Marley* numa lástima. Se estivéssemos em casa, vinha encostar-se a nós, tremendo e salivando descontroladamente, os olhos dardejando nervosamente de um lado para o outro, as orelhas dobradas para trás, a cauda enfiada entre as patas. Se estivesse sozinho, tornava-se destrutivo, esgadanhando qualquer coisa que se interpusesse entre ele e uma qualquer percepção de segurança. Um dia em que as nuvens começavam a adensar-se no céu Jenny chegou a casa e deu com *Marley* em cima da máquina de lavar com um olhar tresloucado, a dançar uma jiga desesperada, as unhas a baquetearem no tampo de esmalte. Como chegara lá e, mais importante ainda, porque sentira essa necessidade foi algo que nunca conseguimos esclarecer. Já sabíamos que as pessoas podiam ser doidas varridas, e, tanto quanto nos era agora dado entender, os cães também.

O doutor Jay apertou-me um frasco de comprimidos amarelos na palma da mão e disse-me:

— Não hesite em usá-los.

Era sedativos que iriam, nas suas palavras, «apaziguar a ansiedade do *Marley*». A sua esperança, explicou ele, era que sob o efeito calmante desta droga *Marley* fosse capaz de lidar com as trovoadas de forma mais racional, acabando por se aperceber de que não passavam de uma simples barulheira inofensiva. A ansiedade perante as trovoadas não era uma coisa invulgar entre os cães, sobretudo na Florida, onde havia tempestades a ribombar através da península quase todas as tardes durante os meses dormentes do Verão. *Marley* cheirou o frasco na minha mão, aparentemente ansioso por se iniciar numa vida de toxicodependência.

O doutor Jay pegou em *Marley* pelo cachaço e começou a mover os lábios como se tivesse algo de importante para dizer mas não soubesse bem como começar.

— Para além disso — disse ele, fazendo uma pausa —, talvez seja bom começarem a pensar em mandá-lo capar.

— Capar? — repeti. — Quer dizer, como se faz aos...

Olhei para o enorme par de testículos — dois glóbulos comicamente grandes — balançando entre as patas traseiras de *Marley*.

O doutor Jay também olhou para eles e abanou a cabeça. Devo ter pestanejado, apertado os meus próprios braços até, pois ele apressou-se a acrescentar:

— É completamente indolor, a sério, e ele vai sentir-se muito mais confortável.

O doutor Jay estava por dentro de todos os desafios que *Marley* representava. Era a nossa bíblia para todas as coisas que lhe diziam respeito e estava a par de tudo, das desastrosas aulas de obediência, dos seus acessos de casmurrice, ímpetos destrutivos e hiperactividade. E ultimamente, *Marley*, que tinha sete meses, começara a copular com qualquer coisa que mexesse, incluindo os nossos convidados para jantar.

— Vai retirar-lhe toda essa energia sexual nervosa e torná-lo um cão mais feliz e tranquilo — disse ele. E prometeu que não iria esmorecer em nada a exuberância radiosa do nosso cão.

— Credo, não sei — exclamei. — Parece uma coisa tão... tão radical.

Jenny, por sua vez, não revelava quaisquer escrúpulos desse tipo.

— Bora lá sacar esses sacanas! — brincou ela.

— Então e a procriação? — perguntei eu. — Como vamos assegurar a descendência do *Marley?*

Vi todos os emolumentos da procriação desfilarem-me diante dos olhos.

Mais uma vez o doutor Jay parecia medir cuidadosamente as suas palavras.

— Acho que tem de ser realista a esse respeito — disse ele. — O *Marley* é um excelente cão doméstico, mas não estou seguro de que reúna todos os requisitos para a criação de raça.

Estava a ser o mais diplomático possível, mas a sua expressão denunciava-o. Era quase como se tivesse acabado de gritar: *por amor de Deus, homem! Em nome das gerações vindouras, vamos ter de conter este erro genético, custe o que custar!*

Disse-lhe que íamos pensar no assunto, e, munidos do nosso suplemento de drogas de alteração de humores, dirigimo-nos para casa.

Foi nesta mesma altura, enquanto discutíamos a supressão da virilidade de *Marley*, que Jenny começou a colocar exigências sem precedentes sobre a minha. O doutor Sherman tinha-lhe dado luz verde para tentar engravidar outra vez. Ela aceitou o desafio com a obstinação de um atleta olímpico.

O tempo de pôr simplesmente a pílula de lado já lá ia. Na guerra da inseminação, Jenny ia passar à ofensiva. Para isso precisava de mim, o seu aliado-chave que controlava o fluxo de munições. Como a maioria dos homens, desde os quinze anos que eu passara a maior parte dos meus dias a tentar convencer o sexo oposto de que era um parceiro digno de acasalamento. Por fim, encontrara alguém que concordara. Deveria estar rejubilante. Pela primeira vez na minha vida, uma mulher desejava-me mais a mim do que eu a ela. Isto era o céu para qualquer homem. Era o fim das súplicas, da bajulação. Como os melhores cães de criação, passara a ser eu a parte requisitada. Deveria estar extasiado. Mas de repente tudo me parecia trabalho, e trabalho árduo, por sinal. Não era bem uma noite de pagode e folia que Jenny pretendia de mim; era um bebé. E isso queria dizer que eu tinha uma missão a cumprir. Era uma coisa séria. E que os mais jubilosos actos nocturnos rapidamente se transformavam num afã de práticas clínicas envolvendo verificações de temperaturas-base, calendários menstruais e tabelas de ovulação. Sentia-me como se estivesse ao serviço da rainha.

Era tudo quase tão estimulante como uma auditoria das finanças. Jenny estava habituada a ter-me sempre pronto a investir à menor sugestão de um convite, e partia do princípio de que as antigas regras ainda se aplicavam. Eu poderia estar, por exemplo, a tratar da distribuição do lixo que Jenny chegava de calendário na mão e dizia:

— Tive o período pela última vez no dia dezassete, o que significa — e fazia uma pausa para contar a partir dessa data — que precisamos de fazer isto — JÁ!»

Os homens da família Grogan nunca lidaram bem com a pressão e eu não era excepção à regra. Seria apenas uma questão de tempo até eu sofrer a derradeira humilhação masculina: um fracasso no desempenho da função. E quando isso acontecesse era o fim do jogo. A minha confiança seria atingida, o meu vigor desapareceria. Se acontecesse uma vez, sabia que podia repetir-se. O fracasso sexual foi-se tornando uma profecia autoconsumada. Quanto mais me preocupava em desempenhar o meu dever marital, menos capacidade tinha de relaxar e fazer aquilo que sempre acontecera com naturalidade. Suprimi todos os sinais de afeição física, não fossem eles pôr ideias na cabeça de Jenny. Comecei a viver aterrorizado com a ideia de que a minha mulher — ai de mim! — me pedisse para lhe arrancar a roupa e fazer dela o que quisesse. Comecei a pensar que talvez uma vida celibatária num convento remoto não fosse uma coisa assim tão má.

Mas Jenny não estava disposta a desistir assim tão facilmente. Ela era a caçadora; eu era a presa. Uma bela manhã, estava eu a trabalhar no meu gabinete do jornal de Palm Beach, a escassos dez minutos de casa, quando Jenny me ligou do trabalho. Quereria eu encontrar-me com ela em casa para almoçar? *Queres dizer, sozinhos? Sem uma dama de companhia?*

— Ou então podemos encontrar-nos num restaurante qualquer — contrapus. Um restaurante apinhado de gente. De preferência na companhia de vários colegas nossos. E das nossas duas sogras.

— Oh, anda lá — disse ela. — Vai ser divertido. — Depois a voz dela afundou-se num sussurro e acrescentou: — Hoje é um dia bom. Acho... que... estou em ovulação.

Fui inundado por uma vaga de pavor. *Oh, meu Deus, não. A palavra O, não!* Instalara-se a pressão. Era tempo de fazer ou morrer. Levantar ou cair, mais concretamente. *Por favor, não me obrigues*, apeteceu-me implorar ao telefone. Em vez disso disse tão calmamente como podia:

— Claro que sim. Meio-dia e meia, serve?

Quando abri a porta, *Marley*, como sempre, lá estava para me dar as boas-vindas, mas Jenny não aparecia em lado nenhum. Decidi telefonar-lhe.

— Na casa de banho — respondeu ela. — Estou mesmo a sair. — Eu pus-me a ver o correio, para matar o tempo, com um sentimento geral de perdição a pairar sobre mim, como seria de imaginar que pairasse sobre alguém à espera do resultado de uma biopsia. — Hei, marinheiro — sussurrou uma voz atrás de mim. Quando me voltei, vi Jenny a olhar para mim com uma pequena coisa de seda de duas peças. A sua barriga elegante espreitava-me por baixo do *top*, que lhe pendia precariamente dos ombros, suspenso de duas alças inacreditavelmente finas. As suas pernas jamais tinham parecido tão longas. — Que tal estou eu? — perguntou ela, levando as mãos à cintura. Estava incrível, era o que ela estava. No que toca a roupa de noite, Jenny é claramente adepta das *T-shirts* largueironas, e eu bem via que ela se sentia um pouco tonta nestas vestes sedutoras. Mas o certo é que estavam a surtir o efeito pretendido.

Ela foi a saltitar para o quarto comigo atrás. Daí a pouco estávamos embrulhados nos lençóis nos braços um do outro. Eu fechei os olhos e senti aquele meu velho amigo despertar. A magia estava toda lá outra vez. *Tu consegues, John.* Tentei conjurar os pensamentos mais impuros que podia. *Isto vai resultar!* Os meus dedos tentearam desajeitadamente à procura daquelas alças finíssimas. *Toca a rolar, John, John.* Sem pressão. Sentia agora a sua respiração, quente e húmida na minha cara. E pesada. Um hálito quente, húmido e pesado. *Mmmm, que sexy.*

Mas alto aí. Que cheiro era este? Qualquer coisa no seu hálito. Qualquer coisa ao mesmo tempo estranha e familiar, não é que fosse desagradável, mas também não era propriamente estimulante. Eu conhecia aquele cheiro, mas não sabia identificá-lo. Comecei a hesitar. *Que estás tu a fazer, meu palerma? Esquece lá o cheiro. Concentra-te, homem. Concentração!* Mas aquele cheiro — não conseguia tirá-lo da cabeça. *Estás a distrair-te, John. Não te distraias.* O que era aquilo?

Olhos na bola! A minha curiosidade estava a levar a melhor sobre mim. *Deixa lá isso, meu. Deixa lá isso*! Comecei a farejar o ar do quarto. Era um cheiro a comida, sim, era isso. Mas que comida? Não eram bolachas. Não eram batatas fritas. Não era atum. Estava quase lá. Eram... *Milkbones?*

Milkbones! Era isso! Estava com hálito a biscoitos *Milkbones. Mas porquê?* Pensei — cheguei mesmo a ouvir uma pequena voz na minha cabeça a perguntar — *porque terá andado Jenny a comer biscoitos para cão?* Para além disso, sentia os lábios dela no meu pescoço... Como podia ela estar a beijar-me o pescoço e a bafejar-me a cara ao mesmo tempo? Não fazia sent...

Oh... meu... Deus.

Abri os olhos. Ali mesmo, a escassos centímetros da minha cara, preenchendo todo o meu campo de visão, estava a enorme cabeçorra de *Marley*. Tinha o queixo pousado no colchão e estava a esconjurar uma trovoada, arquejante, a saliva a cair sobre os lençóis. Os olhos semicerrados — e parecia, também ele, inteiramente apaixonado.

— Mau, mau! — guinchei, enroscando-me na cama. — Não! Não! Vai para a cama! — ordenei eu furiosamente. — Vai para a cama! Vai deitar-te! — Mas era tarde de mais. A magia esvanecera-se. Voltei a sentir o apelo do mosteiro.

Descansar, soldado.

Na manhã seguinte marquei uma consulta para *Marley* no veterinário para lhe cortar os testículos. Pensei que já que eu nunca mais ia voltar a ter relações sexuais na vida, ele também não. O doutor Jay disse que podíamos deixar o *Marley* antes de irmos para o jornal e ir buscá-lo ao fim do dia. Uma semana depois, foi o que fizemos.

Enquanto Jenny se arranjava, *Marley* ressaltava alegremente pelas paredes, pressentindo uma saída iminente. Para

Marley, qualquer passeio era um bom passeio. Não importava aonde íamos ou por quanto tempo. Levar o lixo aos contentores? *É para já!* Ir ao virar da esquina comprar um pacote de leite? *Contem comigo!* Comecei a sentir remorsos. O pobre animal não fazia ideia do que lhe estava reservado. Confiava em nós de forma incondicional, e aqui estávamos a conspirar secretamente para o castrar. Poderia a traição ser mais desleal do que isto?

— Anda cá — disse eu, lutando com ele na brincadeira até o atirar ao chão, dando-lhe uma boa esfregadela na barriga. — Não vai ser assim tão mau. Vais ver. O sexo está muito inflacionado.

Mas nem eu, ainda a ressentir-me da minha má estrela nas últimas semanas, acreditava nisto. Quem estava eu a tentar enganar? O sexo era óptimo. O sexo era incrível. O pobre cão ia ser privado do maior dos prazeres da vida. O pobre. Senti-me pessimamente.

E senti-me ainda pior quando o chamei com um assobio e ele saiu porta fora e pulou para dentro do carro cegamente convicto de que eu não o levaria por mau caminho. Estava em alta rotação e pronto a embarcar em qualquer aventura fantástica que eu tivesse em mente. Jenny ia a conduzir e eu no lado do passageiro. Como era seu hábito, *Marley* balançava as patas da frente na consola central, o nariz a tocar no espelho retrovisor. De cada vez que Jenny punha o pé no travão, esborrachava-se contra o pára-brisas, mas não se ralava. Ia a curtir a fundo com os seus dois melhores amigos. Que poderia haver de melhor nesta vida?

Abri uma fresta da minha janela, e *Marley* começou a descair para estibordo, inclinando-se contra mim, tentando apanhar um bafejo dos cheiros lá fora. Daí a pouco já ele se tinha arrojado e contorcido até ao meu colo e grudado o focinho contra a pequena frincha da janela, soltando um tossido cada vez que tentava farejar alguma coisa. *Oh, porque não?*, pensei. Esta era a última viagem que faria enquanto membro devidamente apetrechado do género masculino; o mínimo que eu podia fazer era oferecer-lhe um pouco de ar puro. Abri a janela o suficiente para ele poder esticar o focinho para fora. Estava a gozar a sensação de tal maneira, que a abri mais um bocado, e daí a pouco já ele ia com a cabeça inteira de fora. As suas orelhas adejavam atrás dele com o vento e a sua língua descaía para fora como se estivesse embriagado com o éter da cidade. Meu Deus, como estava feliz.

Enquanto descíamos a Dixie Highway, contei a Jenny como aquilo a que estávamos prestes a submetê-lo me fazia sentir mal. Ia ela a começar a dizer qualquer coisa, sem dúvida, para repudiar os meus escrúpulos, quando reparei, não tanto alarmado como curioso, que *Marley* tinha pendurado ambas as patas dianteiras sobre o vidro semiaberto. E agora já ia com o pescoço e as patas de fora. Só lhe faltava um par de óculos e um lenço de seda para parecer um daqueles ases aviadores da Primeira Guerra Mundial.

— John, ele está-me a pôr nervosa — disse Jenny.

— Deixa-o estar — respondi eu. — Só quer apanhar um bocadinho de ar...

Nesse preciso instante as suas patas deslizaram pela janela até ficar com as axilas assentes na borda do vidro.

— John, agarra-o! Agarra-o!

Antes que eu tivesse tempo de fazer alguma coisa, já *Marley* me tinha saltado do colo e esgravatava para sair pela janela do nosso carro em andamento. Ia de rabo alçado, revolvendo as patas de trás à procura de apoio. Estava a chegar ao travão de mão. Como o seu corpo deslizasse à minha frente, atirei-me a ele e ainda consegui agarrar-lhe a ponta da cauda com a minha mão esquerda. Jenny travou a fundo no meio do trânsito. *Marley* balançava fora do carro em movimento, suspenso de cabeça para baixo pelo seu rabo, que eu segurava de forma muito precária. O meu corpo estava retorcido numa posição que não me permitia chegar-lhe com a outra mão. *Marley* ia a galopar freneticamente com as patas da frente no asfalto.

Jenny parou o carro na faixa exterior com os carros a fazer fila atrás de nós, a buzinar.

— E agora? — gritei eu.

Estava preso. Não conseguia puxá-lo para dentro. Não conseguia abrir a porta. Não conseguia pôr o braço de fora. E não me atrevia a largá-lo, pois decerto que se atravessaria no caminho de um dos condutores furiosos que ziguezagueavam ao passar por nós a toda a velocidade. Eu aguentei-me pela sua preciosa vida, a minha cara esmagada contra o vidro a escassos centímetros do seu escroto gigante e agitado.

Jenny ligou os quatro piscas e veio a correr ao meu lado, onde o agarrou e segurou pela coleira até eu poder sair e ajudá--la a arrastá-lo à força para dentro do carro. O nosso pequeno drama tinha-se desenrolado mesmo frente a uma estação de serviço, e quando Jenny voltava a pôr o carro a trabalhar olhei para o lado e vi que todos os mecânicos tinham vindo cá para fora assistir ao espectáculo. Julguei que iam cair para o lado de tanto rir.

— Obrigado, pessoal! — gritei eu. — Fico contente por termos animado a vossa manhã.

Quando chegámos à clínica, entrei com *Marley* com a trela curta para o caso de ele tentar mais alguma gracinha. A minha culpabilidade desaparecera, a minha resolução consolidara-se.

— Desta já não te livras, senhor eunuco — disse-lhe eu.

Ele xingava e bufava, forçando a trela para farejar todos os cheiros dos outros animais. Na zona de espera conseguiu aterrorizar meia dúzia de gatos e atirar uma bancada cheia de folhetos ao chão. Entreguei-o ao assistente do doutor Jay e disse:

— Façam-lhe o serviço.

Quando o fui buscar nessa noite, *Marley* era um cão diferente. Estava dorido da cirurgia e movia-se cuidadosamente.

Tinha os olhos injectados e cabisbaixos da anestesia e ainda estava meio atordoado. E no sítio onde aquelas suas magníficas jóias da coroa outrora balançavam orgulhosamente não havia... nada. Apenas uma pequena prega de pele murcha. A irreprimível linhagem de *Marley* chegara oficial e perpetuamente ao fim.

10

SORTE DE PRINCIPIANTES

As nossas vidas eram cada vez mais definidas pelo trabalho. Trabalho nos jornais. Trabalho em casa. Trabalho no quintal. Trabalho a tentar engravidar. E, o que constituía por si só uma profissão a tempo inteiro, trabalho a criar *Marley*. De certa maneira, era como uma criança, requerendo o mesmo tempo e atenção, e nós começávamos a tomar o gosto à responsabilidade que nos esperava se alguma vez viéssemos a constituir família. Mas só até certo ponto. Por muito ignorantes que fôssemos no tocante à paternidade, tínhamos a certeza de que não poderíamos fechar os miúdos na garagem com uma tigela de água antes de sairmos de manhã para o trabalho.

Ainda nem sequer tínhamos completado o nosso segundo ano de casados e já sentíamos o desgaste de uma vida adulta, responsável de casal. Precisávamos de desopilar. Necessitávamos de umas férias, só nós os dois, longe das obrigações das nossas vidas quotidianas. Uma bela noite surpreendi Jenny com dois bilhetes de avião para a Irlanda. Iríamos lá passar três semanas. Não haveria itinerários predefinidos nem visitas guiadas a destinos turísticos obrigatórios. Apenas um carro alugado, um mapa e um guia de pousadas e hotéis para o caminho. Só o facto de termos os bilhetes na mão retirara-nos um peso de cima dos ombros.

Mas antes tínhamos alguns assuntos a resolver, e no topo da lista vinha *Marley*. Rapidamente excluímos a hipótese de o deixar num canil de hospedagem. Era demasiado novo, enérgico e bravio para estar encerrado num recinto fechado vinte e três horas por dia. Tal como previra o doutor Jay, a esterilização não diminuíra em nada a exuberância de *Marley*. Não afectara os seus níveis de energia nem o seu comportamento lunático. Afora o facto de ter perdido o interesse em montar objectos inanimados, continuava a ser o mesmo animal tresloucado de sempre. Era demasiado destravado — e imprevisivelmente destrutivo quando tomado pelo pânico — para que pudéssemos arriscar deixá-lo em casa de um amigo. Ou sequer de um inimigo, para esse efeito. Do que nós precisávamos era de alguém que viesse para nossa casa tomar conta do cão. Claro que não poderia ser uma pessoa qualquer, sobretudo tendo em conta os desafios que *Marley* apresentava. Precisávamos de alguém que fosse responsável, confiável, muito paciente e suficientemente forte para arrojar trinta quilos recalcitrantes de um *labrador retriever* em fuga.

Fizemos uma lista de todos os amigos, vizinhos e colegas de trabalho que nos vieram à cabeça, para depois riscarmos os nomes um a um. Demasiado boémio. *Scratch*. Demasiado distraído. *Scratch*. Alérgico à baba de cão. *Scratch*. Demasiado acanhado para tomar conta de um *basset*, quanto mais de um *labrador*. *Scratch*. Alérgico. Incapaz de apanhar excrementos de cão. *Scratch*. Daí a pouco restava-nos um único nome, Kathy. Kathy trabalhava na minha redacção e era solteira e independente. Tinha crescido no Midwest rural, adorava animais e ansiava por trocar o seu pequeno apartamento por uma casa com quintal. Era uma mulher atlética e gostava de passear a pé. É certo que era tímida e algo branda, o que poderia dificultar a imposição da sua autoridade sobre o macho dominante *Marley*, mas de resto seria a pessoa ideal, e, melhor ainda, disse que sim.

Mesmo que lhe tivéssemos confiado um bebé gravemente doente, a lista de instruções que eu lhe preparei não poderia ser mais meticulosa e detalhada. O memorando de *Marley* prolongava-se por seis páginas cerradas onde podia ler-se, entre outras coisas:

ALIMENTAÇÃO: *Marley* come três vezes por dia, uma dose de duas chávenas de comida para cão por refeição. A chávena da medida está dentro do saco. Dá-lhe de comer de manhã, quando te levantares e quando chegares do trabalho, por favor. Os nossos vizinhos virão dar-lhe a refeição depois de almoço. Isto perfaz seis chávenas de comida por dia, mas se ele estiver muito esfomeado, poderás dar-lhe mais uma chávena extra ou assim. Como calculas, esta comida tem de sair para qualquer lado. VER PATRULHAMENTO DE FEZES mais abaixo.

VITAMINAS: Todas as manhãs damos-lhe uma vitamina *Pet-Tab*. A melhor maneira de lha dar é deixá-la cair no chão e fingir que ele não a pode apanhar. Se ele julgar que é uma coisa proibida, engole-a imediatamente. Se por qualquer motivo isto não resultar, podes tentar disfarçá-la com um biscoito.

ÁGUA: Quando faz calor, é importante ter bastante água fresca à mão. Nós mudamos-lhe a água junto à tigela da comida uma vez por dia e mantêmo-la sempre cheia. Uma palavra de precaução: *Marley* gosta de mergulhar o focinho na taça da água e fazer de submarino. Isto provoca um enorme espalhafato. Acresce que as suas mandíbulas retêm uma quantidade de água considerável, a qual vai escorrendo à medida que ele se afasta da taça. Se o deixares, a primeira coisa que faz é ir limpar a boca à roupa ou ao sofá. Uma última coisa: quando bebe muita água de uma vez, tem por hábito sacudir-se, espalhando saliva pelas paredes, abajures, etc. Nós tentamos sempre limpá-la antes de secar, altura em que se torna quase impossível de remover.

PULGAS E CARRAÇAS: Se lhe descobrires alguma, podes borrifá-lo com os *sprays* antipulgas e carraças que nós te deixámos. Também deixámos um insecticida com que podes pulverizar os tapetes, etc., se achares que pode haver uma praga. As pulgas são pequeninas e rápidas, e muito difíceis de apanhar, mas raramente atacam os humanos, descobrimos nós, pelo que não te deverão preocupar excessivamente. Já as carraças são maiores e lentas e não é raro apanharmos-lhe uma ou outra. Se lhe descobrires alguma e te sentires com coragem para isso, podes esmagá-la contra um pano (poderás ter de usar as unhas para o efeito, pois são extremamente duras) ou mandá-las pelo lavatório ou pela sanita a baixo (a melhor opção se a carraça estiver ingurgitada de sangue). Provavelmente já ouviste falar na febre da carraça e em todos os problemas de saúde que isso pode causar a longo prazo, mas já vários veterinários nos asseguraram que existe um risco muito diminuto de contrair a febre da carraça aqui na Florida. Nunca fiando, lava sempre muito bem as mãos depois de retirares uma carraça. A melhor maneira de tirar uma carraça ao *Marley* é dar-lhe um brinquedo para ele ter na boca a fim de o manter ocupado e comprimir-lhe a pele com uma mão, usando as unhas da outra como pinças para lha arrancar. A propósito, se ele começar a cheirar muito mal, e te sentires com coragem, podes dar-lhe um banho na piscina para crianças que nós temos no pátio das traseiras (para esse único fim), mas veste um fato de banho — não é só ele que se vai molhar!

ORELHAS: O *Marley* tem tendência para criar muita cera nas orelhas, o que pode provocar infecções. Pedimos-te, por isso, que pelo menos uma ou duas vezes durante a nossa ausência, utilizes as bolas de algodão e a solução azul para lhe tirares a maior quantidade de cera que puderes. É uma tarefa bastante nojenta, por isso aconselhamos-te a usar roupas velhas.

PASSEIOS: Sem o seu passeio matinal, o *Marley* tende a entrar em desvario na garagem. Pela tua própria sanidade mental, talvez seja bom dares uma voltinha rápida com ele antes de te ires deitar, mas isso já é contigo. Quando quiseres ir passear com ele, é bom que utilizes o estrangulador, mas nunca lho deixes posto com ele sozinho. Poderia estrangular-se a si próprio, e só quem o conhece sabe como isso seria provável.

COMANDOS BÁSICOS: Andar com ele na rua é muito mais fácil se conseguires obrigá-lo a seguir atrás de ti. Começa sempre por tê-lo sentado à tua esquerda, depois utiliza a regra «*Marley*, junto!» e dá um passo com o pé esquerdo. Se ele tentar passa à frente, dá-lhe um puxão repentino na trela. Isto costuma resultar connosco. (O *Marley* andou numa escola de obediência!) Se ele estiver sem trela, costuma obedecer razoavelmente bem à ordem «*Marley*, vem cá!» Nota: é melhor estares de pé do que de cócoras quando o chamares.

TROVOADAS: O *Marley* tende a ficar um bocado passado da cabeça com as trovoadas, às vezes mesmo só com a chuva. Nós guardamos-lhe os sedativos (comprimidos amarelos) no armário com as vitaminas. Em princípio, basta um meia hora antes da chegada da trovoada (vais tornar-te uma especialista em meteorologia mais depressa do que pensas!) para resolver o problema. Obrigar o *Marley* a engolir os comprimidos é uma forma de arte, até certo ponto. Ele não os toma como quem toma as vitaminas, nem que as deixemos cair no chão e finjamos que ele não as pode tomar. A melhor técnica é escarranchá-lo e abrir-lhe a boca com uma mão. Com a outra enfiamos-lhe o comprimido o mais fundo que conseguirmos. Este terá de ser introduzido para além do ponto de não retorno, caso contrário ele regurgitá-lo-á. Depois, batemos-lhe no pescoço até ele o engolir. Claro que será bom lavares-te após esta operação.

PATRULHAMENTO DE FEZES: Tenho uma pá debaixo da mangueira no quintal para apanhar as fezes do *Marley*. Estás à vontade para ir limpando ou não o que for fazendo, dependendo daquilo que pretenderes trabalhar no quintal. Vê bem onde pões os pés!

PARA LÁ DAS MARCAS: Não autorizamos o *Marley* a:

* Andar em cima das mobílias.
* Roer as mobílias, sapatos, almofadas, etc.
* Beber água da retrete. (É melhor manter sempre a tampa fechada, mas cuidado: ele já aprendeu a fazê-la saltar com o nariz.)
* Escavar no pátio ou arrancar flores e plantas. Normalmente faz isto quando sente que não lhe estão a dar atenção suficiente.
* Vasculhar o caixote do lixo. (Talvez tenhas de o deixar em cima do balcão.)
* Saltar para as pessoas, cheirar-lhes os órgãos genitais ou incorrer em qualquer outro comportamento socialmente inaceitável. Temo-nos empenhado especialmente em tentar dissuadi-lo do vício de abocanhar braços, que, como calculas, é uma coisa que pouca gente aprecia. Ainda tem muitos progressos a fazer. Não te coíbas de lhe dar uma sapatada no traseiro e em dizer «não!» alto e bom som.
* Pedinchar à mesa.
* Encostar-se à porta ou às persianas do alpendre. (Verás que várias delas já foram substituídas.)

Obrigado mais uma vez por tudo, Kathy. É um favor enorme. Nem sei como teríamos feito se não fosses tu. Espero que tu e o *Marley* se tornem bons amigos e que te divirtas com ele tanto como nós.

Fui mostrar as instruções a Jenny e perguntei-lhe se havia alguma coisa de que me tivesse esquecido. Ela demorou vários minutos a lê-las após o que levantou os olhos para mim e disse:

— Que ideia é a tua? Não lhe podes mostrar isto. — Estava-me a abanar a cabeça. — Se lhe mostras isto, bem podes esquecer a Irlanda. A Kathy é a única pessoa que conhecemos disposta a fazer isto por nós. Se ela ler isto, acabou-se. Vai desatar a fugir e só pára quando chegar a Key West. Para o caso de eu não ter percebido bem à primeira, Jenny repetiu: — Que raio de ideia era a tua?

— Achas então que é de mais? — perguntei.

Mas eu sempre acreditei em jogar às claras e mostrei-lhas mesmo. E de facto Kathy pareceu vacilar consideravelmente por diversas vezes, sobretudo quando debatemos as técnicas de remoção de carraças, mas guardou as suas apreensões para si. Com um ar atemorizado e um tudo-nada esverdeado, mas demasiado gentil para renegar uma promessa, Kathy aguentou-se.

— Façam uma belíssima viagem — disse ela. — Nós ficamos bem.

A Irlanda era tudo o que nós sonháramos. Bela, bucólica, indolente. O tempo esteve radiosamente limpo e soalheiro a maior parte dos dias, levando os locais a queixar-se soturnamente de uma eventual seca. Tal como havíamos prometido a nós mesmos, não nos impusemos horários nem itinerários a cumprir. Limitámo-nos a passear, viajando intermitentemente ao longo da costa, parando para dar uma volta ou fazer compras ou grandes caminhadas, ou para emborcar litros de *Guinness* ou então ficar simplesmente a olhar para o mar. Parávamos o carro para falar com camponeses acartando os seus fardos de palha e para tirar fotografias no meio das ovelhas em plena estrada. Quando víamos um caminho interessante, decidíamos explorá-lo. Era impossível perdermo-nos porque não havia sítio nenhum onde tivéssemos de estar. Todos os nossos deveres e obrigações domésticos não passavam de memórias distantes.

Todos os dias, com o aproximar da noite, começávamos a procurar um sítio para pernoitar. Invariavelmente, acabávamos por ficar em quartos alugados em casas particulares por gentis viúvas irlandesas que se afeiçoavam a nós como mães, que nos serviam chá, nos mudavam os lençóis e pareciam fazer sempre a mesma pergunta: «Então, estão a pensar constituir família em breve?» Depois deixavam-nos no nosso quarto, devolvendo-nos sorrisos sabedores e peculiarmente sugestivos ao fechar a porta do nosso quarto.

Jenny e eu convencemo-nos de que devia haver uma lei nacional na Irlanda que obrigava todas as camas dos quartos de hóspedes do país a ter uma imagem do Papa ou da Virgem Maria emoldurada na parede. Alguns sítios proporcionavam as imagens de ambos. Um deles incluía mesmo uma série de contas de rosário pendendo da cabeceira da cama. A lei do viajante celibatário da Irlanda determinava que todas as camas de hóspedes fossem extremamente ruidosas, rangendo de forma alarmante sempre que um dos seus ocupantes ousava virar-se.

Tudo conspirava para criar um cenário tão propício a relações amorosas como o de um convento. Estávamos em casa de outra pessoa — numa *casa católica* — com paredes finas e uma cama sonora e estátuas de virgens e santos, e uma hospedeira metediça que, tanto quanto nos era dado imaginar, estaria suspensa do outro lado da porta. Era o último sítio onde uma pessoa poderia pensar em ter relações sexuais. O que me levou a cobiçar a minha mulher de maneiras novas e imperiosas.

Desligávamos as luzes e trepávamos para a cama, com as molas a ranger clamorosamente sob o nosso peso, e eu introduzia imediatamente a mão por baixo do *top* de Jenny, deslizando com a mão até à barriga.

— Nem penses! — sussurrava ela.

— Porque não? — sussurrava eu de volta.

— Estás doido? Miss O'Flaherty está mesmo aqui por trás da parede.

— E depois.

— Não podemos.

— Claro que podemos.

— Ela vai ouvir tudo.

— Nós fazemos com cuidado.

— Oh, claro!

— A sério. Mal nos mexemos.

— Então vai cobrir o Papa com uma *T-shirt* — dizia ela por fim, condescendendo. — Não faço nada com ele a olhar para nós.

De repente, o sexo parecia uma coisa tão... tão... ilícita. Era como se tivesse voltado aos meus tempos do liceu, esgueirando-me para a casa de banho sob o olhar desconfiado da minha mãe. Arriscarmo-nos a fazer sexo nestas paragens era estarmos sujeitos a uma humilhação pública na mesa do pequeno-almoço comunal na manhã seguinte. Bem como a ver Miss Flaherty servir-nos os ovos mexidos e os tomates de sobrolho vincado, perguntando-nos com um sorriso arrevesado: «Então, dormiram bem? A cama era confortável?»

A Irlanda era uma zona de sexo interdito de costa a costa. E isso era o estímulo de que eu precisava. Passámos a viagem toda a fornicar como coelhos.

Ainda assim, Jenny não conseguia deixar de pensar no bebé gigante que deixáramos em casa. Dia sim dia não lá despejava uma mão-cheia de moedas numa cabina telefónica e ligava para ouvir um relatório dos progressos de *Marley* da boca de Kathy. Eu ficava à porta da cabina a ouvir as reacções de Jenny.

— Ele fez isso?... A sério?... No meio do trânsito?... Mas não te magoaste, pois não?... Graças a Deus... Se fosse eu também tinha desatado aos gritos... O quê? Os teus sapatos?... Oh, não! A tua carteira?... Claro que te vamos pagar todos os estragos... Não sobrou nada?... Claro que vamos fazer questão de repô-los... E ele o quê?... Cimento húmido, dizes tu? Quais são as probabilidades de isso acontecer?

E era assim. Cada telefonema era um chorrilho de transgressões, cada uma pior do que a outra, muitas das quais nos surpreendiam mesmo a nós, sobreviventes calejados das guerras caninas. *Marley* era o estudante incorrigível e Kathy a pobre professora interina. Eram os seus dias de recreio.

Quando chegámos a casa, *Marley* veio a correr saudar-nos. Kathy ficou à porta, com um ar cansado e exaurido. Tinha o olhar esgazeado e distante de um soldado traumatizado pelo eclodir das bombas no rescaldo de uma batalha particularmente intensa. Tinha a mala feita e estava sentada na varanda, pronta para se ir embora. Tinha a chave do carro na mão, como se mal pudesse esperar pelo momento de fugir dali. Nós demos-lhe os nossos presentes, agradecemos-lhe profusamente e dissemos-lhe para não se preocupar com as cortinas rasgadas e os restantes estragos. Ela desculpou-se delicadamente e foi-se embora.

Tanto quanto nos foi dado apurar, Kathy tinha sido incapaz de exercer qualquer tipo de autoridade sobre *Marley* e muito menos controlo. A cada novo triunfo, *Marley* tornara-se mais confiante. Esquecera tudo o que respeitava a seguir obedientemente atrás do dono, arrastando-a atrás de si para onde quer que lhe apetecesse ir. Recusava-se a vir ter com ela. Abocanhava tudo o que lhe dava na cabeça — sapatos, carteiras, almofadas — e não largava o osso. Roubava-lhe a comida do prato. Revolvia o caixote do lixo de alto a baixo. Chegara mesmo a tentar tomar-lhe a cama. Tinha decidido que era ele quem mandava enquanto os donos estivessem fora e não ia permitir que uma companheira de quarto de temperamento brando assumisse o controlo e pusesse fim aos seus divertimentos.

— Pobre Kathy — disse Jenny. — Parecia um bocado abatida, não te pareceu?

— Desfeita é o termo.

— Se calhar é melhor não lhe voltarmos a pedir para nos tomar conta do cão.

— Pois — respondi eu. — Se calhar não é lá muito boa ideia.

Voltei-me para *Marley* e disse:

— Acabou-se a lua-de-mel, chefe. A partir de amanhã, voltamos ao treino.

Na manhã seguinte Jenny e eu voltámos para o trabalho. Mas primeiro enfiei o estrangulador à volta do pescoço e levei--o a dar uma volta. Ele arremeteu imediatamente em frente, sem sequer se dar ao trabalho de fingir que seguia atrás de mim.

— Estamos um bocadinho enferrujados, não? — perguntei eu, e ergui-lhe a trela com todo o meu vigor, fazendo-o cair por terra. Ele levantou-se nas canetas, tossiu e olhou para mim com uma expressão magoada como que dizendo: *também não precisas de ser tão severo. A Kathy não se importava que eu puxasse a trela.*

— Vai-te habituando — disse eu, e sentei-o. Ajustei-lhe o estrangulador de modo a cingir-lhe a parte de cima do pescoço, onde a experiência me ensinara ser mais eficaz. — *Okay*, vamos lá tentar outra vez — acrescentei. Ele olhou para mim com um cepticismo moderado.

— *Marley*, junto! — ordenei eu, dando um passo brusco com o meu pé esquerdo com a trela tão curta que na realidade tinha a mão esquerda a agarrar-lhe o cabo do estrangulador. Ele deu uma guinada e eu puxei-o com firmeza, apertando-lhe o estrangulador impiedosamente.

— A aproveitares-te de uma pobre mulher dessa maneira — ralhei eu entre dentes. — Devias ter vergonha.

No final do passeio, consegui finalmente convencê-lo de que não estava a brincar. Isto não era um jogo mas antes uma verdadeira lição de vida de acções e consequências. Se ele quisesse puxar, eu estrangulava-o. Invariavelmente, sem excepção.

Se ele quisesse colaborar e caminhar ao meu lado, eu afrou-xava-lhe a trela e ele quase deixava de sentir a corrente à volta do pescoço. Puxa, estrangula; junto, respira. Era simples e claro o suficiente, mesmo para *Marley*. Repetimos a sequência vezes sem conta enquanto caminhávamos pelo trilho das bicicletas. Puxa, estrangula; junto, respira. Lentamente, começava a enten-der que quem mandava era eu, e era assim que as coisas seriam sempre daí para a frente. Quando virámos para a entrada da nossa casa, tinha o meu cão recalcitrante a trotear ao meu lado, não de modo perfeito, mas assaz respeitável. Pela primeira vez na vida, *Marley* estava efectivamente a caminhar ao meu lado, ou pelo menos a tentar algo de muito parecido. Encarei isto como uma grande vitória.

— Oh, sim — cantarolei alegremente. — O chefe está de volta.

Vários dias depois, Jenny ligou-me para o jornal. Tinha acabado de sair do consultório do doutor Sherman.

— Sorte de principiantes — disse ela. — Cá vamos nós outra vez.

11

AS COISAS QUE ELE COMIA

Esta gravidez foi diferente. O nosso aborto tinha-nos ensinado algumas lições importantes, e desta vez não tencionávamos repetir os mesmos erros. Acima de tudo, mantivemos a boa nova bem guardada em segredo desde o primeiro dia. À excepção dos nossos médicos e enfermeiras, ninguém, nem mesmo os nossos pais, teve direito a saber. Quando tínhamos amigos para jantar, Jenny beberricava um sumo de uva de um copo de vinho para não levantar suspeitas. Para além deste secretismo, estávamos agora mais comedidos no nosso entusiasmo, mesmo a sós. Iniciávamos as frases com orações condicionais, tais como: «Se tudo correr bem...» e «Partindo do princípio de que as coisas resultem.» Era como se pudéssemos maldiçoar a gravidez pelo simples facto de falarmos demasiado nela. Não nos atrevíamos a deixar extravasar a nossa alegria, não fosse ela virar-se contra nós.

Trancámos todos os nossos químicos e pesticidas a sete chaves. Não voltaríamos a enveredar por essa via. Jenny converteu-se aos poderes de limpeza naturais do vinagre, a ponto de o submeter ao derradeiro desafio que era limpar a saliva seca de *Marley* das paredes. Descobrimos que o ácido bórico, um pó branco mortal para os insectos e inofensivo para os humanos, era bastante eficaz para manter a cama dele livre de pulgas. E se por acaso precisasse de um banho antipulgas, deixaríamos isso ao cuidado de profissionais.

Jenny levantava-se todos os dias de madrugada e levava *Marley* a dar um passeio rápido junto ao mar. Eu ainda estava a acordar quando eles voltavam, frescos e fragrantes de maresia. A minha mulher era um modelo de boa saúde em todos os sentidos menos um. Passava a maior parte dos dias, de manhã à noite, à beira de vomitar. Mas não se queixava; recebia cada vaga de enjoo com uma resignação feliz, pois era um sinal de que a pequena experiência efervescente dentro dela estava a resultar na perfeição.

E estava mesmo. Desta vez, Essie pegou na minha cassete de vídeo e gravou as primeiras imagens esbatidas e granuladas do nosso bebé. Podíamos ouvir o coração a bater, ver as suas quatro câmaras a latejar. Conseguíamos distinguir o contorno da cabeça e os seus quatro membros. A cabeça do doutor Sherman assomou na sala de ecografias para proclamar que estava tudo bem, após o que olhou para Jenny e disse naquela sua voz de trovão:

— Porque estás a chorar, pequena? Devias estar feliz.

Essie bateu-lhe com a sua prancheta de escrever e ralhou:

— Vá-se lá embora e deixe a menina em paz — depois revirou os olhos para Jenny e sorriu, como quem diz: — Homens! São tão insensíveis.

Quando se tratava de lidar com uma mulher grávida, o termo insensível assentava-me que nem uma luva. Dava a Jenny o seu espaço, acompanhava-a nas náuseas e nas dores e tentava não fazer caretas quando ela insistia em ler-me o seu *O que Esperar Quando se Está de Esperanças* em voz alta. Elogiava a sua figura quando a barriga dela começou a crescer, dizendo coisas como: «Estás fantástica. A sério. Pareces uma assaltante esbelta e graciosa a acabar de esconder uma bola de basquetebol debaixo da camisa.» Cheguei a fazer os possíveis para tolerar o seu comportamento cada vez mais bizarro e irracional.

Não tardei a tratar por tu o funcionário da loja de conveniência onde parava a toda a hora para ir buscar gelados ou maçãs
ou aipos ou pastilhas elásticas de sabores cuja existência eu nem
sequer conhecia.

— Tens a certeza de que esta é de cravo-da-índia? — perguntava eu. — Ela disse que tinha de ser de cravo-da-índia.

Uma noite quando Jenny estava grávida de cinco meses
meteu na cabeça que precisávamos de meias de bebé. Bom,
claro que sim, concordei, e claro que compraríamos um reforço
completo antes de o bebé chegar. Mas o que ela queria dizer
não era que iríamos precisar delas mais tarde, mas sim naquele
momento.

— Não temos nada para cobrir os pezinhos do bebé quando
chegarmos do hospital — disse ela numa voz trémula.

Não importava que ainda faltassem quatro meses para o
dia em questão. Nem que por essa altura a temperatura ambiente
fosse uns gélidos noventa e seis graus à sombra. Tão-pouco que
até um tipo insensível como eu soubesse que os bebés vinham
sempre envoltos numa manta dos pés à cabeça quando saíam
da maternidade.

— Vá lá, amor — disse eu. — Sê razoável. São oito horas
de uma noite de domingo. Onde queres que eu vá buscar meias
de bebé?

— Precisamos de meias — tornou ela.

— Temos semanas para arranjar meias — retorqui. —
Temos meses!

— Só de imaginar aqueles dedinhos indefesos — choramingou ela.

Não havia nada a fazer. Andei às voltas de carro a resmungar até encontrar um *kmart* aberto, onde escolhi um sortido festivo de meias tão ridiculamente minúsculas que mais
pareciam feitas para aquecer os polegares. Quando cheguei a
casa e as despejei do saco, Jenny ficou finalmente satisfeita.
Enfim, tínhamos as nossas meias. E graças a Deus que conse-

guíramos apanhar os derradeiros pares antes que o *stock* nacional se esgotasse, o que poderia muito bem acontecer a qualquer momento. Os dedinhos frágeis do nosso bebé estavam enfim salvos. Agora podíamos ir para a cama e dormir em paz.

À medida que a gravidez progredia, avançava também o treino de *Marley*. Trabalhava com ele todos os dias, e agora já era capaz de entreter os meus amigos gritando: «Salve-se quem puder!» e a vê-lo estatelar-se no meio do chão, com as quatro patas escarranchadas. Já obedecia consistentemente à ordem para vir (a menos que houvesse alguma coisa a reter a sua atenção, como, por exemplo, outro cão, ou então um gato, esquilo, borboleta, carteiro ou uma semente de uma erva a esvoaçar), sentava-se consistentemente (a menos que tivesse muita vontade de se levantar) e acompanhava-me de modo razoavelmente constante (a menos que houvesse alguma coisa extraordinariamente tentadora por que valesse a pena estrangular-se — ver gatos, cães, esquilos, etc., mais acima). *Marley* ia fazendo progressos, mas isso não quer dizer que estivesse a tornar-se num cão calmo e bem-comportado. Se eu crescesse para ele e lhe desse ordens aos berros, ele obedecia, por vezes mesmo solicitamente. Mas a sua predisposição natural tornava-o eternamente incorrigível.

Também tinha um apetite insaciável por mangas, que caíam às dezenas no quintal. Cada uma pesava meio quilo ou mais e eram tão doces que chegavam a fazer doer os dentes. *Marley* estendia-se na relva, prendia uma manga madura entre as patas e dedicava-se a remover cirurgicamente a polpa até à mais ínfima partícula. Depois guardava os caroços na boca como se fossem rebuçados, e quando finalmente os cuspia parecia que tinham sido lavados em ácido sulfúrico. Havia dias em que era capaz de ficar horas nisto, a lanchar arrebatadamente num frenesim de fruta e fibra.

Como sucede a qualquer pessoa que coma demasiada fruta, a sua constituição começou a mudar. O nosso quintal não tardou a aparecer repleto de enormes pilhas de fezes moles e de cores festivas. A única vantagem que isto tinha era que só uma pessoa legalmente cega poderia pisar acidentalmente estes montículos, que na época das mangas assumiam a fluorescência radiosa e alaranjada dos cones de plástico com que se assinalam as obras na estrada.

Ainda comia outras coisas. Coisas essas que também passavam. Todas as manhãs era-me dado testemunhar isto mesmo enquanto limpava os excrementos do quintal. Um soldadinho de plástico aqui, uma tira de borracha acolá. Também era frequente descortinar restos de tampas de garrafas ou canetas roídas. «Ora aqui está o meu pente!», exclamei eu uma manhã.

Comia toalhas de banho, esponjas, meias, lenços de papel usados e tinha uma especial predilecção por toalhetes de papel, e quando estes ressurgiam à luz do dia assemelhavam-se a bandeiras azuis a assinalar as montanhas cor de laranja fluorescente.

Mas nem tudo saía facilmente, pelo que *Marley* vomitava com a facilidade e frequência de um bulímico em último grau.

Ouvíamo-lo soltar um sonoro *guaaaaaaac*! na sala do lado, e quando lá chegávamos, deparava-se-nos mais um artigo doméstico depositado no meio de uma poça de mangas semidigeridas e comida para cão. Educado como era, *Marley* procurava sempre evitar, tanto quanto possível, vomitar no soalho ou no linóleo da cozinha. Apontava sempre para o tapete persa da sala de jantar.

Jenny e eu alimentámos a ideia absurda de que seria bom ter um cão em que pudéssemos confiar de vez em quando para ficar sozinho em casa por períodos curtos. Trancá-lo na cave sempre que saíamos começava a tornar-se entediante, e, como dizia Jenny: — Qual é a piada de ter um cão se ele não nos puder dar as boas-vindas à porta quando chegamos a casa? Nós sabíamos muito bem que não poderíamos atrever-nos a deixá-lo em casa sozinho se houvesse a mínima possibilidade de haver uma tempestade. Mesmo com os calmantes, *Marley* já demonstrara ser capaz de esgravatar energicamente até à Cochinchina. Quando fazia bom tempo, porém, não queríamos ter de trancá-lo na garagem sempre que saíamos por alguns minutos.

Começámos a deixá-lo por períodos curtos quando íamos a correr à mercearia ou a casa de um vizinho. Às vezes portava-se muito bem e quando voltávamos encontrávamos a casa incólume. Nesses dias, víamos logo o ponto negro do seu nariz enfiado entre as persianas da janela da sala, onde ficava postado à nossa espera. Outras vezes as coisas não corriam assim tão bem, e normalmente sabíamos logo que tínhamos problemas à nossa espera quando ele não estava à janela mas sim escondido algures dentro de casa.

No sexto mês de gravidez de Jenny, regressámos a casa menos de uma hora depois de sairmos e fomos dar com *Marley* escondido debaixo da cama — com o seu tamanho, teve de se esforçar para lá caber — com ar de que tinha assassinado o carteiro. Irradiava culpabilidade. A casa parecia impecável, mas nós sabíamos que ele guardava um qualquer segredo terrível, por isso corremos as divisões todas, tentando determinar o que teria ele feito de errado. Reparei então que a capa de espuma de um dos altifalantes da aparelhagem desaparecera. Procurámo-la por todo o lado. Eclipsara-se. *Marley* talvez tivesse sido inocentado não fora eu encontrar a prova incontestável do seu crime ao fazer o patrulhamento de fezes na manhã seguinte. Os restos da capa do altifalante foram reemergindo ao longo de vários dias.

Quando voltámos a ausentar-nos, *Marley* retirou cirurgicamente o cone do altifalante da mesma coluna. A coluna não estava derrubada, fora do sítio ou minimamente danificada. O cone de cartão tinha simplesmente desaparecido, como se alguém o tivesse recortado com um X-acto. Mais tarde, fez exactamente a mesma coisa à outra coluna. De outra vez, chegámos a casa e vimos que o nosso escabelo deixara de ter quatro pernas para passar a ter apenas três e não havia qualquer vestígio — nem uma única lasca — do membro desaparecido.

Nós achávamos que era impossível nevar no Sul da Florida, mas um dia, ao abrirmos a porta de casa, presenciámos uma tempestade de neve na sala de estar. O ar estava repleto de uma espécie de lanugem branca pairando suavemente sobre nós. Em condições de visibilidade quase nulas, avistámos *Marley* frente à lareira, semienterrado num banco de neve, sacudindo violentamente um almofadão de penas de um lado para o outro como se tivesse acabado de capturar uma avestruz.

De um modo geral, encarávamos os estragos de modo filosófico. Todos os donos de cães acabam, inevitavelmente, por assistir à destruição de algumas relíquias. Só por uma vez estive a ponto de o cortar ao meio para recuperar aquilo que me era de direito.

Por ocasião do aniversário de Jenny, comprei-lhe um colar de ouro de dezoito quilates, uma corrente delicada com um fecho minúsculo, que ela pôs imediatamente ao pescoço. Algumas horas depois, porém, levou as mãos ao pescoço e gritou:

— O meu colar! Desapareceu.

O fecho deve ter cedido ou talvez não tenha ficado bem preso.

— Calma, não entres em pânico — disse-lhe eu. — Nós não saímos de casa. Tem de estar por aí em algum lado.

Começámos a passar a casa a pente fino, divisão a divisão. À medida que íamos procurando, fui-me dando conta de que *Marley* estava um pouco mais agitado do que o normal. Endireitei-me e olhei para ele. Estava a contorcer-se como uma centopeia. Quando viu que eu estava a olhar para ele, esboçou um movimento de fuga. *Oh, não*, pensei eu — o *mambo do Marley*. Só podia significar uma coisa.

— O que é aquilo — perguntou Jenny, com o pânico a ascender-lhe na voz — que ele tem pendurado na boca?

Era fino e delicado. E dourado.

— Oh, *maldição*! — barafustei.

— Nada de movimentos bruscos — ordenou ela, a voz quebrada num sussurro. Ficámos os dois petrificados.

— *Okay*, rapaz, está tudo bem — disfarcei eu como se estivesse a negociar reféns numa qualquer série policial. — Nós não estamos zangados contigo. Anda lá. Só queremos o colar de volta.

Instintivamente, Jenny e eu começámos a cercá-lo em direcções opostas, aproximando-nos com uma lentidão glacial. Era como se estivesse carregado de explosivos e um passo em falso pudesse fazê-lo explodir.

— Calma, Marley — disse Jenny no seu tom de voz mais calmo. — Calma. Larga o colar que ninguém se vai zangar.

Marley olhou para nós, desconfiado, a cabeça a rodar bruscamente de um lado para o outro, entre mim e Jenny. Estava encurralado, mas ele sabia que tinha algo que nós queríamos. Vi que ele estava a ponderar as alternativas, exigir um resgate, talvez. *Deixem-me duzentos Milkbones espalhados sobre um saco de papel ou então nunca mais voltam a ver o vosso precioso colar.*

— Larga, Marley — sussurrei eu, dando mais um pequeno passo em frente.

O seu corpo começou todo ele a abanar. Aproximei-me dele passo a passo. Quase imperceptivelmente, Jenny acercou-se pelo flanco. Estávamos suficientemente próximos para atacar. Entreolhámo-nos e nem sequer tivemos de falar para saber o que fazer. Já tínhamos passado pelas manobras de recuperação de valores inúmeras vezes. Jenny lançar-se-ia sobre os quartos traseiros, imobilizando-lhe as patas para impedir a fuga. Eu atirava-me à cabeça, abrindo-lhe a boca à força para resgatar a mercadoria. Com sorte, conseguiríamos fazê-lo em questão de segundos. Era esse o plano e *Marley* pressentia-o.

Estávamos a cerca de meio metro dele. Eu acenei a Jenny e articulei em silêncio: «Até três.» Mas antes que pudéssemos aplicar o nosso golpe, ele atirou a cabeça para trás e soltou um forte estalido com a boca. A ponta da corrente, até aí suspensa da sua boca, tinha desaparecido.

— Ele está a comê-la! — gritou Jenny.

Caímos em cima dele, Jenny a agarrar-lhe as patas traseiras enquanto eu lhe trancava a cabeça entre os braços. Obriguei-o a abrir a boca e enfiei a minha mão inteira pela garganta a baixo. Tentei todas as dobras e gretas e nada.

— Tarde de mais — disse eu. — Engoliu-o.

Jenny desatou a dar-lhe palmadas nas costas, gritando:

— Cospe-o para fora, maldito!

Mas não adiantava. A única coisa que conseguiu foi um arroto sonoro e satisfeito.

Marley podia ter ganho a batalha, mas nós sabíamos que era apenas uma questão de tempo até ganharmos a guerra. As leis da natureza estavam do nosso lado. Mais tarde ou mais cedo, aquilo que entrara tinha de sair. Por mais nojenta que fosse a ideia, sabia que se não desistisse de remexer os seus excrementos acabaria por encontrá-lo. Tivesse isto acontecido com um fio de prata, por exemplo, com um fio banhado a ouro, ou com alguma coisa de menor valor, e as minhas náuseas talvez levassem a melhor. Mas era um fio de ouro maciço e levara-me uma fatia considerável do meu salário. Enjoado ou não, tinha de jogar.

Por isso dei a *Marley* o seu laxante favorito — uma taça gigante de mangas quase podres de tão maduras — e preparei-me para a longa espera. Durante três dias segui-o por todo o lado de cada vez que o deixava sair, ansiosamente à espera de intervir com a minha pá. Em vez de atirar as suas fezes por cima da cerca, colocava-as cuidadosamente numa tábua larga sobre a relva e revolvia-as com um ramo da árvore ao mesmo tempo que as desfazia com uma mangueira de jardim, lavando o material digerido para a relva e deixando para trás quaisquer corpúsculos estranhos. Sentia-me como um mineiro a trabalhar num aluvião e a descobrir um tesouro de entulho, desde atacadores de sapatos a palhetas de guitarra. Mas o colar, nem vê-lo. Onde diabo estaria ele? Não deveria já ter saído por esta altura? Comecei a pensar na possibilidade de o ter deixado passar, levando-o acidentalmente para o meio da relva, onde permaneceria esquecido para sempre. Mas como poderia ter eu deixado passar uma corrente de ouro de cinquenta centímetros? Jenny seguia a minha operação de resgate do alpendre com vivo interesse e até já me tinha arranjado uma nova alcunha.

— Hei, *cocoqueiro*, ainda não apareceu nada? — chamava ela.

Ao quarto dia, a minha perseverança foi recompensada. Recolhi o último depósito de *Marley*, repetindo aquele que se tornara o refrão dos meus monólogos dos últimos dias — *Não acredito que estou a fazer isto* — e comecei a trabalhar com o pau e com a mangueira. Como a bosta se desfizesse, procurei quaisquer indícios do colar. Nada. Estava prestes a desistir quando localizei algo de estranho: um pequeno grumo castanho, sensivelmente do tamanho de um feijão-de-lima. Estava longe de ter o tamanho suficiente para ser a jóia desaparecida, mas não restavam dúvidas de que se tratava de um corpo estranho. Afastei-o para o lado com o meu ramo de prospecção, que fora oficialmente baptizado de *pau da bosta*, e lancei um jacto de água bem potente sobre o objecto. Como a água o lavasse, foi-me dado vislumbrar o reluzir de algo extraordinariamente claro e brilhante. *Eureka*! Tinha acabado de encontrar ouro.

O colar estava inverosimilmente comprimido, muito mais pequeno do que eu julgara ser possível. Era como se um qualquer poder extraterrestre desconhecido, um buraco negro, por exemplo, o tivesse sugado numa dimensão espaciotemporal misteriosa antes de o voltar a cuspir outra vez. O que não andava muito longe da verdade. O forte jacto de água começou a soltar o novelo empedernido e a pouco e pouco o montículo de ouro desenovelou-se e retornou à sua forma original, desemaranhado e brunido. Brilhando como novo. Aliás, melhor do que novo, na verdade. Levei-o para dentro a fim de o mostrar a Jenny, que estava radiante por tê-lo de volta, apesar da sua passagem duvidosa. Ficámos ambos maravilhados com o seu novo brilho fulgurante — incomparavelmente mais esplendoroso do que antes. Os ácidos do estômago de *Marley* haviam feito um trabalho formidável. Era o ouro mais reluzente que eu alguma vez tinha visto.

— Bem — disse eu com um assobio. — Devíamos montar um negócio de limpeza de jóias.

— Podíamos fazer um sucesso com as viúvas de Palm Beach — concordou Jenny.

— É verdade, caras senhoras — zombei eu numa voz de vendedor de banha da cobra —, o nosso processo secreto está patenteado e não se encontra disponível em mais loja nenhuma! O método *Marley* restituirá um brilho ofuscante que julgaríeis impossível aos vossos valores mais preciosos.

— Tem pernas para andar, Grogan — disse Jenny, e afastou-se para ir desinfectar a sua prenda de anos.

Usou esse fio de ouro durante anos, e sempre que eu olhava para ele tinha a mesma reminiscência vívida da minha breve mas ao fim e ao cabo bem-sucedida carreira de garimpeiro. O *cocoqueiro* e o seu inseparável *pau da bosta* tinham chegado aonde homem algum antes chegara. E mais nenhum voltaria a chegar, seguramente.

12

BEM-VINDOS À ALA INDIGENTE

Não é todos os dias que uma pessoa dá à luz o seu primeiro filho por isso, quando o Hospital de St. Mary, em West Palm Beach, nos ofereceu a possibilidade de ir para uma suíte de luxo na maternidade, não deixámos fugir a oportunidade. As suítes pareciam quartos de hotel de último andar, com espaço, luz e bem mobiladas com boas madeiras, papel de parede às flores, cortinados, um *jacuzzi*, e, especialmente para o pai, um sofá muito confortável que se desdobrava numa cama. Em vez da habitual comida de hospital, os «convidados» tinham um vasto leque de refeições *gourmet* à escolha. Podia-se mesmo mandar vir uma garrafa de champanhe, embora isto fosse mais para os pais beberricarem sozinhos, já que as mães em fase de amamentação eram desincentivadas de beber mais do que um golinho para comemorar.

— Bem, isto é tal e qual como estar de férias! — exclamei eu, saltando no sofá do papá por ocasião de uma visita várias semanas antes da data prevista.

As suítes faziam o gosto ao estilo *yuppie* e eram uma considerável fonte de receitas para o hospital, arrecadando vastas quantias do bolso dos casais com dinheiro para gastar além da percentagem não abrangida pelo seguro de saúde nestes casos. Alguma dose de indulgência, sem dúvida, mas porque não?

Quando chegou o grande dia de Jenny e nós chegámos ao hospital, com um saco para uma noite na mão, fomos informados de que havia um pequeno problema.

— Um problema? — perguntei eu.

— Deve estar um dia especialmente bom para ter bebés — disse a recepcionista alegremente. — Os quartos da maternidade estão todos ocupados.

Ocupados? Este era o dia mais importante das nossas vidas. Então e o nosso sofazinho? E o nosso jantar romântico com um brinde de champanhe?

— Espere lá — comecei eu. — Nós fizemos a nossa reserva há semanas.

— Desculpe — disse a mulher com uma notória falta de simpatia. — Não temos grande poder para controlar o momento em que as mulheres entram em trabalho de parto.

Era um argumento válido. Não havia como pedir para apressar as coisas. Encaminhou-nos para outro piso, onde nos seria dado um quarto de hospital normal. Mas quando chegámos à divisão da maternidade, a enfermeira ao balcão tinha mais más notícias para nós.

— Acreditam que não há um único quarto livre? — comentou ela.

Não, não acreditávamos. Jenny parecia estar a engolir isto estoicamente, mas eu já estava a começar a perder as estribeiras.

— E o que nos sugere, o parque de estacionamento? — vociferei.

A enfermeira sorriu-me calmamente, aparentemente mais do que habituada às excentricidades dos pais iminentes, e disse:

— Não se preocupe. Vamos arranjar-vos um sítio.

Após um chorrilho de telefonemas, mandou-nos avançar por um longo corredor e atravessar um par de portas duplas, até darmos por nós numa réplica exacta da ala da maternidade

donde acabáramos de sair com uma única e flagrante diferença
— os doentes já não eram de todo os *yuppies* de sapatinho de
vela e rendimentos chorudos com quem andáramos nas aulas
de parto Lamaze. Ouvíamos as enfermeiras a falar em espanhol
com os doentes e, postados à porta das salas do corredor, víamos homens de pele escura segurando chapéus de palha nas
mãos calejadas, aguardando nervosamente. O condado de Palm
Beach é conhecido por ser um parque de diversões para pessoas estupidamente ricas. Menos conhecida, porém, é a existência de grandes fazendas que se estendem ao longo de várias
milhas pelos vastos pântanos secos a oeste da cidade. São milhares os mexicanos e os da América Central que emigram para o
Sul da Florida todos os anos na época das colheitas para a apa-
nha dos pimentos, tomates, alfaces e aipos que abastecem grande
parte da população da costa leste durante o Inverno. Aparentemente, tínhamos descoberto onde estes imigrantes vinham
ter os seus filhos. A espaços, ouvia-se um grito excruciante de
uma mulher atravessar o corredor, seguido de gemidos e evo-
cações de *mi madre*! Dir-se-ia estarmos numa casa de horrores. Jenny estava branca como a cal.

A enfermeira conduziu-nos a um pequeno cubículo com
uma cama, uma cadeira e uma bancada de monitores electró-
nicos e entregou uma bata a Jenny para ela vestir.

— Bem-vindos à ala indigente! — disse o doutor Sherman jovialmente quando entrou inesperadamente no quarto,
minutos mais tarde. — Não se deixem impressionar pela crueza
dos quartos — acrescentou.

Dispunham de alguns dos equipamentos mais modernos
do hospital e as enfermeiras eram das mais bem preparadas.
Como as mulheres pobres não tinham normalmente acesso aos
cuidados de acompanhamento pré-natal, as suas gravidezes eram
geralmente as de mais alto risco. Estávamos em boas mãos,
garantiu ele enquanto rebentava as águas a Jenny. Depois, com
a mesma rapidez com que tinha aparecido, desapareceu.

De facto, à medida que a manhã avançava e Jenny se debatia com contracções violentas, descobrimos que estávamos em muito boas mãos. As enfermeiras eram profissionais experientes que irradiavam confiança e afecto, debruçando-se atentamente sobre ela, verificando o bater do coração do bebé e acompanhando Jenny o tempo todo. Eu deixei-me estar inutilmente a seu lado, fazendo os possíveis por ajudar, mas não resultava. A certa altura, Jenny rosnou-me entre dentes:

— Se me voltas a perguntar como me sinto, LEVAS UM ESTALO NAS VENTAS!

Devo ter ficado com um ar magoado porque uma das enfermeiras veio até à minha cabeceira, apertou-me os ombros de forma simpática e disse:

— Bem-vindo aos trabalhos de parto, senhor pai. Tudo isto faz parte da experiência.

Comecei a esquivar-me do quarto para me juntar aos outros homens no corredor. Ficávamos todos encostados à parede junto às portas dos respectivos quartos enquanto as nossas mulheres gemiam e gritavam com dores. Senti-me um tanto ridículo, vestido com o meu pólo, calças caqui e botas desportivas, mas os trabalhadores agrícolas não pareciam querer usar isso contra mim. Não tardou que começássemos a trocar sorrisos e acenos cúmplices. Eles não falavam inglês e eu não falava espanhol, mas não importava. Estávamos no mesmo barco.

Ou quase. Nesse dia fiquei a saber que na América o alívio da dor é um luxo e não um direito. A quem podia pagar — ou cujos seguros de saúde os incluíam, como no nosso caso — o hospital facultava anestesias epidurais, que bloqueavam a sensibilidade à dor directamente no sistema nervoso central. Cerca de quatro horas após o início dos trabalhos de parto de Jenny, chegou um anestesista que lhe introduziu uma agulha comprida na coluna vertebral e ligou-a a um tubo para lhe administrar a anestesia por gotejamento intravenoso. Daí a minutos,

Jenny estava dormente da cintura para baixo e a descansar confortavelmente. As mulheres mexicanas ali ao lado não tiveram a mesma sorte. Foram obrigadas a aguentar as coisas à maneira antiga e os seus guinchos excruciantes continuaram.

As horas iam passando. Jenny ia empurrando. Eu incitava-a. Ao cair da noite saí para o corredor com uma bolinha de râguebi envolta em fraldas nos braços. Ergui o meu filho recém-nascido acima da cabeça para os meus amigos o verem e exclamei:

— *Es el niño*!

Os outros papás rasgaram grandes sorrisos e ergueram os polegares num sinal de aprovação universalmente reconhecível. Ao contrário do que acontecera durante a batalha acesa que traváramos para baptizar o nosso cão, foi de forma fácil e quase instantânea que concordámos num nome para o nosso primeiro filho. Chamar-se-ia Patrick, em memória do primeiro Grogan a chegar aos Estados Unidos, oriundo do condado de Limerick, na Irlanda. Entretanto, apareceu uma enfermeira no nosso cubículo anunciando que havia uma suíte livre na maternidade. Por esta altura parecia já não fazer muito sentido mudar de quarto, mas ela ajudou Jenny a sentar-se numa cadeira de rodas, colocou-lhe o filho nos braços e despachou-nos num instante. O jantar *gourmet* ficou uns furos abaixo das expectativas.

Durante as semanas que antecederam o grande dia, Jenny e eu traváramos longos debates estratégicos sobre a melhor forma de preparar *Marley* para a chegada do novo residente que iria destroná-lo imediatamente do seu até aqui indisputável estatuto de dependente mais favorecido. Queríamos deixá-lo pousar suavemente. Tínhamos ouvido contar histórias de cães que se tornavam terrivelmente ciumentos de bebés e que adoptavam comportamentos intoleráveis — tudo, desde urinar em objectos valiosos, passando pelo derrube de berços, até simples ataques —, que normalmente resultavam numa viagem sem retorno para o canil. Enquanto convertíamos o quarto de hóspedes no quartinho do bebé, demos a *Marley* livre acesso ao berço e às fraldas e a toda a panóplia de apetrechos associados à primeira infância. Ele farejava, lambia e salivava até satisfazer a sua curiosidade. Nas trinta e seis horas em que Jenny permaneceu internada no hospital a recuperar do parto fiz várias viagens a casa para visitar *Marley*, munido de mantinhas e toalhas e tudo quanto pudesse familiarizá-lo com o cheiro do bebé. Numa dessas visitas cheguei mesmo a trazer-lhe uma fralda descartável, que *Marley* farejou com tal vigor que cheguei a ter medo que a sugasse pelas narinas, requerendo cuidados médicos mais dispendiosos.

Quando finalmente trouxe a mãe e o bebé para casa, *Marley* mostrou-se indiferente. Jenny colocara o adormecido Patrick na caminha do seu carrinho de bebé em cima da nossa cama, após o que veio ter comigo para irmos saudar *Marley* à garagem, onde tivemos uma reunião tumultuosa. Quando *Marley* passara do estado freneticamente selvagem ao desvairadamente feliz, trouxemo-lo para dentro de casa. O nosso plano era procedermos como se nada fosse, fazendo o que tínhamos a fazer sem lhe indicar a existência do bebé. Iríamos cirandar ali por perto e deixá-lo aperceber-se gradualmente da presença do recém-chegado.

Marley seguiu Jenny até ao quarto, enfiando o nariz bem fundo no seu saco enquanto ela tirava as coisas. Era evidente que não fazia ideia de que havia uma coisa viva em cima da nossa cama. Até que Patrick estremeceu e chilreou como um passarinho. *Marley* estacou, arrebitando as orelhas ao mesmo tempo. Donde veio isto? Patrick voltou a chilrear, e *Marley* ergueu uma pata, retesando-se como cão de caça. Meu Deus, estava a *retesar-se* diante do nosso bebé como um cão de caça faria face à sua… *presa*. Nesse mesmo instante, lembrei-me do almofadão de penas e da ferocidade com que ele o atacara. Não podia ser estúpido ao ponto de confundir um bebé com um faisão, pois não?

Até que arremeteu. Não foi uma investida feroz de tipo «atacar a matar»; não houve dentes arreganhados nem rosnidos. Mas também não foi propriamente como quem diz «bem-vindo ao bairro, baixinho», nem uma manifestação de boas-vindas. O peito de *Marley* embateu no colchão com tal força que fez arrojar a cama inteira sobre o chão. Patrick estava agora bem acordado, de olhos arregalados. *Marley* recuou e voltou a arremeter, desta vez chegando com a boca a centímetros dos pezinhos do recém-nascido. Jenny correu para o bebé e eu para o cão, puxando-o para trás com ambas as mãos. *Marley* estava fora de si, esforçando-se por se aproximar desta nova criatura que de algum modo se infiltrara no nosso reduto mais íntimo. Ele erguia-se nas patas detrás e eu puxava-o pela coleira, qual Lone Ranger refreando o seu *Silver*.

— Bem, até nem correu mal — disse eu.

Jenny desprendeu Patrick do seu carrinho; eu retive *Marley* entre as pernas e agarrei-o firmemente pela coleira com ambos os punhos. Até Jenny via que *Marley* não queria fazer mal a ninguém. Estava a arquejar com aquele seu arreganhar de dentes apalermado; tinha os olhos a brilhar e a cauda a abanar. Enquanto eu o segurava firmemente, Jenny foi aproximando gradualmente o bebé, deixando *Marley* farejar-lhe primeiro os dedos dos pés, depois os pés, as pernas e coxas. O pobre menino ainda só tinha dia e meio e já estava a ser atacado por um mini-aspirador. Quando chegou à fralda, *Marley* pareceu entrar numa espécie de estado de alteração de consciência, uma espécie de transe de *Johson & Johnson*. Tinha chegado à terra prometida. O cão parecia visivelmente eufórico.

— Um movimento em falso, *Marley*, e é o teu fim — avisou Jenny, e não estava a brincar.

Tivesse ele mostrado o mais pequeno sinal de agressividade para com o bebé e era o fim. Mas nunca o fez. Não tardámos a entender que o nosso problema não era impedir *Marley* de fazer mal ao bebé, mas sim mantê-lo longe do cesto das fraldas.

Com o passar dos dias, das semanas e dos meses, *Marley* acabou por aceitar Patrick como o seu novo melhor amigo. Uma bela noite, enquanto desligava as luzes e me preparava para deitar, não consegui encontrar *Marley* em lado nenhum. Por fim, lembrei-me de procurar no quartinho do bebé, e lá estava ele, estendido no chão junto do berço de Patrick, os dois a ressonar numa felicidade estereofónica e fraterna. *Marley*, o nosso cavalo selvagem e espalhafatoso, era diferente quando estava perto de Patrick. Parecia entender que se tratava de um ser humano frágil e indefeso e movia-se cuidadosamente, lambendo-lhe a cara e as orelhas delicadamente. Quando Patrick começou a gatinhar, *Marley* estendia-se tranquilamente no chão e deixava-o trepar como a uma montanha, puxar-lhe as orelhas, bater-lhe nos olhos e arrancar-lhe pequenas mãos-cheias de pêlo. Nada disto perturbava *Marley*, deixava-se ficar sentado como uma estátua. Era um gigante gentil com Patrick por perto e aceitava o seu novo estatuto de segundo-violino com uma bonomia e resignação genuínas.

Nem toda a gente aprovava a confiança cega que nós depositávamos no nosso cão. Havia quem visse nele um animal poderoso, selvagem e imprevisível — pesava já mais de quarenta quilos — e nos reputasse de tontos por o deixarmos livremente a sós com um bebé indefeso. A minha mãe estava convictamente deste lado da barricada e não se coibia de no-lo dar a entender. Ver *Marley* a lamber o seu neto era algo que a afligia.

— Sabem por onde já andou essa língua? — perguntava ela enfaticamente.

Avisava-nos sombriamente que jamais deveríamos deixar um cão e um bebé sozinhos no mesmo quarto. O ancestral instinto predatório poderia reemergir quando menos se esperava. Se dependesse dela, haveria sempre uma parede de cimento a separar *Marley* e Patrick.

Um dia, numa das suas visitas do Michigan, deixou escapar um guincho vindo da sala de estar.

— John, rápido! — gritou ela. — O cão está a morder o bebé!

Eu saí do quarto a correr, meio vestido, para dar com Patrick a baloiçar alegremente no seu baloiço de bebé, com *Marley* deitado atrás dele. De facto, o cão estava a abocanhar o bebé, mas não era nada do que o pânico levara a minha mãe a imaginar. *Marley* tinha-se posicionado directamente no trajecto do baloiço de Patrick, com a cabeça precisamente no sítio onde o traseiro de Patrick, afundado num assento de pano, parava no pico de cada arco antes de voltar a descair na direcção oposta. De cada vez que o traseiro enfraldado de Patrick ressurgia ao alcance de *Marley*, o animal abocanhava-o e ainda lhe dava algum embalo. Patrick guinchava, deliciado.

Oh, mãe, isso não é nada — disse eu. — É o *Marley* que tem um fraquinho pelas fraldas.

Jenny e eu fomos estabelecendo uma rotina. Ela tinha de se levantar várias vezes durante a noite para dar de mamar ao bebé e eu levava-lhe a refeição das seis da manhã para ela poder dormir. Ainda meio a dormir, arrancava-o do berço, mudava-lhe a fralda e preparava-lhe um biberão. Depois vinha a recompensa: sentava-me no alpendre das traseiras com o seu corpinho quente aninhado no meu colo enquanto ele bebia o biberão. Às vezes deixava a cabeça descair sobre a cabecinha dele e dormitava enquanto ele se alimentava com volúpia. Outras vezes ficava a ouvir a Rádio Pública Nacional e a ver o céu da madrugada passar de roxo a violeta e de cor-de-rosa a azul. Depois de ele acabar de comer e de eu lhe conseguir arrancar um bom arroto, vestia-me, vestia o bebé, assobiava a *Marley* e ia dar um passeio matinal pela costa. Investimos num carrinho de *jogging* com três pneus grossos de bicicleta que nos permitia andar praticamente por todo o lado, incluindo caminhos de areia e saltar passeios. Devíamos ser um espectáculo digno de se ver àquela hora da manhã. *Marley* à frente liderando a excursão como um cão de neve, eu atrás a refrear o andamento com uma vida entre mãos e Patrick no meio, esbracejando alegremente como um polícia sinaleiro. Quando chegávamos a casa, já Jenny estava a pé com o café a fazer. Amarrávamos Patrick à sua cadeira de bebé e despejávamos-lhe meia dúzia de *Cheerios* no tabuleiro, que *Marley* vinha rapinar assim que virávamos as costas, assentando a cabeça de lado no tabuleiro e utilizando a língua para os recolher na boca. *A roubar comida a um bebé*, pensávamos nós; *até onde irá ele rebaixar-se?* Mas Patrick parecia divertir-se imenso com esta rotina e não tardou a aprender a derramar os seus *Cheerios* para poder ver *Marley* arrojar-se à sua volta, comendo os flocos do chão. Também descobriu que se deixasse cair os *Cheerios* no colo, *Marley* enfiava a cabeça por baixo do tabuleiro, batendo com o focinho na barriga de Patrick ao lançar-se aos cereais errantes, fazendo-o rir às gargalhadas.

Descobrimos que o papel de pais nos assentava na perfeição. Entrámos nos seus ritmos, celebrámos as suas alegrias mais simples e ultrapassámos as frustrações com um sorriso, cientes de que mesmo os dias maus não tardariam a ser memórias doces. Tínhamos tudo o que era possível querer. Tínhamos o nosso precioso bebé. O palerma do nosso cão. A nossa casinha junto ao mar. E, claro, tínhamo-nos um ao outro. Em Novembro desse ano, o meu jornal promoveu-me a colunista, uma posição cobiçada que me reservava um espaço próprio na primeira página do terceiro caderno para poder discorrer sobre qualquer assunto que me viesse à cabeça três vezes por semana. A vida corria-nos bem. Quando Patrick fez nove meses,

Jenny começou a pensar que poderíamos planear ter outro bebé.

— Ena, credo, não sei — disse eu.

Sempre concordáramos que queríamos ter mais do que um filho, mas nunca pensara propriamente em prazos. Não tinha especial pressa em voltar a passar por tudo.

— Acho que podíamos deixar de usar contraceptivos e ver o que acontece — sugeri.

— Ah — disse Jenny com um ar entendido. A velha escola de planeamento familiar do *seja o que Deus quiser*.

— Hei, não digas mal — referi. — Já resultou antes.

E foi isso mesmo que fizemos. Concordámos que qualquer altura do ano seguinte seria boa para a concepção. Depois de fazer as contas, Jenny disse:

— Imaginemos seis meses para engravidar e depois mais nove meses até dar à luz. Isso daria exactamente dois anos entre eles.

A mim parecia-me bem. Dois anos era muito tempo. Dois anos era quase uma eternidade. Dois anos era quase irreal. Agora, que já provara a mim mesmo estar à altura do meu dever masculino de inseminação, já não havia pressão. Nada de preocupações, nada de stresses. Independentemente do que acontecesse, logo se via.

Passada uma semana, Jenny estava grávida.

13

UM GRITO A MEIO DA NOITE

Com mais um bebé a crescer-lhe no ventre, os peculiares anseios nocturnos de Jenny regressaram. Uma noite era gasosa, na outra toranja.

— Ainda temos alguma barra de *Snickers* na despensa? — perguntou ela uma vez já um bocadinho para lá da meia-noite.

Parecia que estava guardado para mais uma excursão tardia à loja de conveniência. Chamei *Marley* com um assobio, prendi-lhe a trela e encaminhei-me para o cruzamento ao fundo da rua. No parque de estacionamento, uma jovem mulher de cabelos louros frisados, lábios pintados e brilhantes e o par de saltos mais altos que eu alguma vez vira meteu-se connosco.

— Oh, é tão giro! — exclamou ela efusivamente. — Olá, cachorro. Como te chamas, fofinho?

Marley, como é óbvio, estava mais do que satisfeito por travar uma nova amizade, e eu puxei-o com força contra mim para que ele não lhe babasse a minissaia roxa e o volumoso *top* branco de assalto.

— Tu só me queres dar um beijinho, não é, coisinha fofa? — disse ela, fazendo barulhinhos com os lábios.

Enquanto conversávamos, interroguei-me o que estaria esta mulher atraente ali a fazer no parque de estacionamento

149

da Dixie Highway sozinha àquela hora. Nem sequer tinha carro. Também não parecia estar a caminho ou a sair da loja. Estava simplesmente ali, uma embaixatriz de parque de estacionamento saudando alegremente os desconhecidos e os seus cães como se fosse a resposta do nosso bairro ao excesso de simpatia dos funcionários da Wal-Mart. Porque seria ela tão efusivamente afável? As mulheres bonitas nunca eram assim tão simpáticas, pelo menos com desconhecidos nos parques de estacionamento perto da uma da manhã. Nisto, aproximou-se um carro e apareceu um homem mais velho a baixar o vidro.

— És tu a Heather? — perguntou ele.

Ela dirigiu-me um sorriso embaraçado como que dizendo: *uma pessoa faz o que pode para pagar a renda.*

— Tenho de me despachar — afirmou, saltitando para dentro do carro. — Adeus, cachorro.

— Não te deixes apaixonar, *Marley* — disse eu enquanto eles se afastavam. — É demasiado cara para ti.

Algumas semanas depois, por volta das dez horas de uma manhã de domingo, fui com *Marley* à mesma loja para comprar o *Miami Herald*, e mais uma vez fomos abordados, desta vez por duas jovens, ainda adolescentes na verdade, que pareciam drogadas e nervosas. Ao contrário da primeira mulher que encontráramos, estas não eram atraentes por aí além e não se tinham esforçado muito para o ser. Pareciam desesperadas por mais um tiro de *crack*.

— Harold? — perguntou uma delas.

— Nãah — respondi eu, enquanto pensava: *acham mesmo que um tipo que estivesse interessado em sexo anónimo andaria com um* labrador retriever *atrás*. Teria um ar assim tão pervertido? Enquanto tirava o jornal da caixa à porta da loja, apareceu um carro — o tal Harold, presumivelmente. As raparigas entraram e desapareceram com ele.

Não era eu o único a testemunhar o florescimento do negócio da prostituição ao longo da Dixie Highway. De visita a nossa a casa, a minha irmã mais velha, vestida com a sobriedade de uma freira, ao dar uma volta a meio do dia foi alvo de duas propostas indecentes de galdérios a passar de janela aberta nos seus carros. Um outro convidado chegou a nossa casa e contou-nos que tinha acabado de passar por uma mulher que lhe desnudara os seios quando o viu. Não é que ele tivesse ficado muito incomodado.

Em resposta às queixas dos residentes, o prefeito prometeu humilhar os homens que fossem presos por solicitação de prostitutas, e a polícia começou a montar ratoeiras, colocando mulheres-polícias à paisana nas esquinas à espera que os clientes mordessem o isco. As polícias à paisana eram as pegas mais feias que eu alguma vez tinha visto — pensem em J. Edgar Hoover vestido para o engate —, mas isso não impedia os homens de procurarem os seus serviços. Uma das detenções ocorreu no passeio em frente da nossa casa — com uma equipa de reportagem da televisão a reboque.

Se fossem só as prostitutas e os seus clientes, teríamos conseguido preservar a nossa paz, mas as actividades criminosas não se ficavam por aqui. O nosso bairro parecia tornar-se mais perigoso a cada dia que passava. Num dos nossos passeios pela marginal, Jenny, acometida por um ataque de náuseas associado à gravidez, decidiu ir andando para casa enquanto eu continuava o passeio com Patrick e *Marley*. Ao avançar por uma rua secundária, ouviu um carro aproximar-se lentamente nas suas costas. A sua primeira reacção foi pensar que era um vizinho a encostar para dizer olá ou alguém a pedir orientação. Mas quando se voltou e olhou para dentro do carro, o condutor vinha sentado a exibir a sua masturbação. Confrontado com a reacção que se imagina, fugiu de marcha atrás pela rua a baixo, como para tentar esconder a sua matrícula.

Quando Patrick ainda não tinha um ano, o crime voltou a bater à porta do nosso quarteirão. À semelhança de Miss Nedermier, a vítima era uma mulher de idade que vivia sozinha. A casa dela era a primeira da nossa rua para quem vinha da auto-estrada, mesmo por trás da lavandaria ao ar livre que estava aberta toda a noite, e eu só a conhecia de lhe acenar quando ia a passar. Ao contrário do assassínio de Miss Nedermier, este crime já não nos deixava consolarmo-nos com o facto de se tratar de um caso particular. A vítima tinha sido escolhida ao acaso, e o atacante era um desconhecido que se introduzira em casa dela às escondidas enquanto ela estendia a roupa no pátio das traseiras numa tarde de sábado. Quando voltou a entrar em casa, o gatuno amarrou-lhe os pulsos com o fio do telefone e enfiou-a debaixo de um colchão enquanto lhe revolvia a casa de alto a baixo à procura de dinheiro. Este fugiu com o seu saque deixando a minha débil vizinha asfixiar-se lentamente sob o peso do colchão. A polícia não tardou a prender um vadio que tinha sido visto a rondar a lavandaria. Quando lhe esvaziaram os bolsos, descobriram que o seu assalto lhe rendera dezasseis dólares e meia dúzia de cêntimos. O preço de uma vida humana.

A criminalidade que grassava à nossa volta fazia-nos dar graças a Deus pela presença sobre-humana de *Marley* em nossa casa. Que nos importava que ele fosse um pacifista convicto cuja estratégia de ataque mais agressiva era a já famosa ofensiva salivar? Que nos importava que a sua reacção imediata à chegada de qualquer estranho fosse agarrar numa bola de ténis na esperança de ter algum novo amigo com quem brincar? Os intrusos não precisavam de saber isso. Quando os desconhecidos nos vinham bater à porta, já não trancávamos *Marley* antes de responder. Deixámos de lhes asseverar que ele era totalmente inofensivo. Em vez disso, fingíamos deixar escapar advertências vagamente ominosas, tais como: «Está a tornar-se tão imprevisível ultimamente» ou «Não sei quanto tempo é que esta porta vai resistir aos ataques do *Marley*.»

Tínhamos um bebé connosco e outro a caminho. Deixámos de ser tão altiva e alegremente despreocupados no que tocava à nossa segurança pessoal. Jenny e eu costumávamos especular acerca do que *Marley* faria, se é que faria alguma coisa, se alguém nos tentasse fazer mal, a nós ou ao bebé. Eu tendia a crer que ele ficaria meramente desvairado, a arfar e a latir. Jenny depositava mais confiança nele. Estava convencida de que a sua lealdade para connosco, especialmente para com o seu novo derramador de *Cheerios*, Patrick, se traduziria numa alteração para um estado de agressividade feroz proveniente de um instinto de protecção ancestral que emergiria do mais profundo do seu ser.

— Nem penses — disse eu. — Enfiava o focinho na virilha do bandido e mais nada.

De qualquer maneira, numa coisa estávamos de acordo, ele deixava as pessoas transidas de medo. O que estava muito bem para nós. A sua presença fazia a diferença entre o sentimento de vulnerabilidade e o sentimento de segurança na nossa própria casa. Mesmo enquanto continuávamos a debater a sua eficácia como protector, dormíamos sempre descansados por o termos ali ao lado. Até que uma noite ele pôs termo à nossa disputa de uma vez por todas.

Era Outubro e o tempo ainda não tinha virado. Estava uma noite abrasadora, e nós tínhamos o ar condicionado ligado e as janelas fechadas. Depois das notícias das onze da noite levei *Marley* à rua para fazer chichi, fui espreitar Patrick no seu berço, desliguei as luzes e subi para a cama para o lado de Jenny, que já dormia profundamente. *Marley* deixou-se cair no chão ao meu lado, como sempre fazia, soltando um suspiro exagerado. Estava mesmo a mergulhar no sono quando ouvi o barulho — um ruído persistente, agudo e penetrante. Acordei imediatamente e *Marley* também. Ficou petrificado ao lado da cama, as orelhas arrebitadas. O som regressou, penetrando nas janelas calafetadas, sobrepondo-se ao rumorejo do ar condicionado. Um grito. Um grito de mulher, alto e inconfundível. A primeira coisa que me ocorreu foi um bando de adolescen-

tes às palhaçadas no meio da rua, o que não era de todo ina-
bitual. Mas isto não era um grito feliz de tipo ai-não-me-faças-
-cócegas. Havia nele algo de desesperado, um verdadeiro horror,
e começava a tornar-se claro no meu espírito que alguém estaria numa aflição terrível.

— Anda, rapaz — sussurrei eu, esgueirando-me da cama.

— Não vás lá — disse a voz de Jenny mesmo ao meu
lado. Não me tinha apercebido de que ela estava acordada a
ouvir tudo.

— Chama a polícia — pedi-lhe. — Vou ter cuidado.

Segurando *Marley* pelo cabo do seu estrangulador, saí
para o alpendre de *boxers*, mesmo a tempo de entrever um
vulto a correr pela rua em direcção ao mar. O grito voltou,
vindo da direcção oposta. Lá fora, sem as paredes e o vidro
para o filtrar, a voz da mulher enchia o ar da noite com uma
velocidade assombrosa e lancinante, algo que eu só me lembrava de ouvir nos filmes de terror. Começavam a acender-se
outras luzes. Dois jovens que partilhavam uma casa alugada do
outro lado da estrada irromperam no meio da rua, só em calções de ganga e precipitaram-se na direcção dos gritos. Eu segui
cautelosamente à distância, *Marley* bem seguro junto a mim.
Vi-os a galgar um relvado algumas casas mais à frente e voltar
a correr na minha direcção alguns segundos depois.

— Vá ter com a rapariga! — gritou um deles, apontando
para a casa dela. — Foi esfaqueada.

— Nós vamos atrás dele! — gritou o outro, e desataram
a correr em pé descalço pela rua na direcção do vulto desaparecido. A minha vizinha Barry, uma mulher solteira e destemida
que tinha comprado e recuperado um bangaló junto à casa Nedermier, saltou para dentro do carro e juntou-se à perseguição.

Eu soltei a coleira de *Marley* e corri na direcção do grito.
Três portas mais abaixo encontrei a minha vizinha de dezassete
anos sozinha no caminho da entrada, dobrada para a frente,
soluçando em suspiros bruscos e estridentes. Estava agarrada

às costelas e por baixo das suas mãos via-se um círculo de sangue a alastrar-lhe pela blusa. Era uma rapariga magra e bonita com um cabelo cor de areia descaído sobre os ombros. Vivia naquela casa com a sua mãe divorciada, uma mulher simpática que trabalhava de noite como enfermeira. Eu já tinha conversado várias vezes com a mãe, mas só conhecia a filha de a cumprimentar. Nem sequer sabia o seu nome.

— Ele disse para não gritar senão dava-me uma facada — disse ela, suspirando; as palavras saíam-lhe em golfadas hiperventiladas e ofegantes. — Mas eu gritei, gritei, e ele esfaqueou-me. — Como se eu pudesse não acreditar nela, levantou a blusa e mostrou-me o ferimento pregueado que lhe perfurara a caixa torácica. — Estava sentada no meu carro com o rádio ligado. Ele apareceu não sei bem donde.

Pus-lhe a minha mão sobre o braço para a acalmar, e ao fazê-lo vi os seus joelhos a vergar. Caiu-me nos braços, as pernas dobradas como uma corça por baixo do corpo. Eu amparei-a suavemente até ao chão e fiquei sentado a embalá-la. As palavras saíam-lhe agora de modo mais calmo e suave, e ela esforçava-se por manter os olhos abertos.

— Ele disse-me para não gritar — repetia ela. — Pôs-me a mão na boca e disse-me para não gritar.

— Fizeste bem em gritar — disse eu. — Assustaste-o e ele fugiu.

Ocorreu-me então que ela devia estar a entrar em estado de choque, e eu não tinha a menor ideia do que fazer relativamente a isso. *Anda lá, ambulância. Onde estás tu?* Consolei-a da única maneira que sabia, exactamente como faria com o meu próprio filho, afagando-lhe o cabelo e envolvendo-lhe a face com a palma da mão, limpando-lhe as lágrimas. Como ela ia ficando mais fraca, continuei a dizer-lhe para ficar calma, que a ajuda já vinha a caminho.

Vai correr tudo bem — dizia eu, mas não tinha a certeza se acreditava. A sua pele estava lívida. Ficámos assim sozinhos no passeio durante o que me pareceu serem horas mas que na realidade, de acordo com o relatório da polícia, terão sido cerca de três minutos. Só passado um bocado é que me lembrei de ver o que era feito de *Marley*. Quando olhei para cima, lá estava ele, a uns três metros de nós, de frente para a rua, numa pose de touro, com uma determinação que eu nunca vira antes. Era uma posição de combate. Tinha os músculos inchados no pescoço; o queixo cerrado; o pêlo entre as omoplatas eriçado. Estava intensamente concentrado na rua e parecia preparado para atacar. Nesse momento dei-me conta de que Jenny tinha razão. Se o assaltante armado regressasse, teria de se haver primeiro com o meu cão. Nesse momento soube — soube-o sem a menor sombra de dúvida — que *Marley* lutaria com ele até à morte para não o deixar aproximar--se de nós. Em todo o caso, estava bastante emocionado enquanto amparava esta jovem rapariga, sem saber se ela iria morrer-me nos braços. A visão de *Marley* a proteger-nos daquela forma tão incaracterística, tão majestosamente feroz, trouxe-me lágrimas aos olhos. Se era o melhor amigo do homem? O diabo é que não era!

— Eu estou aqui contigo — disse eu à rapariga, mas o que eu queria dizer, o que eu devia ter dito, era que *nós* está-vamos ali com ela. *Marley* e eu. — Está a chegar a polícia — acrescentei. — Aguenta-te. Por favor, aguenta-te.

Antes de ela fechar os olhos, sussurrou-me:

— Chamo-me Lisa.

— Eu sou o John.

Parecia ridículo, apresentarmo-nos naquelas circunstân-cias como se estivéssemos num piquenique de vizinhos. Quase me ri com o absurdo da situação. Mas em vez disso coloquei--lhe uma madeixa de cabelo por trás da orelha e disse:

— Agora já vais ficar bem, Lisa.

Como um arcanjo enviado do céu, surgiu um agente da polícia a galgar o passeio. Eu assobiei a *Marley* e chamei:

— Está tudo bem, *Marley*. É nosso amigo. — E foi como se, com esse assobio, tivesse quebrado uma espécie de transe. O meu companheiro patusco e bem-disposto estava de volta, troteando em círculos, arquejante, tentando cheirar-nos de alto a baixo. Qualquer que fosse o instinto que havia irrompido das profundezas mais recônditas da sua psique ancestral, estava novamente encapsulado. Depois, apareceram mais polícias pululando à nossa volta, e daí a pouco chegava uma ambulância com uma maca e vários rolos de gaze. Eu saí da frente, contei à polícia o que sabia e encaminhei-me para casa, com *Marley* a trotear à minha frente.

Jenny veio ter comigo à porta e ficámos juntos à janela a ver o drama desenrolar-se na nossa rua. O nosso bairro parecia um cenário de uma série policial. Luzes vermelhas a girar e a entrar pelas janelas. Um helicóptero da polícia pairava sobre nós, percorrendo os recantos dos pátios e das sebes com o seu holofote brilhante. Os polícias montaram barreiras e esquadrinharam o bairro todo a pé. Os seus esforços revelar-se-iam vãos; jamais foi detido um suspeito nem encontrada uma justificação para o crime. Os meus vizinhos que foram no seu encalço disseram-me mais tarde que nem sequer lhe tinham conseguido pôr a vista em cima. Jenny e eu acabámos por voltar para a cama, onde permanecemos acordados durante muito tempo.

— Terias ficado orgulhosa do Marley — disse-lhe eu. — Foi tão estranho. De alguma maneira, ele lá percebeu como tudo isto era sério. Sentiu o perigo e tornou-se um cão completamente diferente.

— Eu bem te disse — afirmou ela. E era verdade.

Enquanto o helicóptero rebatia o ar por cima de nós, Jenny pôs-se de lado na cama e disse, antes de adormecer:

— Mais uma noite de tédio aqui no bairro. Eu deixei cair o braço e tacteei na escuridão à procura de *Marley*, deitado ao meu lado.

— Hoje portaste-te bem, grandalhão — sussurrei, coçando-lhe as orelhas. — Fizeste por merecer a tua comida. — Pousei-lhe a mão nas costas e adormeci.

Era bem revelador do clima de apatia reinante na Florida face ao crime que o esfaqueamento de uma adolescente sentada no seu carro à porta de casa não tenha merecido mais do que seis frases no jornal da manhã seguinte. O relato do crime do *Sun-Sentinel* vinha na coluna das breves na página 3B sob o título «Homem ataca rapariga».

A história não fazia qualquer referência a mim ou a *Marley* nem aos tipos da frente que se lançaram seminus em perseguição do bandido. Não mencionava Barry, que foi atrás dele no seu carro. Nem todos os vizinhos de uma ponta a outra do quarteirão que acenderam as luzes dos respectivos alpendres e telefonaram para a polícia. No terrível mundo da criminalidade e violência do Sul da Florida, o drama do nosso bairro era apenas um pequeno soluço. Não havia mortes, não havia reféns, nada de especial.

A faca tinha perfurado o pulmão de Lisa, pelo que teve de passar cinco dias internada no hospital e várias semanas de recuperação em casa. A sua mãe ia mantendo os vizinhos a par das suas melhoras, mas a rapariga permanecia em casa e ninguém lhe punha a vista em cima. Comecei a ficar preocupado com os danos emocionais que o ataque lhe poderia deixar. Alguma vez voltaria a sentir-se à vontade para abandonar a segurança da sua casa? As nossas vidas tinham-se cruzado durante uns escassos três minutos, mas eu sentia-me preocupado como um irmão mais velho com uma irmã ainda criança. Queria respeitar a sua privacidade, mas ao mesmo tempo também a queria ver, para ter a certeza de que ela iria ficar bem.

Até que um belo sábado, enquanto lavava os carros à entrada de casa, senti *Marley* sacudir a corrente ao meu lado;

olhei para cima e lá estava ela. Ainda mais bonita do que eu me recordava. Bronzeada, forte, atlética — parecendo inteira outra vez. Sorriu e perguntou-me:

— Lembra-se de mim?

— Deixa cá ver — disse eu, fingindo-me surpreendido. — Fazes-me lembrar alguém. Não eras tu que estavas à minha frente no concerto do Tom Petty e não havia maneira de te sentares?

Ela riu-se e eu perguntei:

Então como é que tu estás, Lisa?

— Estou bem — disse ela. — Praticamente de volta ao normal.

— Estás com óptimo aspecto — disse-lhe eu. — Um bocadinho melhor do que da última vez que te vi.

— Sim, bem — acrescentou ela e baixou a cabeça. — Mas que noite.

— Mas que noite — anuí.

Foi tudo o que dissemos sobre o assunto. Ela falou-me do hospital, dos médicos, do detective que a entrevistou, dos cestos de fruta sem fim, do tédio de ter de ficar tanto tempo em casa até melhorar. Mas contornou claramente o ataque, e eu também. Havia coisas que mais valia deixar para trás.

Lisa ficou bastante tempo comigo no pátio nessa tarde, seguindo-me enquanto eu fazia as minhas tarefas, brincando com *Marley*, fazendo conversa de circunstância. Eu sentia que havia qualquer coisa que ela queria desabafar mas não conseguia. Tinha apenas dezassete anos; não esperava que ela encontrasse as palavras certas. As nossas vidas tinham colidido de modo totalmente imprevisível e casual. Dois estranhos reunidos por um surto de violência inexplicável. Não houvera tempo para as formalidades habituais entre vizinhos ou para estabelecer fronteiras. Num abrir e fechar de olhos, lá estávamos nós, intimamente unidos num momento crítico, um pai de *boxers* e uma adolescente com uma blusa ensopada em sangue, agarrados um ao outro e à esperança. Também agora havia ali uma proximidade. Como poderia não haver? Havia igualmente uma estranheza, um ligeiro embaraço, pois nesse momento tínhamo-nos surpreendido um ao outro inesperadamente. Não eram precisas palavras. Eu sabia que ela me estava grata por eu ter ido ter com ela; sabia que ela apreciara o modo como eu me esforçara por reconfortá-la, por muito desajeitado que pudesse ter sido. Sabia que eu gostava profundamente dela e que estava ali ao virar da esquina. Tínhamos partilhado algo naquela noite no passeio — um desses momentos breves e passageiros de claridade que definem todos os outros nas nossas vidas — que nenhum de nós esqueceria tão depressa.

— Gostei que tivesses aparecido — disse eu.

— Eu também gostei — respondeu Lisa.

Quando ela saiu, fiquei com uma sensação auspiciosa acerca daquela rapariga. Era forte. Era rija. Continuaria em frente. E assim o comprovei anos depois, quando soube que ela tinha construído uma carreira de apresentadora de televisão.

14

UMA CHEGADA PRECOCE

— John.

Através da névoa do sono, fui tomando consciência de que alguém chamava pelo meu nome.

— John. John, acorda. — Era Jenny; estava a abanar-me.

— John, acho que o bebé é capaz de estar a chegar.

Eu apoiei-me no cotovelo e esfreguei os olhos. Jenny estava deitada de lado, com os joelhos chegados ao peito.

— O bebé o quê?

Tenho dores horríveis — disse ela. — Tenho estado aqui a cronometrá-las. Temos de ligar ao doutor Sherman.

Por esta altura já eu estava bem acordado. *O bebé estava a chegar?* Estava louco de expectativa com o nascimento do nosso segundo filho — outro rapaz, sabíamos nós a partir da ecografia. O *timing*, porém, estava errado, clamorosamente errado. Jenny estava grávida de vinte e uma semanas, a pouco mais de meio caminho das habituais quarenta semanas de gestação. Entre os seus livros sobre a gravidez e a maternidade havia uma colecção de fotografias *in vitro* de alta qualidade mostrando o feto ao longo das várias semanas do seu desenvolvimento. Apenas alguns dias antes tínhamo-nos sentado com o livro ao colo, estudando as fotografias tiradas às vinte e uma semanas e deslumbrados com a evolução do nosso bebé.

Às vinte e uma semanas um feto cabe na palma de uma mão. Pesa menos de meio quilo. Os seus olhos ainda se encontram indistintamente cerrados, os seus dedos são como pequenos galhos, frágeis e minúsculos, os seus pulmões ainda não estão suficientemente desenvolvidos para destilar o oxigénio do ar. Às vinte e uma semanas, um bebé dificilmente é viável. As hipóteses de sobreviver fora do ventre materno são poucas e as hipóteses de sobreviver sem problemas de saúde graves e persistentes ainda menores. Não é por acaso que a natureza conserva os bebés no útero durante nove longos meses. Às vinte e uma semanas, as probabilidades de sobrevivência são extraordinariamente remotas.

— Não deve ser nada — disse eu.

Mas sentia o coração a galopar enquanto marcava o número do serviço de obstetrícia e ginecologia. Dois minutos depois o doutor Sherman ligou para nós, parecendo ele próprio um tanto estremunhado.

— Devem ser só gases — disse ele —, mas vamos ver.

Mandou-me levar Jenny para o hospital imediatamente. Eu corri às voltas pela casa, atirando vários artigos para dentro do saco dela, preparando biberões e o saco das fraldas. Jenny ligou à sua amiga e colega Sandy, que vivia a meia dúzia de quarteirões de nós e que também tinha um bebé pequeno, a perguntar se podíamos lá deixar o Patrick. *Marley* também já estava a pé, espreguiçando-se, bocejando, sacudindo-se. *Viagem nocturna de automóvel!*

— Desculpa lá, *Marl* — disse-lhe eu enquanto o levava para a garagem, sentindo todo o peso do seu desapontamento. — Tens de ficar a tomar conta do castelo. Tirei Patrick do seu berço, afivelei-o no seu carrinho sem o acordar e mergulhámos no meio da noite.

Na unidade de cuidados intensivos do Hospital de St. Mary, as enfermeiras lançaram mãos à obra rapidamente. Enfiaram Jenny numa bata do hospital e ligaram-na a um monitor que lhe media as contracções e o bater do coração do bebé. Não havia dúvidas de que Jenny estava a ter contracções de seis em seis minutos. Não eram gases, definitivamente.

— O seu bebé está a querer sair — disse uma das enfermeiras. — Vamos fazer tudo o que pudermos para que ele não saia já.

Por telefone, o doutor Sherman pediu às enfermeiras para verificarem se ela estava a sofrer dilatação. Uma enfermeira inseriu um dedo enluvado e informou que Jenny estava com um centímetro de dilatação. Até eu sabia que isto não era bom. Aos dez centímetros, a cerviz atinge a dilatação plena, altura em que, num parto normal, a mãe começa a empurrar o bebé. A cada espasmo de dor, o corpo de Jenny forçava-a a dar mais um passo em direcção ao ponto de não retorno.

O doutor Sherman mandou dar-lhe uma infusão salina por gotejamento intravenoso e uma injecção de *Brehtine*, um inibidor das contracções uterinas. As contracções foram estabilizadas, mas menos de duas horas depois voltaram com a mesma violência, requerendo uma segunda injecção e ainda uma terceira.

Durante os doze dias seguintes, Jenny permaneceu hospitalizada, onde foi apalpada e picada por um corrupio de perinatalogistas e ligada a monitores e gotejamentos intravenosos. Eu tirei uns dias de férias e fiz de pai único de Patrick, fazendo os possíveis por dar conta do recado — a roupa suja, os biberões, as refeições, as contas, as tarefas domésticas, o quintal. Ah, claro, e essa outra criatura viva em nossa casa. O estatuto do pobre *Marley* caiu abruptamente de segundo-violino para membro excluído da própria orquestra. Mas mesmo quando eu o ignorava, ele mantinha o seu investimento na relação e nunca me perdia de vista. Seguia-me fielmente enquanto eu corria pela casa a aspirar o chão, a estender a roupa ou a preparar o almoço com uma mão e Patrick na outra. Parava na cozinha para atirar alguns pratos sujos para o lava-loiça, e *Marley*, arrastando-se atrás de mim, dava meia dúzia de voltas na cozinha tentando localizar o sítio certo, e deixava-se cair no chão. Ainda ele mal assentara, já eu me precipitava em direcção ao quarto da roupa para tirar a roupa da máquina de lavar para o secador. Ele vinha atrás de mim, rodopiava sobre si mesmo, pateava os tapetes até estes estarem a seu gosto, e voltava a baquear no chão, para logo me ver seguir para a sala para ir buscar o jornal. E era assim. Com um bocado de sorte, eu lá interrompia a minha correria para lhe dar uma palmadinha rápida.

Uma noite, depois de pôr Patrick finalmente a dormir, deixei-me cair no sofá, extenuado. *Marley* saltitou para cima do sofá e largou o seu brinquedo de cabo-de-guerra em corda no meu colo e olhou para mim com aqueles seus enormes olhos castanhos.

— Au, Marley — disse eu. — Estou derreado. Ele enfiou o focinho debaixo do brinquedo de corda e deu-lhe um piparote pelo ar, esperando que eu o tentasse apanhar, para lançar o seu golpe de antecipação. — Desculpa, companheiro — insisti: — Hoje não. — Mexeu-se e levantou a cabeça. De um momento para o outro, a sua confortável rotina diária estava feita em farrapos. A sua dona estava misteriosamente desaparecida, o seu dono deixara de brincar e nada era como antes. Deixou escapar um pequeno gemido, e eu via como ele se esforçava por compreender. *Porque já não quer o John brincar? Que é feito dos nossos passeios matinais? Porque deixámos de fazer as nossas lutas no chão? E a Jenny, afinal, onde está ela, exactamente? Não fugiu com aquele dálmata do prédio do lado, pois não?*

Mas a vida de *Marley* não era feita apenas de desolação. No lado bom das coisas havia o facto de eu ter regressado ao meu estilo de vida pré-marital (leia-se: desleixado). Investido dos poderes que me advinham de ser o único adulto da casa, suspendi a lei doméstica da vida conjugal e proclamei as outrora revogadas regras da vida de solteiro como a nova lei vigente. Enquanto Jenny esteve no hospital, as camisas tinham de ser usadas duas vezes, por vezes três — excepção feita a nódoas de mostarda demasiado flagrantes —, entre as lavagens; o leite podia ser bebido directamente do pacote e o rebordo do tampo da sanita podia agora ficar levantado. Para grande deleite de *Marley*, instituí uma política de portas abertas vinte e quatro horas por dia sete dias por semana para a casa de banho. Afinal, éramos só nós dois. Isto dava a *Marley* mais uma oportunidade para estabelecer proximidade num espaço exíguo. A partir daí, fazia todo o sentido começar a deixá-lo beber água da banheira. Jenny teria ficado horrorizada, mas, pela minha parte, achava mil vezes preferível à retrete. Agora que a política de rebordo para cima estava solidamente implementada (donde, necessariamente, a política de tampo para cima também), precisava de oferecer a *Marley* uma alternativa viável a essa irresistível represa de água de porcelana que quase lhe implorava que fosse lá mergulhar o focinho para fazer de submarino.

Ganhei o hábito de abrir um fio de água na torneira da banheira enquanto estava na casa de banho para que *Marley* pudesse beber um pouco de água fresca. Podia ter-lhe construído um parque aquático que não teria ficado mais radiante. Retorcia a cabeça debaixo da torneira e bebia, a cauda a martelar na pia atrás dele. A sua sede não tinha limites, de tal maneira que me convenci de que ele tinha sido um camelo numa vida anterior. Cedo me dei conta de que criara um monstro da banheira. *Marley* não tardou a começar a ir para a casa de banho sozinho, onde ficava especado a olhar para a torneira, lambendo qualquer gota antes de cair e escarafunchando na maçaneta do escoadouro até eu não aguentar mais e ir lá abrir-lhe a torneira. De repente, a água da tigela parecia estar, de algum modo, abaixo dele.

O passo seguinte da nossa descida à barbárie deu-se num dia em que eu estava a tomar duche. *Marley* percebeu que conseguia enfiar a cabeça por trás da cortina do duche e apanhar não só uns borrifos mas todo o caudal. Enquanto eu me ensaboava, a sua enorme cabeçorra amarela-tostada brotava subitamente cortina adentro e ele desatava a bater a língua debaixo do chuveiro enquanto bebia.

— Só não digas nada à dona — disse eu.

Tentei convencer Jenny de que tinha tudo facilmente sob controlo.

— Oh, estamos totalmente na boa — sosseguei-a, e depois, voltando-me para Patrick, acrescentava: — não estamos, sócio? Ao que ele retorquia com a sua resposta tipo:

— Papá! — e depois, apontando para o candeeiro do tecto: — Luuuuuz!

Mas ela não era parva. Um dia quando cheguei com o Patrick para a nossa visita diária, Jenny ficou a olhar para nós perplexa e perguntou:

— Que diabo fizeste tu ao bebé?

— Como assim, o que tem ele? — perguntei. — Ele está óptimo. Estás óptimo, não estás?

— Papá! Luuuuz!

— A roupa dele — disse ela. — Como é que tu...

Só então é que vi. Havia algo de errado no fatinho de peça única que o bebé trazia vestida. As suas coxinhas roliças, via eu agora, estavam enchouriçadas nas mangas do fato, de tal modo apertadas que lhe deviam estar a cortar a circulação. O colarinho pendia-lhe de entre as pernas como um úbere. Na parte de cima, os braços estavam perdidos algures nas pernas engelhadas do fato. Era uma visão e tanto.

— Seu palerma — disse ela. — Vestiste-o de pernas para o ar.

— Isso é a tua opinião — respondi eu.

Mas a brincadeira terminara. Jenny começou a falar ao telefone da sua cama do hospital, e poucos dias depois a minha querida e doce tia Anita, uma enfermeira reformada que viera da Irlanda para a América adolescente e que agora vivia noutro ponto da Florida, apareceu como por magia, de mala na mão, e a pouco e pouco lá foi restabelecendo jovialmente a ordem. As leis da vida de solteiro tinham passado à história.

Quando os médicos finalmente deixaram Jenny ir para casa, foi com ordens muito precisas. Se queria ter um bebé saudável, devia permanecer deitada, o mais quieta possível. A única altura em que lhe era permitido levantar-se era para ir à casa de banho. Podia tomar um duche rápido por dia, mas tinha de seguir imediatamente para a cama. Nada de cozinhar, nada de mudar fraldas, nada de ir buscar o correio, nada de pegar em objectos mais pesados do que uma escova de dentes — incluindo o seu próprio filho, condição esta que a levava ao desespero. Repouso completo, sem batota. Os médicos de Jenny tinham conseguido conter os primeiros trabalhos de parto; o seu objectivo era agora retê-los pelo menos durante mais doze semanas. Por essa altura já o bebé levaria trinta e cinco semanas de gestação, ainda um pouco débil, mas já plenamente desenvolvido e capaz de fazer face ao mundo exterior pelos seus próprios meios. Isto significava manter Jenny imóvel como um glaciar. A tia Anita, Deus abençoe a sua alma caridosa, instalou-se para uma longa missão. *Marley* estava radiante por ter mais alguém com quem brincar. Daí a poucos dias, já ele tinha a tia Anita treinada, também ela, para lhe ir abrir a torneira da banheira.

Uma técnica do hospital veio a nossa casa e inseriu um catéter na coxa de Jenny; em seguida ligou-o a uma pequena bomba a pilhas que ficou atada à perna de Jenny, infundindo-lhe no sangue um gotejar contínuo de drogas destinadas a inibir as contracções uterinas. Como se isto não bastasse, equipou Jenny com um sistema de monitorização que parecia um mecanismo de tortura — um copo de sucção ligado a um emaranhado de fios ligados ao telefone. O copo de sucção foi atado à barriga de Jenny com um elástico e ia registando o bater do coração do bebé e quaisquer eventuais contracções, enviando-os via telefone três vezes por dia para uma enfermeira que os analisava ao primeiro sinal de perigo. Eu fui a correr à livraria e voltei com uma pequena fortuna em material de leitura que Jenny devorou nos primeiros três dias. Ela bem tentava manter-se animada, mas o enfado, o tédio, a incerteza constante acerca da saúde do seu filho ainda por nascer conspiravam para a pôr em baixo. Pior ainda, era mãe de um filho de quinze meses que estava proibida de segurar, ao qual não podia dar de comer quando ele tinha fome ou dar banho quando ele se sujava e com quem não podia ir ter a correr, pegar ao colo e beijar quando ele estava triste. Ele apontava para o candeeiro aceso por cima da cama e dizia:

— Mamã! Luuuuuz!

Ela sorria, mas não era a mesma coisa. Estava a ficar louca de estar parada.

O seu fiel e constante companheiro ao longo de todo esse período, está bem de ver, foi *Marley*. Assentou arraiais no chão ao lado dela, rodeando-se de um vasto leque de brinquedos de roer e ossos de couro cru, não fosse Jenny mudar de ideias e decidir saltar da cama para uma sessãozinha de cabo-de-guerra no calor do momento. Ali ficava de vigília, dia e noite. Eu chegava a casa do jornal e deparava-se-me a tia Anita na cozinha a fazer o jantar, com Patrick sentado na sua cadeira de baloiço ao seu lado. Depois dirigia-me até ao quarto e deparava-se-me, *Marley* ao seu lado, queixo no colchão, cauda a abanar, com o nariz aninhado no pescoço de Jenny enquanto ela lia ou dormitava ou se limitava a olhar para o tecto, com o braço descaído sobre as costas do cão. Eu fui assinalando cada dia no calendário para a ajudar a registar a progressão do tempo, mas isto apenas servia para relembrar a lentidão com que cada minuto, cada hora, passavam. Há pessoas que se contentam em passar as suas vidas recostadas na indolência; Jenny não era uma delas. Tinha nascido para se mexer, e a indolência forçada era algo que a abatia a olhos vistos e cada vez mais, de dia para dia. Era como um marinheiro apanhado numa calmaria, aguardando com desespero crescente o mais leve indício de uma brisa que lhe enfunasse as velas e permitisse prosseguir a viagem. Tentei animá-la, dizendo coisas como: «Daqui a um ano vamos olhar para trás e rirmo-nos disto», mas bem via que parte dela me estava a fugir. Havia dias em que os seus olhos estavam muito, muito longe.

Quando Jenny ainda tinha um mês inteiro de cama pela frente, a tia Anita fez as malas e despediu-se de nós. Ficara o máximo que podia, estendendo a sua visita por diversas vezes, mas tinha um marido em casa de quem dizia temer, só meio a brincar, que se estivesse a tornar feroz à força de tantos jantares agarrado à televisão e jogos de futebol. Mais uma vez, estávamos por nossa conta.

Fiz o melhor que pude para manter o barco à tona. Levantava-me de madrugada para dar banho e vestir Patrick, dava-lhe uma refeição de flocos de aveia e puré de cenoura, e levava-o, a ele e a *Marley*, a dar um pequeno passeio, pelo menos. Depois largava Patrick em casa de Sandy durante o dia enquanto estava no jornal, e voltava para o apanhar ao fim do dia. Ia a casa na minha hora de almoço para preparar uma refeição a Jenny e trazer-lhe o correio — o ponto alto do seu dia —, atirar paus a *Marley* e dar um jeito na casa, que começava a ganhar uma patine de desleixo. A relva estava por cortar, a roupa por lavar e a persiana do alpendre das traseiras continuava por consertar depois de *Marley* a ter arrombado e atravessado de um lado ao outro, estilo desenhos animados, ao perseguir um esquilo. Durante semanas, a persiana rasgada estremeceu ao vento, tornando-se uma porta de facto para *Marley*, que assim podia entrar e sair para o pátio das traseiras a seu bel-prazer durante as longas horas que passava em casa sozinho com Jenny acamada.

— Vou consertá-la — prometia eu. — Já está na lista.

Mas eu bem via o desânimo nos seus olhos. Tinha de fazer um esforço sobre-humano de autocontrolo para não saltar da cama e voltar a pôr a sua casa em ordem. Eu ia fazer as compras enquanto Patrick dormia durante a noite, por vezes percorrendo as prateleiras do supermercado já para lá da meia-noite. Sobrevivíamos à base de refeições de encomenda, *Cheerios* e tachos de pasta. O diário que eu mantivera fielmente actualizado durante anos quedou-se abruptamente em silêncio. Não havia, pura e simplesmente, tempo nem energia. No meu último registo escrevera apenas: «A vida começa agora a tornar-se um pouco avassaladora.» Até que um dia, quando nos aproximávamos da trigésima quinta semana de gravidez de Jenny, a técnica do hospital apareceu-nos à porta e disse:

— Parabéns, jovem, conseguiu. A partir de agora, volta a ser uma mulher livre.

Retirou-lhe a bomba de medicamentos, retirou-lhe o cáter, arrumou o monitor fetal e relembrou as ordens escritas pelo médico. Jenny era agora livre de retomar o seu estilo de vida normal. Sem restrições. Sem mais medicamentos. Até podíamos voltar a ter relações sexuais. O bebé era agora plenamente viável. O parto aconteceria quando tivesse de acontecer.

— Divirta-se — disse ela. — Bem merece.

Jenny atirou Patrick ao ar, largou a brincar com *Marley* no pátio das traseiras, lançou-se na lida da casa. Nessa noite fomos jantar a um restaurante indiano e ver um espectáculo num clube ali perto para comemorar. No dia seguinte prosseguimos as festividades indo almoçar a um restaurante grego. Antes de as *pita shoarmas* chegarem à nossa mesa, porém, Jenny entrou em trabalhos de parto fulgurantes. As dores tinham começado na noite anterior enquanto comia o caril de borrego, mas ela ignorara-as. Não ia deixar que meia dúzia de contracçõezecas lhe estragassem a sua mais do que merecida noite na cidade. Agora, tinha de se dobrar sobre si mesma a cada contracção. Fomos a correr para casa, onde estava Sandy, que ficara a tomar conta de Patrick e de olho em *Marley*. Jenny ficou à espera no carro, resfolegando as suas dores com pequenos suspiros entrecortados enquanto eu lhe arrebatava o saco. Quando chegámos ao hospital e entrámos na sala de parto, Jenny já levava sete centímetros de dilatação. Menos de uma hora depois já eu tinha o meu filho nos braços. Jenny contou-lhe os dedos das mãos e dos pés. Tinha os olhos muito vivos e abertos e umas bochechinhas rosadas.

— Conseguiu — declarou o doutor Sherman. — É um bebé perfeito.

Conor Richard Grogan, dois quilos seiscentos e trinta cinco gramas, nasceu a 10 de Outubro de 1993. Estava tão feliz que mal dei pelo facto cruelmente irónico de termos reservado uma suíte de luxo para este parto do qual mal tivéramos tempo de usufruir. Tivesse o parto ocorrido um nadinha mais cedo e Jenny daria à luz no parque de estacionamento da estação de serviço. Eu nem sequer tinha tido tempo de me esticar no sofá do papá.

À luz daquilo por que tivéramos de passar para o trazer são e salvo a este mundo, achávamos que o nascimento do nosso filho era uma grande notícia — mas não a ponto de chamar a atenção dos media locais. No parque de estacionamento por baixo da nossa janela, porém, juntara-se um aglomerado de carrinhas da televisão, com as suas antenas de satélite apontadas para o céu. Via repórteres de microfone na mão a fazerem os seus directos diante das câmaras.

— Hei, amor — disse eu. — Os *paparazzi* vieram atrás de ti.

A enfermeira que estava no quarto a tratar do bebé disse:

— Será possível? Está o Donald Trump ali ao fundo do corredor.

— O Donald Trump? — perguntou Jenny. — Não sabia que ele estava grávido.

O magnata do sector imobiliário tinha provocado um alvoroço considerável quando se mudara para Palm Beach alguns anos antes, estabelecendo-se na antiga mansão de Marjorie Merriweather Post, a falecida herdeira do gigante dos cereais. A propriedade chamava-se Mar-a-Lago, e como o nome deixava adivinhar, estendia-se por cerca de sete hectares desde o oceano Atlântico até ao canal Intracosteiro e incluía um campo de golfe de nove buracos. Do fundo da nossa rua conseguíamos olhar em direcção ao mar e ver os pináculos da mansão de influência árabe, com os seus cinquenta e oito quartos, erguendo-se acima das palmeiras. Os Trumps e os Grogans eram praticamente vizinhos.

Liguei a televisão e soube que Donald e a namorada Marla Maples eram os pais orgulhosos de uma menina, apropriadamente baptizada de Tiffany, que tinha nascido não muito depois de Jenny ter trazido Conor ao mundo.

— Vamos ter de os convidar para trazerem a menina lá a casa para brincar.

Ficámos à janela a ver as equipas de reportagem da televisão acotovelar-se para apanhar os Trumps a sair do hospital com o seu bebé de regresso à sua mansão. Marla sorriu gravemente enquanto erguia a sua recém-nascida diante das câmaras. Donald acenou e piscou o olho de modo airoso.

— Estou óptimo! — disse ele às câmaras.

Depois desapareceram na porta detrás de uma limusina.

Na manhã seguinte, quando chegou a nossa vez de ir para casa, um reformado muito simpático que estava como voluntário no hospital conduziu Jenny e o bebé Conor numa cadeira de rodas através das portas automáticas até à luz do sol. Já não havia equipas de filmagem, carrinhas de satélite, *sound bites* nem reportagens em directo. Éramos só nós e o nosso voluntário sénior. Mesmo sem ninguém para mo vir perguntar, a verdade é que também eu me sentia muito bem. Donald Trump não era o único pai emproado e orgulhoso da sua prole.

O voluntário esperou com Jenny e o bebé enquanto eu puxava o carro para o passeio. Antes de prender o cinto ao meu filho recém-nascido, levantei-o acima da cabeça para toda a gente ver, acaso houvesse alguém a olhar, e disse:

— Conor Grogan, és tão especial como a Tiffany Trump, nunca te esqueças disso.

15

UM ULTIMATO PÓS-PARTO

Estes deviam ter sido os dias mais felizes das nossas vidas, e de certa maneira até foram. Tínhamos agora dois filhos, uma criança a dar os primeiros passos e um recém-nascido, com apenas dezassete meses de diferença. Trouxeram-nos uma alegria profunda. Contudo, o negrume que se abatera sobre Jenny enquanto fora obrigada a permanecer de cama persistiu. Havia semanas em que estava bem, enfrentando alegremente o desafio que era ser responsável por duas vidas completamente dependentes dela para todas as suas necessidades. Havia outras, porém, em que, sem motivo aparente, se mostrava derrotada e carrancuda, encerrada numa nuvem de tristeza que por vezes só se dissipava ao fim de vários dias. Andávamos ambos exaustos e maldormidos. Patrick continuava a acordar-nos pelo menos uma vez por noite, e Conor acordava muito mais vezes, chorando para lhe darem de mamar ou mudarem a fralda. Raramente conseguíamos dormir mais de duas horas seguidas. Havia noites em que parecíamos zombies, esbarrando silenciosamente um no outro de olhos esgazeados, Jenny a caminho de um bebé e eu do outro. Acordávamos à meia-noite, às duas e às três e meia e depois às cinco. Até que o Sol se levantava e com ele outro dia, trazendo renovada esperança e um cansaço de morte como se reiniciássemos o ciclo outra vez. Do fundo do corredor vinha a voz doce, alegre e completamente desperta de Patrick — Mamã! Papá! Luuuuuz! — e por mais que tentásse-mos lutar contra isso, sabíamos que o sono, o pouco que nos fora concedido, nos levava mais um dia de atraso. Comecei a fazer o café mais forte e a aparecer no trabalho com camisas engelhadas e saliva de bebé nas gravatas. Uma bela manhã, na redacção, apanhei a atraente assistente editorial a olhar fixa-mente para mim. Lisonjeado, sorri-lhe. *Hei, posso já ser pai de dois filhos, mas as mulheres ainda reparam em mim*. E ela disse:

— Sabias que tens um autocolante do Barney colado ao cabelo?

Para agravar ainda mais o caos da nossa vida sem dormir, o nosso novo bebé começou a deixar-nos terrivelmente preo-cupados. Já de si abaixo do peso normal, Conor era incapaz de reter o leite que ingeria. Jenny travava uma luta obstinada para o alimentar e fazer dele um bebé forte e saudável, e ele pare-cia igualmente empenhado em gorar os planos da mãe. Ela dava--lhe de mamar, e ele agradecia, mamando com avidez. Depois, num enjoo súbito, vomitava tudo de uma vez. Ela voltava a dar--lhe de mamar; ele comia vorazmente para logo esvaziar nova-mente o estômago. Os projécteis vomitados passaram a constituir ocorrências constantes nas nossas vidas. A rotina repetia-se vezes sem conta, com Jenny cada vez mais fora de si. Os médicos diagnosticaram-lhe refluxo gastroesofágico e recomendaram-nos um especialista, que medicou o nosso rapazinho e lhe introdu-ziu um endoscópio pela garganta a baixo para lhe examinar as entranhas. Conor acabaria por superar esta condição e recupe-rar o seu peso, mas passámos quatro longos meses consumidos de preocupação com ele. Jenny era uma pilha de nervos, medo e frustração, tudo exacerbado pela falta de sono, pois passava o tempo todo a dar-lhe de mamar para depois ficar a vê-lo, impotente, a vomitar-lhe o leite todo.

— Sinto-me tão incapaz — dizia ela. — As mães deviam ser capazes de dar aos bebés tudo o que eles necessitam.

A sua paciência estava permanentemente por um fio, e as mais pequenas infracções — a porta de um armário aberta, migalhas em cima do balcão — bastavam para a fazer explodir.

O lado bom das coisas era que Jenny nunca projectava a sua ansiedade em qualquer um dos filhos. De facto, amamentava-os a ambos com um cuidado e paciência quase obsessivos. Investia cada miligrama de si própria nos dois. O lado mau era que canalizava toda a sua raiva e frustração para cima de mim e ainda mais sobre *Marley*. Tinha perdido toda a paciência para ele. Estava-lhe atravessado nos nervos e não havia nada que pudesse fazer de bom. Cada transgressão — e continuava a haver muitas — deixava Jenny cada vez mais próxima do limite. Indiferente, *Marley* perseverava nas suas extravagâncias, dislates e exuberância sem limites. Comprei um arbusto florido e plantei-o no jardim para comemorar o nascimento de Conor. Nesse mesmo dia, *Marley* arrancou-o pela raiz e mastigou-o até o transformar numa espécie de forragem. Por fim lá me obriguei a substituir a persiana rasgada do alpendre, e *Marley*, por esta altura já mais do que habituado à portinhola que ele próprio construíra, não tardou a atravessá-la novamente de mergulho. Um outro dia fugiu, e quando finalmente regressou, passado bastante tempo, trazia um par de cuecas de mulher nos dentes. Eu não quis saber mais nada.

Apesar dos calmantes que o veterinário lhe receitara, e que Jenny lhe administrava com frequência crescente, mais pela sua própria saúde do que pela dele, a fobia de *Marley* à trovoada tornava-se mais intensa e irracional de dia para dia. Por esta altura bastava uma chuva miudinha para o deixar em pânico. Se estivéssemos em casa, limitava-se a colar-se a nós a salivar nervosamente as nossas roupas. Se não estivéssemos, procurava abrigar-se da mesma forma aberrante, esgadanhando e esgravatando as portas, o linóleo e o estuque. Quanto mais eu arranjava, mais ele destruía. Não conseguia acompanhá-lo. Devia ter ficado furioso, mas Jenny já estava irada quanto bastava pelos dois. Em vez disso, comecei a encobri-lo. Se descobrisse um sapato, um livro ou uma almofada roídos, escondia as provas do crime antes de ela as encontrar. Quando ele estrondeava pelos cantos da casa, o elefante no nosso guarda-loiça, eu ia atrás dele a endireitar os tapetes e as mesas e a limpar a saliva que ele ia deixando nas paredes. Antes que Jenny as descobrisse, ia a correr aspirar as lascas de madeira da garagem onde ele acabara de esgadanhar a porta mais uma vez. Ficava acordado pela noite adentro a remendar e a polir para que na manhã seguinte, quando Jenny acordasse, os últimos estragos não lhe fossem perceptíveis.

— Por amor de Deus, *Marley*, será que queres morrer? — disse-lhe eu uma noite com ele ao meu lado a dar à cauda e a lamber-me a orelha enquanto eu me ajoelhava para consertar a sua mais recente destruição. — Tens de acabar com isto.

Foi neste ambiente volúvel que, ao chegar a casa uma noite, se me deparou Jenny a bater em *Marley* ao murro. Estava a chorar convulsivamente e a malhar-lhe que nem uma danada, mais como se estivesse a bater num timbalão do que a dar uma surra, aplicando golpes de lança no seu pescoço, membros e costas.

— Porquê? Porque fazes tu isto? — berrava ela. — Porque passas a vida a estragar tudo?

Nesse mesmo instante vi o que ele tinha feito. O almofadão do sofá estava rasgado ao meio, o forro retalhado e o estofo arrancado. *Marley* estava de pé com a cabeça descaída e as patas inclinadas como se estivesse prostrado perante um furacão. Não tentou fugir ou desviar-se dos golpes; deixou-se simplesmente ficar ali, encaixando cada golpe sem um único latido ou reclamação.

— Hei! Hei! Hei! — gritei eu, agarrando-lhe os pulsos. — Então? Pára. Pára! — Ela estava a soluçar e a tentar recobrar o fôlego. — Pára — repeti.

Interpus-me entre ela e *Marley* e pus a cara mesmo à frente da dela. Parecia uma desconhecida a olhar para mim. Não reconheci o seu olhar.

— Leva-mo daqui — pediu ela numa voz firme e perpassada por uma nota pungente. — Leva-mo daqui, já.

— *Okay*, eu levo-o daqui — acedi —, mas vê lá se te acalmas.

— Leva-mo daqui e mantém-no longe — repetiu num tom inquietantemente monocórdico.

Eu abri a porta e ele saiu. Quando me voltei para apanhar a trela em cima da mesa, Jenny disse:

— Estou a falar a sério. Quero-o fora daqui. Quero-o daqui para fora de vez.

— Anda lá — disse eu. — Não queres nada.

— Estou a falar a sério — reafirmou. — Estou farta desse cão. Arranja-lhe uma casa nova, senão arranjo eu.

Não podia estar a falar a sério. Ela adorava o nosso cão. Adorava-o apesar do seu longo rol de defeitos. Estava zangada; estava tão stressada que explodira para além dos seus próprios limites. Acabaria por reconsiderar. Por agora achava que era melhor dar-lhe algum tempo para se acalmar. Saí porta fora sem mais uma palavra. No pátio, *Marley* correu em círculos, pulando no ar e batendo os queixos, tentando arrebatar-me a trela da mão. Era o velho *Marley* de sempre, aparentemente pouco afectado pela sova. Eu sabia que ela não o tinha magoado. Para dizer a verdade, eu próprio costumava bater-lhe com muito mais força quando brincava mais a sério com ele, e ele adorava, voltava sempre a correr a pedir mais. Como era característico da sua raça, *Marley* era imune à dor, uma máquina imparável de força e músculos. Uma vez, estava eu à entrada da casa a lavar o carro, enfiou a cabeça no balde de água com detergente e desatou a galopar às cegas pelos relvados das casas contíguas até embater com toda a força numa parede. Isto não pareceu abalá-lo. Mas bastava que lhe déssemos uma palmadinha no traseiro quando nos zangávamos, ou que lhe falássemos com uma voz mais severa, e era vê-lo fingir-se profundamente magoado. Para o enorme palerma cabeçudo que era, *Marley* tinha uma veia inacreditavelmente sensível. Jenny não o tinha magoado fisicamente, longe disso, mas ferira os seus sentimentos, pelo menos para já. Jenny era tudo para ele, um dos seus dois maiores amigos neste mundo, e acabara de se virar a ele. Ela era a sua dona e ele o seu fiel companheiro. Se ela achava justo bater-lhe daquela maneira, ele achava justo submeter-se e acatar o castigo. *Marley* podia não ser um cão especialmente prendado. Mas era inquestionavelmente leal. Cabia-me agora reparar os danos e voltar a pôr as coisas no seu lugar.

Já na rua, prendi-o à trela e ordenei: «Senta!» Ele sentou-se. Eu puxei-lhe o estrangulador bem para cima do pescoço para preparar o nosso passeio. Antes de avançar passei-lhe a mão pela cabeça e massajei-lhe o pescoço. Ele empinou o nariz a olhar para mim, a língua descaída até meio do pescoço. O incidente com Jenny, parecia agora esquecido; só esperava que também estivesse esquecido por parte dela.

— O que vou fazer contigo, meu grandessíssimo palerma? — perguntei eu. Ele deu um pulo vertical, como que impulsionado por molas, e esborrachou-me a língua nos lábios.

Marley e eu caminhámos várias milhas nessa noite, e quando chegámos finalmente a casa, ele estava exausto e pronto a cair sossegadamente para o lado a um canto. Jenny estava a dar um frasco de comida de bebé a Patrick ao mesmo tempo que embalava Conor no colo. Estava calma e parecia ter voltado a ser a velha Jenny outra vez. Eu soltei a trela a *Marley* e ele foi beber litros e litros de água, a língua a bater voluptuosamente na tigela, esparramando pequenas ondas borda fora. Eu limpei o chão com uma toalha e olhei de relance na direcção de Jenny; parecia imperturbável. Talvez aquele mau momento já tivesse passado. Talvez tivesse reconsiderado. Talvez se sentisse embaraçada com a sua explosão de raiva e estivesse à procura das palavras para pedir desculpa. Quando ia a passar por ela, com *Marley* logo atrás, disse-me numa voz calma e serena, sem sequer olhar para mim:

— Estou a falar mesmo a sério. Quero-o fora daqui.

Ao longo dos dias que se seguiram ela repetiu o ultimato tantas vezes que eu acabei por ter de aceitar que aquilo não era só uma ameaça vã. Não estava a fazer barulho da boca para fora e o assunto não iria ser esquecido. Eu estava doente. Por ridículo que possa parecer, *Marley* tornara-se o companheiro ideal para a minha identidade masculina, um companheiro quase constante, um amigo. Era o espírito indisciplinado, recalcitrante, inconformado e politicamente incorrecto que eu sempre quisera ser, se tivesse tido coragem para tal, e o seu entusiasmo sem limites proporcionava-me uma espécie de alegria em segunda mão. Por mais complicada que a vida se tornasse, *Marley* fazia-me lembrar os seus prazeres mais simples. Por mais exigências que impendessem sobre mim, ele nunca me deixava esquecer que a desobediência voluntária às vezes vale a pena. Num mundo cheio de patrões, *Marley* era senhor de si mesmo. A ideia de ficar sem ele afligia-me a alma. Mas agora tinha dois filhos com que me preocupar e uma mulher de quem precisávamos. O nosso lar estava seguro por um fio. Se perder *Marley* era a diferença entre a estabilidade e o descalabro, como poderia eu deixar de honrar os desejos de Jenny?

Comecei a lançar dicas, a perguntar discretamente aos meus amigos e colegas se estariam interessados em ficar com um *labrador retriever* adorável e cheio de vida. De boca em boca, soube de um vizinho que adorava cães e não era capaz de recusar um cão necessitado. Até ele respondeu que não. Infelizmente, a reputação de *Marley* já era maior do que ele.

Todas as manhãs abria o jornal nos classificados para ver se descobria algum anúncio miraculoso do tipo: «Procura-se *labrador retriever* desenfreadamente enérgico e incontrolável, de preferência com fobias múltiplas. Privilegiam-se qualidades destrutivas. Pagamos o melhor preço.» Em vez disso, o que encontrei foi uma oferta crescente de jovens cães adultos que por qualquer motivo não tinham dado certo. Muitos eram cães puros que haviam custado centenas de dólares aos seus donos escassos meses antes. Agora estavam a ser vendidos por ninharias ou mesmo de graça. Uma percentagem alarmante destes cães indesejados era *labradores retriever* machos.

Havia anúncios novos quase todos os dias, e eram simultaneamente tristes e hilariantes. Tendo a perspectiva privilegiada de quem estava por dentro do assunto, reconheci todas as tentativas de justificar as razões por que os cães estavam novamente à venda. Os anúncios estavam cheios de eufemismos abrilhantados para os tipos de comportamento que eu tão bem conhecia. «Jovial… adora as pessoas… precisa de um grande pátio… precisa de espaço para correr… enérgico… espirituoso… poderoso… um cão único.» O verdadeiro significado era sempre o mesmo: um cão que o seu dono não conseguia controlar. Um cão que se tinha tornado um problema. Um cão a que o seu dono renunciara.

Parte de mim ria-se ironicamente; os anúncios eram bastante cómicos na forma como procuravam iludir os leitores. Quando li «veementemente fiel» percebi logo que o que o vendedor queria realmente dizer era «capaz de morder». «Companheiro constante» significava «sofre de ansiedade de separação», e «bom cão de guarda» traduzia-se como «ladra incessantemente». E quando vi «melhor oferta», percebi logo que o que este dono desesperado tinha em mente era: «Quanto tenho de lhe pagar para me levar esta coisa daqui?» Outra parte de mim estava profundamente triste. Eu não era um desistente e também não acreditava que Jenny o fosse. Não éramos pessoas para mercadejar os seus problemas nos classificados. *Marley* era uma carga de trabalhos. Não tinha nada a ver com os cães majestosos com que ambos tínhamos crescido. Tinha uma caterva de maus hábitos e comportamentos. Era culpado de todas as acusações que sobre ele impendiam. Também estava longe de ser o cachorrinho espasmódico que havíamos trazido para casa dois anos antes. De forma desairosa, é certo, a verdade é que ele se esforçava. Parte da nossa missão como seus donos era moldá-lo às nossas necessidades, mas por outro lado também tínhamos de o aceitar por aquilo que ele era. Não só aceitá-lo como celebrá-lo e ao seu indomável espírito canino. Tínhamos trazido para casa uma coisa viva e sensível, e não um mero adereço para enfeitar a casa. Para o bem e para o mal, era o nosso cão. Fazia parte da nossa família, e, apesar de todos os seus defeitos, tinha-nos devolvido mil vezes o nosso afecto. Uma dedicação como a dele não havia dinheiro que a pudesse comprar.

Não estava disposto a abandoná-lo.

Embora prosseguisse as minhas tímidas diligências para lhe encontrar uma casa nova, comecei a trabalhar com ele intensivamente. A minha missão impossível pessoal era agora reabilitar este cão e demonstrar a Jenny o seu valor. Mandei o sono interrompido às urtigas e comecei a levantar-me de madrugada, afivelando Patrick no carrinho de *jogging*, e correndo em direcção ao mar para pôr *Marley* nos eixos. Senta. Deita. Junto. Treinámos vezes sem conta. Havia uma nota de desespero na nossa missão e *Marley* parecia intuí-lo. O que estava em jogo agora era diferente. Isto era a sério. Para o caso de ele ainda não ter plena consciência disso, expliquei-lho com todas as letras:

— Não estamos a brincar, *Marley*. Isto é a sério. Vamos embora.

E submetia-o novamente aos comandos, com o meu ajudante Patrick a bater palmas e a chamar o seu grande amigo amarelo:

— *Uaadii! Hi-Oh!*

Quando voltei a inscrever *Marley* na escola de obediência, era já um cão diferente daquele jovem delinquente com que lá aparecera da primeira vez. Sim, continuava selvagem como um urso, mas desta vez sabia que eu era o chefe e ele o súbdito. Desta vez não haveria arranques em direcção aos outros cães (pelo menos não tantos), nem corridas repentinas e descontroladas pelo asfalto, nem choques contra as virilhas de desconhecidos. Ao longo de oito sessões semanais, submeti-o aos comandos com a trela à justa, e ele ficou feliz — diria mesmo radiante — por colaborar. Na nossa reunião final, a treinadora — uma mulher descontraída que estava nos antípodas de Miss Dominatrix — chamou-nos à parte.

— *Okay* — disse ela —, vamos lá ver isso.

Eu mandei *Marley* sentar-se e ele deixou-se cair impecavelmente sobre as ancas. Puxei-lhe o estrangulador pelo pescoço a cima e com um puxão brusco na correia mandei-o seguir junto a mim. Troteámos os dois ao longo do parque de estacionamento e voltámos, *Marley* a meu lado, a roçar-me a barriga da perna, tal como vinha no livro. Mandei-o sentar-se outra vez, pus-me mesmo à frente dele e apontei-lhe o dedo à cabeça. «Aí», disse eu calmamente, e com a outra mão deixei cair a trela. Recuei vários passos. Ele não descolou os seus grandes olhos castanhos de cima de mim, aguardando qualquer sinal da minha parte para o libertar, mas permaneceu parado. Dei uma volta de trezentos e sessenta graus em seu redor. Ele estremeceu de excitação e tentou rodar a cabeça, estilo Linda Blair, para me ver, mas não se mexeu. Quando voltei para o pé dele, só pelo gozo, estalei os dedos e gritei: «Salve-se quem puder!» Ele estatelou-se como se estivesse sob fogo aliado em Iwo Jima. A professora desatou a rir, um bom sinal. A seguir virei as costas a *Marley* e afastei-me trinta metros. Sentia os seus olhos a queimar-me as costas, mas ele aguentou-se. Tremia violentamente quando me voltei para o encarar. O vulcão estava prestes a explodir. Até que, afastando os pés numa posição de *boxeur* à espera do que lá vinha, disse: «*Marley*... Deixei o nome dele suspenso no ar durante alguns segundos. «Vem!» Ele disparou na minha direcção com toda a força e eu retesei-me para o impacte. No último instante desviei-me agilmente com um passo de toureiro; ele passou por mim que nem um míssil, fez meia volta e apanhou-me com o focinho no traseiro.

— Lindo menino, *Marley* — exclamei eu, ajoelhando-me. — Lindo, lindo, lindo menino!

Ele dançou à minha volta como se tivéssemos acabado de conquistar o monte Evereste.

Ao fim do dia, a instrutora chamou-nos e entregou-nos o nosso diploma. *Marley* acabara de passar o teste de obediência básica, ficando em sétimo lugar. Que importava que houvesse apenas oito cães ao todo e que o oitavo fosse um *pit bull* psicopata que parecia compenetrado em ceifar uma vida humana à primeira oportunidade? Viesse lá o diploma. *Marley*, o meu cão indisciplinado, intreinável e incorrigível, tinha passado. Sentia-me tão orgulhoso que estava capaz de chorar e na verdade talvez o fizesse não fora *Marley* ter dado imediatamente um pulo e engolido o seu diploma.

No caminho para casa, fui a cantar *We Are the Champions* a plenos pulmões. *Marley*, sentindo o meu orgulho e alegria, colou-me a língua à orelha. Por uma vez, não me importei.

Havia ainda um assunto por resolver entre mim e *Marley*. Precisava de pôr fim ao pior dos seus vícios: saltar para cima das pessoas. Quer se tratasse de amigos ou estranhos, de adultos ou crianças, do contador da luz ou do motorista da UPS, *Marley* recebia-os a todos da mesma maneira — precipitando-se sobre eles a toda a velocidade, deslizando pelo chão, pulando, e fincando as suas patas dianteiras no peito ou nos ombros das pessoas enquanto lhes lambia a cara. Aquilo que começara por ser uma coisa engraçada quando ele era um cachorrinho apetecível, tornara-se algo de repugnante, senão mesmo aterrador, para os alvos das suas indesejadas investidas. Derrubava crianças, assustava os convidados, sujava as blusas e as camisas dos nossos amigos, e um dia quase deitou a minha pobre mãe por terra. Ninguém apreciava aquilo. Eu já tinha tentado demovê-lo deste seu hábito, usando técnicas de treino tradicionais, mas sem êxito. A mensagem não passava. Até que um conhecido meu com uma respeitável experiência em cães me aconselhou:

— Se quer que que ele acabe com issso, mande-lhe uma joelhada brusca da próxima vez que ele lhe saltar para cima.

— Não o quero magoar — disse eu.

— Não o vai magoar. Duas ou três joelhadas bem assentes, e garanto-lhe que ele deixa de lhe saltar para cima.

Era altura de passar ao amor duro. *Marley* tinha de se regenerar ou ser realojado. Na noite seguinte, quando cheguei a casa do jornal, abri a porta e anunciei: «Cheguei!» Como de costume, *Marley* veio a correr sobre o soalho para me saudar. Fez os últimos três metros em derrapagem como num rinque e levantou as patas dianteiras no ar para mas pregar contra o peito e lambuzar-me a cara. Como as suas patas me atingissem o peito, apliquei-lhe um golpe brusco com o joelho, apanhando-lhe a zona mole por baixo das costelas. Ele soltou um pequeno tossido e deslizou pelo chão, olhando para mim com uma expressão magoada, tentando perceber que bicho me tinha mordido. Toda a vida me saltara para cima; que ataque traiçoeiro era este?

Na noite seguinte repeti o castigo. Ele saltou, eu dei-lhe uma joelhada e caiu por terra a tossir. Senti-me um tanto cruel, mas se queria salvá-lo dos classificados, sabia que tinha de resolver a questão.

— Desculpa lá, pá — disse eu, baixando-me para que ele pudesse lamber-me com as quatro patas no chão. — É para teu bem.

À terceira vez, quando entrei, ele surgiu todo lançado ao virar da esquina, entrando na sua habitual derrapagem final em alta velocidade. Desta vez, porém, houve uma alteração na rotina. Em vez de saltar, manteve as patas no chão e chocou de cabeça contra as minhas pernas, por pouco não me derrubando. Mas tinha de tomar isto como uma vitória.

— Conseguiste, *Marley*! Conseguiste! Lindo menino! Não me saltaste para cima.

E pus-me de joelhos para que ele me pudesse lambuzar à vontade sem se arriscar a levar um soco. Estava impressionado. *Marley* cedera ao poder da persuasão.

O problema, porém, não estava inteiramente resolvido. É certo que ficara curado do vício de saltar para cima de mim, mas isso não queria dizer que não continuasse a fazê-lo às outras pessoas. O cão era suficientemente esperto para perceber que eu era a única pessoa que representava uma ameaça, e que podia continuar a saltar para cima de todos os outros seres humanos impunemente. Precisava de alargar a minha ofensiva e para isso recrutei os serviços de um amigo meu do jornal, um repórter chamado Jim Toplin. Jim era um tipo de temperamento calmo e livresco, franzino, careca e de lentes grossas. Se havia alguém a quem *Marley* julgava poder saltar para cima sem consequências de maior era Jim. Um belo dia, no jornal, expus o meu plano. Jim viria ter comigo a casa depois do trabalho, quando chegasse à porta, tocava à campainha e entrava. Quando *Marley* saltasse para o beijar, Jim deveria dar-lhe com toda a força.

— Não te acanhes — encorajei eu. — A subtileza com o *Marley* não resulta.

Nessa noite, Jim tocou à campainha e abriu a porta. *Marley*, claro está, mordeu o isco e largou a correr na direcção dele, as orelhas achatadas para trás. Quando descolou do chão para lhe pular para cima, Jim levou o meu conselho demasiado a peito. Aparentemente preocupado em não se mostrar acanhado, desferiu uma tremenda joelhada na caixa torácica de *Marley*, deixando-o sem fôlego. O baque ressoou por toda a sala. *Marley* soltou um gemido sonoro, ficou de olhos esgazeados e caiu redondo no chão.

— Credo, Jim — disse eu. — Andas a treinar *kung fu* ou quê?

— Disseste-me para lhe dar a doer — respondeu ele.

E doeu mesmo. *Marley* levantou-se, recobrou o fôlego e cumprimentou Jim como um cão civilizado, isto é, de patas bem assentes no chão. Se pudesse falar, juro que teria implorado perdão. A partir daí, nunca mais saltou para cima de ninguém, pelo menos na minha presença, e nunca mais ninguém teve de lhe dar uma joelhada no peito ou onde quer que fosse.

Uma bela manhã, pouco depois de *Marley* abandonar este seu hábito de saltar para cima das pessoas, acordei e vi que a minha mulher estava de volta. A minha Jenny, a mulher que eu amava e que se escondera naquela impenetrável nuvem de tristeza, voltara para mim. Tão depressa quanto se apoderara dela, a depressão pós-parto desvanecera-se. Era como se os seus demónios tivessem sido exorcizados. Desapareceram. Abençoadamente. Voltara a ser uma mulher forte, positiva, uma jovem mãe de dois filhos pequenos que não só dava conta do recado como o fazia de modo feliz e exemplar. *Marley* voltara a cair nas suas boas graças, estava de novo em terra firme. Com um bebé em cada braço, Jenny baixava-se para o beijar. Atirava-lhe paus para ele ir buscar e fazia-lhe caldos com o molho dos hambúrgueres. Dançava com ele pela sala quando passava uma boa canção na rádio. Às vezes, de noite, quando ele já estava mais calmo, dava com ela deitada no chão junto dele, a cabeça pousada no seu pescoço. Jenny estava de volta. Graças a Deus, estava de volta.

16

A AUDIÇÃO

Há coisas que são tão bizarras para serem verdade, mas são, por isso quando Jenny me ligou para o jornal a dizer que *Marley* ia fazer uma audição para um filme, percebi logo que ela não podia estar a inventar. Ainda assim, estava incrédulo.

— Uma quê? — perguntei.

— Um *casting*.

— O quê, um *casting* para um filme?

— Sim, para um filme, seu palerma — disse ela. — Uma longa-metragem.

— O *Marley*? Numa longa-metragem?

Continuámos nisto por um bocado enquanto eu tentava reconciliar a imagem do casmurro do nosso cão roedor de tábuas de engomar com a imagem de um ilustre sucessor do *Rin Tin Tin* galopando elegantemente através do ecrã para socorrer crianças indefesas de edifícios em chamas.

— O nosso *Marley*? — perguntei eu mais uma vez, só para ter a certeza.

Era verdade. Uma semana antes, o chefe de redacção de Jenny no *Palm Beach Post* telefonara a dizer que tinha uma amiga que precisava de nos pedir um favor. A amiga era uma fotógrafa chamada Colleen McGarr que fora contratada por uma produtora cinematográfica de Nova Iorque chamada Shooting Gallery para colaborar num filme que planeavam fazer em Lake Worth, a cidade imediatamente abaixo de nós. A missão de Colleen era encontrar um «lar típico do Sul da Florida» e fotografá-lo de alto a baixo — as prateleiras, os ímanes do frigorífico, os armários e tudo o mais — para ajudar os realizadores a tornar o filme o mais realista possível.

— A equipa de rodagem é cem por cento *gay* — explicou o chefe de redacção a Jenny. — Estão a tentar perceber como vivem os casais com filhos por estas bandas.

— Uma espécie de caso de estudo antropológico — disse Jenny.

— Exactamente.

— Claro que sim — concordou Jenny —, desde que eu não tenha de limpar a casa primeiro.

Colleen chegou e desatou a fotografar, não só os nossos pertences como a nós. A maneira como nos vestíamos, como nos penteávamos, como nos refastelávamos no sofá. Fotografou as escovas de dentes no lavatório. Fotografou os bebés nos seus berços. Bem como o característico cão eunuco do casal heterossexual. Ou pelo menos aquilo que ela conseguia apanhar de *Marley*. Como ela própria comentou:

— Ele é um bocado desfocado.

Marley não podia ter ficado mais entusiasmado por participar. Desde a invasão dos bebés que *Marley* procurava afecto onde quer que o pudesse encontrar. Colleen podia até sová-lo com um aguilhão para os bois; por *Marley*, estava tudo bem, contando que lhe dessem alguma atenção. Colleen, que adorava animais de grande porte, e não se deixava intimidar por banhos de saliva, dava-lhe atenção de sobra, ajoelhando-se no chão para lutar com ele.

Enquanto Colleen ia disparando, não pude deixar de pensar nas possibilidades que se prefiguravam. Não só estávamos a proporcionar matéria-prima antropológica aos cineastas como a sentir, nós próprios, o chamamento do *casting*. Ouvira dizer que a maioria dos actores secundários e dos extras para este filme iriam ser contratados localmente. E se o realizador descobrisse uma estrela natural entre os ímanes e os pósteres de arte da nossa cozinha? Já tinham acontecido coisas mais estranhas.

Eu estava mesmo a ver o realizador, que na minha imaginação era bastante parecido com Steven Spielberg, debruçado sobre uma grande mesa com centenas de fotografias espalhadas em cima. Via-o a atirá-las ao ar impacientemente e a resmungar: «Lixo! Lixo! Isto não serve.» Até que se detém numa única fotografia. Nela, via-se um heterossexual típico, austero mas sensível, ocupado com as suas obrigações de pai de família. O director finca o dedo vigorosamente na fotografia e grita aos seus assistentes: «Vão buscar-me este homem! Tenho de o ter no meu filme!» Quando finalmente me conseguem descobrir o rasto, começo por hesitar antes de consentir em aceitar o papel principal. *«The show must go on»*, no fim de contas.

Colleen agradeceu-nos por lhe abrirmos as portas da nossa casa e foi-se embora. Não nos deu razão nenhuma para pensar que ela ou mais alguém associado ao filme nos pudesse voltar a ligar. Tínhamos cumprido o nosso dever. Mas alguns dias depois, quando Jenny me telefonou para o jornal, dizendo:

— Acabei de falar ao telefone com a Colleen McGarr, e tu NÃO vais acreditar nisto —, eu já não tinha a menor dúvida de que finalmente tinha sido descoberto. Senti o coração acelerar.

— Continua — pedi.

— Disse-me que o realizador quer fazer um teste com o *Marley*.

— Com o *Marley*? — perguntei eu, com a certeza de não ter ouvido bem. Ela pareceu não reparar no desânimo da minha voz.

— Segundo parece, está à procura de um cão grande, estúpido e chanfrado para fazer de animal de estimação, e o *Marley* chamou-lhe a atenção.

— Chanfrado? — inquiri.

— É o que a Colleen diz que ele quer. Grande, estúpido e chanfrado.

Bem, não havia dúvida de que tinha vindo bater à porta certa.

— A Colleen não te disse se ele falou alguma coisa sobre mim? — perguntei eu.

— Não — confirmou Jenny. — Porquê?

Colleen veio buscar *Marley* no dia seguinte. Sabendo da importância de uma boa entrada em cena, apareceu a correr através da sala para a receber em plena força, detendo-se apenas para abocanhar a almofada mais próxima, pois nunca se sabe quando é que um realizador atarefado pode precisar de bater uma sesta rápida, e, se assim fosse, *Marley* queria estar pronto.

Quando atingiu o soalho, entrou em derrapagem e só parou ao embater na mesa do café, projectando-se pelo ar, chocando contra uma cadeira, caindo de costas no chão, rebolando, endireitando-se e colidindo de cabeça com as pernas de Colleen. Pelo menos não lhe saltou para cima, observei eu.

— Tem a certeza de que não lhe quer dar um sedativo? — perguntou Jenny.

O realizador queria vê-lo em estado natural, irrefreado, e não medicado, teimou Colleen, e lá foi ela com o nosso cão desesperadamernte feliz a seu lado na sua *pickup* vermelha.

Duas horas depois, Colleen e companhia estavam de volta com o veredicto: *Marley* tinha passado na audição.

— Oh, não brinques! — guinchou Jenny. — Não acredito! — A nossa excitação não foi minimamente refreada quando Colleen nos disse que *Marley* era o único cão disponível para o papel. Nem quando anunciou que este seria o único papel não remunerado do filme.

Eu perguntei-lhe como tinha corrido a audição.

— Enfiei o *Marley* no carro e foi como ir a conduzir num *jacuzzi* — disse ela. — Quando lá cheguei, estava encharcada.

Quando chegaram ao quartel-general da produtora no Hotel Gulfstream, um marco turístico de outros tempos, sobranceiro ao canal Intracosteiro, *Marley* impressionou desde logo a equipa ao saltar da carrinha e desatar a correr em trajectos aleatórios pelo parque de estacionamento como se estivesse à espera de um ataque aéreo a qualquer momento.

— Estava simplesmente frenético — contou ela —, completamente doido.

— Ele às vezes fica um bocado excitado — confirmei.

A certa altura, disse ela, *Marley* arrebatara o livro de cheques de um dos membros da equipa e fugira, ziguezagueando para trás e para a frente em direcção a sítio nenhum, aparentemente convicto de que seria essa a única maneira de lhe pagarem.

— Nós chamamos-lhe o nosso cão de fuga — desculpou-se Jenny com um daqueles sorrisos que só uma mãe orgulhosa sabe fazer.

Marley acalmou-se o suficiente para convencer toda a gente de que era capaz de desempenhar o papel, que consistia basicamente em ser igual a si próprio. O filme chamava-se *The Last Home Run*, uma fantasia basebolística em que um residente de um lar de setenta e nove anos se transforma num menino de doze durante cinco dias para viver o seu sonho de jogar na Liga Infantil de Basebol. *Marley* tinha sido contratado para fazer o papel do cão hiperactivo do treinador da Liga Infantil, desempenhado por Gary Carter, antigo jogador da liga profissional de basebol.

— Eles querem-no mesmo no filme? — perguntei eu, ainda incrédulo.

— Toda a gente o adorou — disse Colleen. — É perfeito.

Nos dias que antecederam as filmagens, notámos uma alteração subtil no comportamento de *Marley*. Tornara-se estranhamente calmo. Era como se o facto de ter passado na audição tivesse aumentado a sua autoconfiança. Tornara-se quase majestoso.

— Se calhar só precisava de alguém que acreditasse nele — disse eu a Jenny.

Se havia alguém que acreditava nele era ela, uma «mãe de estrela» extraordinária. Como se aproximava o primeiro dia de filmagens, Jenny deu-lhe um banho. Escovou-lhe o pêlo. Cortou-lhe as unhas e limpou-lhe a cera das orelhas.

Na manhã do primeiro dia de rodagem, ao sair do quarto, depararam-se-me Jenny e *Marley* a arrojarem-se pela sala engalfinhados, como que envolvidos numa luta de morte. Ela estava escarranchada nele a comprimir-lhe as costelas com as pernas e com uma mão a agarrar-lhe o cabo do estrangulador enquanto ele se sacudia e pinoteava. Era como ter um *rodeo* na minha própria sala.

— Que diabo estás tu a fazer? — perguntei.

— O que te parece? — ripostou ela. — A escovar-lhe os dentes!

Efectivamente, tinha uma escova de dentes na outra mão e estava a fazer os possíveis para lhe esfregar as enormes presas brancas, enquanto *Marley*, espumando prodigiosamente pela boca, fazia os possíveis para comer a escova de dentes. Parecia francamente enraivecido.

— Estás a usar pasta de dentes? — perguntei eu, o que conduzia inevitavelmente à grande questão: — E como tencionas fazer com que ele a deite fora?

— Bicarbonato de sódio — respondeu ela.

— Graças a Deus — disse eu. — Quer dizer então que não é raiva?

Daí a uma hora partimos para o Hotel Gulfstream, com os rapazes no banco detrás e *Marley* entre eles, arquejando com um hálito incaracteristicamente fresco. Tínhamos instruções para lá estar às nove da manhã, mas a um quarteirão do hotel, ficámos retidos no trânsito. Mais à frente a estrada estava bloqueada e havia um polícia a desviar o trânsito do hotel. As filmagens tinham sido exaustivamente acompanhadas pelos jornais — o maior evento a acordar Lake Worth do seu torpor desde que *Body Heat* aí fora filmado, quinze anos antes — e havia uma pequena multidão de espectadores espeçados a olhar. A polícia estava a manter toda a gente à distância. Nós progredimos lentamente no trânsito, e quando finalmente chegámos ao agente abri a janela e disse:

— Precisamos de passar.

— Ninguém pode passar — disse ele. — Vamos lá circular. Vamos lá.

— Nós estamos com a equipa de filmagem — respondi.

Ele olhou para nós cepticamente, um casal numa carrinha com dois bebés e um cão atrás.

— Eu disse para circular! — vociferou ele.

— O nosso cão entra no filme — disse eu.

Subitamente olhou para mim com renovado respeito.

— Vocês trazem o cão? — perguntou ele.

O cão vinha na sua lista de entradas.

— Trazemos o cão — confirmei —, o cão *Marley*.

— A fazer de si mesmo — acrescentou Jenny.

Ele voltou-se e soprou estridentemente no apito.

— Ele traz o cão — gritou ele a um polícia meio quarteirão mais abaixo. — O cão Marley!

E esse outro polícia gritou a mais alguém:

— Ele traz o cão! O cão *Marley* já chegou!

— Deixem-nos passar! — gritou um terceiro polícia mais ao longe.

— Deixem-nos passar! — ecoou o segundo polícia.

O agente afastou a barreira e fez-nos um gesto para avançar.

— Sempre em frente — disse ele delicadamente. Senti-me parte da realeza. Enquanto passávamos por ele ouvi-o repetir mais uma vez, como se tivesse dificuldade em acreditar: — Ele traz o cão.

No parque de estacionamento do hotel, a equipa de rodagem estava pronta para a acção. Havia um emaranhado de cabos sobre o asfalto, tripés montados com câmaras e microfones, luzes suspensas de andaimes, atrelados repletos de cabides de roupa. Duas grandes mesas com comida e bebidas tinham sido montadas à sombra para os actores e para a equipa. Pessoas de óculos escuros e ares importantes afadigavam-se a correr de um lado para o outro. O realizador Bob Grosse deu-nos as boas-vindas e resumiu-nos rapidamente a cena que se seguia. Era bastante simples. Uma carrinha encosta ao passeio, com a dona fictícia de *Marley*, desempenhada pela actriz Liza Harris ao volante. A sua filha, desempenhada por uma adolescente engraçada da escola de artes performativas local chamada Danielle, e o filho, outro jovem actor local que não teria mais de nove anos, estão na parte detrás com o cão da família, desempenhado por *Marley*. A filha abre a porta de correr e pula para fora; o irmão vem atrás com *Marley* pela trela. Os três afastam-se da câmara. Fim de cena.

— É bastante fácil — disse eu ao realizador. — Ele há-de dar conta do recado, sem problemas.

Puxei Marley para o lado e aguardei a dica para entrar na carrinha.

— *Okay*, pessoal, oiçam lá — disse Gosse dirigindo-se à equipa. — O cão é um bocado chanfrado, o*kay*? Mas desde que ele não nos assassine completamente a cena, vamos continuar a rodar.

Explicou-nos a sua ideia: *Marley* tinha de ser real — um cão de família típico — e o objectivo era captar o seu comportamento tal como aconteceria num passeio de família típico. Sem representação nem instruções; puro *cinema vérité*.

— Deixem-no fazer a cena dele — instruiu Gosse —, e joguem à volta dele.

Quando toda a gente estava pronta para partir, enfiei *Marley* na carrinha e entreguei a sua trela de *nylon* ao rapazinho, que parecia aterrorizado com o cão.

— Ele não faz mal — disse eu. — Só te vai é querer lamber. Estás a ver? — Cerrei o punho na boca de Marley para ele ver.

Take um: A carrinha encosta ao passeio. Assim que a filha abre a porta de correr, uma mancha amarela sai disparada como uma bola de pêlo gigante da boca de um canhão e passa como um borrão através das câmaras com uma trela vermelha atrás.

— Corta!

Persegui *Marley* pelo parque de estacionamento e arrastei-o de volta.

— *Okay*, pessoal, vamos tentar outra vez — disse Gosse. Depois disse gentilmente ao rapaz: — O cão é um bocado doido. Tenta segurá-lo com mais força desta vez.

Take dois: A carrinha encosta ao passeio. A porta abre--se. A filha está a começar a sair quando *Marley* irrompe em cena e passa por ela de um pulo, desta vez arrastando o rapazinho esmaecido no rosto e nos nós dos dedos.

— Corta!

Take três: A carrinha estaciona. A porta abre-se. A filha sai. O rapaz sai, segurando a trela. Quando se afasta da carrinha a trela vai-se esticando, retesando-se cada vez mais, mas não aparece cão nenhum. O rapaz começa a sacudi-la, a erguê--la e a puxá-la. Ele inclina-se para ela e dá-lhe tudo o que tem. Nem um movimento. Sucedem-se vários segundos demorados e penosamente vãos. O rapaz faz uma careta e volta-se novamente para a câmara.

— Corta!

Espreitei para dentro da carrinha e deparou-se-me *Marley* a lamber-se onde não seria suposto que macho algum se lambesse. Ele olhou para mim como que dizendo: *não vês que eu estou ocupado?*

Take quatro: Enfio *Marley* na carrinha com o rapaz e fecho a porta. Antes de gritar «acção!», Gosse faz uma pausa de alguns minutos para conferenciar com os seus assistentes.

Por fim, a cena tem início. A carrinha encosta ao passeio. A porta abre-se. A filha sai. O rapaz sai, por sua vez, mas com um ar desconsolado. Olha directamente para a câmara e levanta o braço. Pendendo da sua mão está metade da trela, a ponta esfiapada e molhada de saliva.

— Corta! Corta! Corta!

O rapaz explicou que enquanto esperava na carrinha *Marley* começou a roer a trela sem parar. A equipa e os actores ficaram a olhar para a trela destruída incrédulos, com um misto de horror e espanto estampados no rosto como se tivessem acabado de presenciar uma qualquer força da natureza, grande e misteriosa. Pela minha parte, não fiquei minimamente surpreendido. *Marley* já me tinha obrigado a mandar tantas trelas e cordas para o lixo que lhes perdera a conta; chegara mesmo a roer um cabo de aço revestido de borracha que vinha anunciado como «usado na indústria aeronáutica». Pouco depois de Conor nascer, Jenny chegou a casa com o material novo, um arreio de viagem para cães que permitia prender *Marley* ao banco do carro para que ele não andasse às voltas no interior do veículo em andamento. Ao fim de noventa segundos de uso do novo dispositivo, *Marley* conseguiu libertar-se, roendo não só o cabo propriamente dito como a tira do cinto de segurança da nossa carrinha nova em folha.

— *Okay*, pessoal, vamos fazer uma pausa! — anunciou Gosse. Voltando-se para mim, perguntou, numa voz assombrosamente calma:

— Quanto tempo leva a encontrar uma trela nova?

Não precisava de me dizer quanto lhe custava cada minuto ali parado com toda a equipa e o seu interminável elenco de actores.

— Há uma loja de animais a menos de um quilómetro daqui — disse eu. — Consigo voltar daqui a um quarto de hora.

— E desta vez arranje qualquer coisa que ele não consiga roer — pediu-me ele.

Eu regressei com uma corrente pesada de ferro que mais parecia servir para prender um leão, e as filmagens prosseguiram, numa nova sucessão de *takes* falhados. Cada cena era pior do que a anterior. A certa altura, Danielle, a actriz adolescente, soltou um grito desesperado a meio da cena e gritou com verdadeiro horror na voz:

— Oh meu Deus! Ele tem a coisa de fora!

— Corta!

Noutra cena, *Marley* estava a resfolegar tão alto aos pés de Danielle enquanto ela falava ao telefone com o seu partido amoroso que o engenheiro de som sacou os auscultadores para fora, agastado, e queixou-se em voz alta:

— Não consigo ouvir uma palavra do que ela está dizer. A única coisa que se ouve é uma respiração pesada. Parece uma cena porno.

— Corta!

E assim se passou um dia de filmagens. *Marley* foi um perfeito desastre, sem redenção possível. Parte de mim estava na defensiva — *também, de borla, estavam à espera de quê? Do Benji, não?* — e outra parte mortificada. Eu ia lançando olhares furtivos e embaraçados à equipa e conseguia ler claramente os seus semblantes: *como veio este animal aqui parar e como o podemos pôr a andar daqui?* Ao final do primeiro dia, um dos assistentes, de prancheta na mão, informou-nos de que o elenco de rodagem da manhã seguinte ainda estava por decidir.

— Escusam de vir amanhã — disse ele. — Nós telefonamos se precisarmos do *Marley*. E para assegurar que não houvesse mal-entendidos, repetiu: — Por isso, a menos que tenham notícias nossas, não apareçam. Está claro?

Oh, sim, claro como a água. Gosse tinha enviado o seu subalterno para fazer o trabalho sujo. A incipiente carreira de *Marley* como actor chegara ao fim. Não que eu pudesse censurá-los. Com a possível excepção daquela cena de *Os Dez*

Mandamentos em que Charlton Heston divide as águas do mar Vermelho, *Marley* provocara o maior pesadelo logístico da história do cinema. Causara prejuízos de sabe Deus quantos milhares de dólares em demoras desnecessárias e película. Tinha babado um sem-número de fatos, assaltado a mesa de comes e bebes, e por pouco não derrubara uma câmara de milhares de dólares. Estavam a cortar nas despesas, dispensando os nossos serviços. Era a velha fórmula: «Não nos telefonem que nós ligamos.»

— *Marley* — disse eu quando chegámos a casa —, desperdiçaste a grande oportunidade da tua vida.

Na manhã seguinte ainda eu estava a lamentar o fim dos nossos sonhos de estrelato quando o telefone tocou. Era o assistente, dizendo-nos para levar *Marley* para o hotel o mais depressa possível.

— Quer dizer que o querem de volta? — perguntei.

— De imediato — disse ele. — O Bob quer o cão na próxima cena.

Cheguei passado meia hora, ainda sem acreditar bem que eles nos tivessem voltado a chamar. Gosse estava efervescente. Tinha visto o filme integral da véspera e não podia estar mais feliz.

— O cão estava histérico! — exclamou ele. — Hilariante. Puro génio excêntrico!

Eu sentia-me a crescer, o peito a inchar.

— Sempre soubemos que ele era um sobredotado — disse Jenny.

As filmagens continuaram à volta de Lake Worth durante mais alguns dias, e *Marley* continuou a revelar-se à altura dos acontecimentos. Nós continuámos a vaguear pelos bastidores com os outros pais e mirones, a conversar, a socializar e a quedarmo-nos abruptamente em silêncio sempre que o assistente gritava: «Tudo a postos para filmar!» Quando a palavra «corta!»

ressoava, prosseguia a festa. Jenny conseguiu mesmo levar Gary Carter e Dave Winfield, a estrela do Baseball Hall of Fame, a assinar duas bolas de basebol para os miúdos.

Marley rejubilava com o estrelato. A equipa, especialmente as mulheres, cobria-o de festas e atenções. O tempo estava brutalmente quente, e um dos assistentes foi especialmente designado para o seguir por todo o lado com uma garrafa de água fresca, dando-lhe de beber a seu bel-prazer. Toda a gente, ao que parecia, lhe oferecia bocados de comida debaixo da mesa do bufê. Eu deixava-o com a equipa por umas duas ou três horas para ir picar o ponto ao jornal, e quando voltava encontrava-o espreguiçado no chão como o Rei Tut, patas no ar, aceitando indulgentemente uma festa na barriga da esplendorosa artista da maquilhagem.

— É um amante e tanto! — murmurou ela.

O estrelato também me começava a subir à cabeça. Comecei por me apresentar como «treinador do cão *Marley*» e fui deixando escapar tiradas como esta: «Para o próximo filme, estamos a preparar uma cena de latidos.» Num intervalo das filmagens, fui à cabina telefónica no átrio do hotel. *Marley* andava sem trela a farejar a mobília a alguns metros de distância. Um porteiro, tomando-o por um cão vadio, foi ter com ele e tentou enxotá-lo para uma porta lateral.

— Vai para casa! — ralhou ele. — Xó!

— Desculpe — disse eu, tapando a boca do telefone com a mão e fitando o porteiro com o olhar mais demolidor que consegui fazer. — Faz alguma ideia com quem está a falar?

Permanecemos nas filmagens durante quatro dias seguidos, e quando nos disseram que as cenas de *Marley* estavam todas prontas e que os seus serviços já não eram necessários, Jenny e eu sentimos que já fazíamos parte da família da Shooting Gallery. Os únicos membros não remunerados da família, é certo, mas membros mesmo assim.

— Nós adoramo-vos, pessoal! — deixou escapar Jenny alto e bom som enquanto arrebanhávamos *Marley* para dentro da carrinha. — Mal posso esperar para ver a montagem final!

Mas bem tivemos de esperar. Um dos produtores disse--nos para lhes darmos oito meses e depois telefonarmos que eles enviavam-nos uma cópia adiantada. Passados oito meses, porém, quando liguei, fui posto em espera por uma secretária que regressou vários minutos depois a dizer: «Porque não volta a tentar daqui por mais alguns meses?» Eu esperei e tentei, tentei, tentei, mas despachavam-me em três tempos. Comecei a sentir-me um perseguidor, e já imaginava a recepcionista a tapar o telefone com a mão e a sussurrar a Gosse, debruçado sobre a mesa de montagem: «É aquele maluco do cão novamente. O que quer que eu lhe diga desta vez?»

Até que deixei de telefonar, resignado ao facto de que jamais nos seria dado ver *The Last Home Run*, nem a nós nem a ninguém, pois estava absolutamente convencido de que o projecto tinha sido abandonado na sala de montagem devido aos problemas inultrapassáveis que se levantavam para eliminar o maldito cão de todas as cenas. Seriam precisos dois anos completos até me ser dada a oportunidade de apreciar os dotes de representação de *Marley*.

Estava no videoclube quando, num capricho, perguntei ao empregado se me sabia dizer alguma coisa sobre um filme chamado *The Last Home Run*. Não só sabia como o tinha em *stock*. Em boa verdade, não fora requisitada uma única cópia.

Só mais tarde vim a descobrir a história toda. Incapaz de atrair um distribuidor nacional, a Shooting Gallery não teve outro remédio senão condenar o início de carreira de *Marley* ao ignóbil estatuto dos celulóides. *The Last Home Run* tinha passado directamente a vídeo. Mas eu não me ralei. Corri para casa com um exemplar e gritei a Jenny e aos miúdos para se reunirem frente ao vídeo. Ao todo, *Marley* aparecia em cena menos de dois minutos, mas tive de admitir que eram dois dos minutos mais animados do filme. Rimos e rimos! Gritámos! Aplaudimos!

— *Uadi, é tu*! — gritava Conor.

— Somos famosos! — gritava Patrick.

Marley, pouco dado a bazófias, parecia pouco impressionado. Bocejou e arrojou-se por baixo da mesa de café. Quando começou a passar a ficha técnica já ele ressonava profundamente. Nós esperámos, sustendo a respiração quando os nomes dos actores da família bípede acabaram de desfilar. Por momentos, pensei que o nosso cão tão-pouco merecesse ser mencionado. Até que lá estava o nome dele, em letras grandes a toda a largura do ecrã para toda a gente ver: «Cão *Marley*... Como ele mesmo.»

17

NA TERRA DE BOCAHONTAS

Um mês depois de as filmagens de *The Last Home Run* acabarem, dissemos adeus a West Palm Beach e a todas as memórias que dali guardávamos. Tinha havido mais dois assassínios a um quarteirão de nossa casa, mas acabou por ser a confusão e a falta de espaço, e não o crime, que nos levaram a sair do nosso pequeno bangaló em Churchill Road. Com duas crianças e todos os apetrechos que gravitavam à volta delas, estávamos literalmente atolados em tralha. A casa assumira aquele tom estranho e característico das lojas de brinquedos. *Marley* pesava quarenta e três quilos e não se podia virar sem atirar qualquer coisa ao chão. A nossa casa tinha dois quartos, e nós incorrêramos na estupidez de pensar que os rapazes podiam partilhar o mesmo quarto. Mas quando eles começaram a acordar-se um ao outro, redobrando as nossas aventuras nocturnas, mudámos Conor para um espaço exíguo que ficava entre a cozinha e a garagem. Oficialmente, era o meu «escritório», onde tocava guitarra e fazia contas. Quem olhasse para ele com olhos de ver, porém, veria que não havia como fantasiá-lo: tínhamos levado o nosso bebé para o saguão. Soava horrivelmente mal. Havia um saguão a meio palmo de uma garagem, que, por sua vez, era praticamente equivalente a um estábulo. E que espécie de pais seriam capazes de criar o seu filho num estábulo?

Um saguão parecia ter um carácter algo inseguro: um sítio aberto ao vento — e a qualquer outra coisa que por lá pudesse passar. Sujidade, alergénicos, insectos picadores, morcegos, criminosos, tarados. Um saguão era o sítio onde se esperaria encontrar caixotes do lixo e ténis molhados. E na verdade era o sítio onde guardávamos as taças de água e comida de *Marley*, mesmo depois de Conor lá ter passado a residir, não só por parecer ser um sítio apropriado para um animal, mas porque era lá que *Marley* contava que elas estivessem.

O nosso quartinho-de-bebé-no-saguão tinha um ar um pouco dickensiano, mas a verdade é que não era assim tão mau. Chegava a ser encantador. Originalmente, fora construído como uma passagem coberta ao ar livre entre a casa e a garagem, e os anteriores donos tinham-na fechado anos antes. Antes de o inaugurar como quartinho-de-bebé, substituí as velhas venezianas mal vedadas por janelas modernas, bem calafetadas. Instalei persianas novas e apliquei uma camada de tinta fresca. Jenny cobriu o chão de tapetes macios, pendurou desenhos alegres nas paredes e pôs penduricalhos no tecto. Mesmo assim, que dizer? O nosso filho estava a dormir no saguão, ao passo que o nosso cão tinha pleno domínio do quarto principal.

Para além disso, Jenny estava agora a trabalhar parcialmente na secção das breves e essencialmente a partir de casa, tentando conciliar os filhos e a carreira. Fazia todo o sentido mudarmo-nos para mais perto do meu jornal. Concordámos que era altura de o fazer.

A vida é cheia de pequenas ironias, e uma delas foi o facto de, após meses de buscas, nos termos instalado na cidade do Sul da Florida que eu mais me comprazia em ridicularizar publicamente. Esse lugar chamava-se Boca Raton, que traduzido do espanhol significa literalmente «Boca da Ratazana». E que boca que ela tinha.

Boca Raton era um bastião republicano de gente abastada, na sua maioria recentemente chegada de Nova Jérsia e

Nova Iorque. A maioria do dinheiro da cidade era dinheiro novo, e a maior parte daqueles que o tinham não sabia como gozá-lo sem fazer figuras tristes. Boca Raton era uma zona de carros de luxo, descapotáveis vermelhos e mansões de estuque cor-de-rosa atravancadas entre quarteirões postaleiros e urbanizações muradas e divididas com guardas à porta. Os homens privilegiavam as calças de linho e sapatinhos italianos sem meias e passavam a maior parte do tempo a fazer telefonemas aparentemente importantíssimos ao telemóvel. As mulheres andavam bronzeadas até atingirem o tom das suas carteiras *Gucci* de pele, as suas peles lustrosas realçadas pelos cabelos tingidos em tonalidades alarmantes de prata e platina.

A cidade pululava de cirurgiões plásticos e eram eles que tinham as melhores casas e os sorrisos mais radiosos de todos. Para as mulheres bem preservadas de Boca, os implantes de seios eram como que um pré-requisito de residência. As mulheres mais novas tinham todas mamas magnificamente trabalhadas; as mulheres mais velhas tinham todas mamas magnificamente trabalhadas e *lifts* faciais. Modelagem de traseiros, correcções do nariz, de *refegos* na barriga e tatuagens completavam o leque de operações cosméticas à disposição da população feminina da cidade, conferindo-lhe a estranha aparência de soldados de um exército de bonecas insufláveis anatomicamente perfeitas. Como eu costumava cantar numa canção que escrevi para uma peça satírica do jornal: «Lipossucção e silicone nas mamas, os melhores amigos da mulher em Boca de Ratazanas.»

Tinha andado a escarnecer do estilo de vida em Boca na minha coluna no jornal, a começar pelo próprio nome. Na verdade, os residentes de Boca Raton nunca chamavam à cidade Boca Raton. Referiam-se-lhe simplesmente como «Boca». E não pronunciavam o nome como mandava o dicionário, com um O longo, isto é, BO-ca. Em vez disso davam-lhe uma inflexão suave, nasalada e levemente matizada pelo sotaque de Nova Jérsia.

Era BOOU-ca!, como em «oh, estas sebes tão bem arranjadas são uma loou-cura aqui em BOOU-ca!»

O filme *Pocahontas*, da Disney, estava em exibição nos cinemas nessa altura, e eu lancei-me numa versão pirateada do tema da princesa índia, que intitulei *Bocahontas*. A minha protagonista de vestes douradas era uma princesa suburbana indígena ao volante de um *BMW* cor-de-rosa, os seus seios realçados e duros como pedra a ressaltar sobre o volante, permitindo-lhe guiar sem mãos e assim falar ao telemóvel e ajeitar o cabelo frisado no espelho retrovisor, acelerando a caminho da sala de bronzeamento. Bocahontas vivia numa cabana índia em tons pastel, treinava todas as manhãs no ginásio da tribo — mas só se conseguisse arranjar estacionamento a menos de quatro metros da porta de entrada — e passava as tardes a caçar peles, cartão de crédito de confiança na mão, nos terrenos cerimoniais de caça conhecidos como zona comercial.

«Enterrar o meu Visa em Mizner Park», entoa Bocahontas solenemente numa das minhas colunas, numa referência à faixa de compras mais chique da cidade. Numa outra, ajeita o seu *wonderbra* de camurça e manifesta-se pela dedução da cirurgia plástica no IRS.

A minha caricatura era cruel. Impiedosa. E apenas um tudo-nada exagerada. As Bocahontas de carne e osso de Boca eram as maiores fãs dessas colunas, tentando descobrir qual delas tinha inspirado a minha heroína ficcional. (Jamais direi.) Era frequentemente convidado para falar na presença de grupos sociais e comunitários e havia invariavelmente alguém que se levantava e me perguntava: «Porque odeia BOOU-ca assim tanto?» Não era que eu detestasse Boca, explicava eu; simplesmente, adorava uma boa comédia. E não havia sítio nenhum no mundo inteiro que ma proporcionasse como o cor-de-rosa-choque da Boca da Ratazana.

Assim fazia todo o sentido que, quando Jenny e eu finalmente nos decidimos por uma casa, esta se situasse no cerne da experiência de Boca, a meio caminho entre as propriedades costeiras de Boca Raton oriental e as comunidades finas e muradas de Boca Raton ocidental (que, comprazia-me eu em chamar a atenção dos residentes muito ciosos do seu código postal, ficava para lá dos limites da cidade numa zona não incorporada no condado de Palm Beach). O nosso bairro novo ficava numa das poucas zonas de classe média da cidade, e os seus residentes gostavam de gracejar com um certo snobismo às avessas que estavam no lado errado de ambas as linhas. Efectivamente, havia duas linhas de caminho-de-ferro, uma delimitando a fronteira oriental do bairro e outra o limite ocidental. À noite ouviam-se os comboios de mercadorias a passar a caminho ou vindos de Miami.

— Estás louca? — disse eu a Jenny. — Não podemos ir para Boca! Corriam logo comigo. Acabava com a cabeça numa bandeja com salada orgânica.

— Oh, anda lá — pediu ela. — Estás a exagerar outra vez.

O meu jornal, o *Sun-Sentinel*, era o mais lido em Boca Raton, ultrapassando de longe o *Miami Herald*, o *Palm Beach Post* ou mesmo o *Boca Raton News*. O meu trabalho era largamente acompanhado na cidade, bem como nas suas urbanizações ocidentais, e como a minha fotografia aparecia por cima da minha coluna, era frequentemente reconhecido. Não achava nada que estivesse a exagerar.

— Vão esfolar-me vivo e pendurar o meu cadáver em frente da Tifany's — disse eu.

Mas já há meses que andávamos à procura, e esta era a primeira casa que ia ao encontro dos nossos critérios. Tinha o tamanho certo, o preço certo e a localização certa, estrategicamente situada entre os dois gabinetes por onde eu repartia as minhas horas de trabalho. As escolas públicas eram as melhores que se podiam encontrar no Sul da Florida, e, apesar de todas as suas superficialidades, Boca Raton tinha um excelente

sistema de parques, incluindo algumas das praias mais imacu-
ladas da área metropolitana de Miami-Palm Beach. Embora bastante receoso, concordei em avançar com a compra. Sentia-me
como um agente não-tão-secreto-assim infiltrado no acampamento do inimigo. O bárbaro estava prestes a transpor o portão, um detractor incontrito de Boca a rebentar no coração da
cidade. Como censurá-los por não me quererem lá?

Ao princípio, quando chegámos, caminhava de modo furtivo e constrangido pela cidade, convencido de que todos os
olhares recaíam sobre mim. Ardiam-me as orelhas, imaginando
as pessoas a sussurrar entre si quando eu ia a passar. Depois de
escrever uma coluna a dar as boas-vindas a mim mesmo ao
bairro (e a engolir uma boa quantidade de sapos pelo caminho),
recebi uma série de cartas dizendo coisas como «Primeiro insulta
a nossa cidade e agora quer vir para cá viver? Que hipocrisia
sem vergonha!» Tinha de admitir que não deixavam de ter
alguma razão. Um defensor fervoroso da cidade que eu conhecia do jornal mal podia esperar para me confrontar.

— Com que então — disse ele radiante —, afinal parece
ter chegado à conclusão de que a cidade repugnante não é um
sítio assim tão mau, hem? Os parques, o nível dos impostos,
as escolas, as praias, o plano municipal, enfim, nada disso é
assim tão mau quando chega a hora de comprar uma casa,
pois não?

Não tive outro remédio senão dar-me por vencido. Não
tardei a descobrir, porém, que a maioria dos meus vizinhos aqui
no lado errado de ambas as linhas até simpatizavam com as
minhas tiradas cáusticas contra aquilo que um deles chamou
«as pessoas vulgares e sem tacto que vivem entre nós». Não tardei a sentir-me em casa.

A nossa casa era uma fazenda dos anos setenta de quatro quartos com o dobro da área mas sem o *charme* da nossa

antiga casa. Mas tinha o seu potencial, e a pouco e pouco fomos-
-lhe imprimindo a nossa marca. Arrancámos a alcatifa de parede
a parede e instalámos um chão de madeira de carvalho na sala
de estar e azulejos italianos no resto da casa. Substituímos as
horríveis portas de correr envidraçadas por portas francesas
envernizadas, e a pouco e pouco fui transformando o desolado
pátio da frente num jardim tropical com gengibres, helicónias
e passifloras onde borboletas e transeuntes se detinham para
nele mergulharem, inebriados.

As duas melhores características da nossa casa nova não
tinham nada a ver com a casa propriamente dita. A partir da
janela da nossa sala via-se um pequeno parque municipal cheio
de equipamento de recreio infantil encimado por pinheiros
gigantes. Os miúdos adoravam-no. E no pátio das traseiras,
mesmo por trás das nossas portas francesas novas, ficava uma
piscina interior. Nós não queríamos uma piscina, temendo o
risco para os nossos dois meninos, e o nosso agente imobiliário
empalideceu quando Jenny lhe sugeriu que a tapassem. O nosso
primeiro acto no dia em que nos mudámos foi cercar a piscina
com uma vedação com mais de um metro de altura, digna de
uma prisão de alta segurança. Os miúdos — Patrick tinha acabado de fazer três anos e Conor dezoito meses quando nos instalámos — andavam dentro de água como um par de golfinhos.
O parque tornou-se uma extensão do nosso pátio e a piscina
uma extensão daquela meia estação que nós tanto apreciáva-
mos. Uma piscina na Florida, percebemos depois, fazia a diferença entre mal conseguirmos suportar os meses tórridos do
Verão e acabarmos por apreciá-los.

Ninguém gostava tanto da piscina do pátio das traseiras
como o nosso cão, esse orgulhoso descendente dos *retrievers*
dos pescadores que outrora se aventuravam nos mares revoltos
da Terra Nova. Se o portão da piscina estivesse aberto, *Marley*
atirava-se para a água, ganhando balanço desde a sala de estar,
saindo em voo através das portas francesas abertas para, com

um único ressalto no pátio, mergulhar na piscina de chapão, lançando um géiser pelo ar e ondas de água borda fora. Nadar com *Marley* era uma aventura potencialmente mortal, um pouco como nadar ao lado de um transatlântico. Lançava-se sobre nós a toda a velocidade, as patas a pedalar à sua frente. Uma pessoa esperava que ele acabasse por desviar-se no último momento, mas ele abalroava-nos e tentava subir a bordo. Se uma pessoa estivesse sem pé, empurrava-nos para debaixo de água. «O que tu julgas que eu sou, uma doca?», perguntava eu, e agarrava-o com os braços, deixando-o recobrar o fôlego, enquanto ele continuava a dar às patas da frente em piloto automático ao mesmo tempo que me lambia a cara.

Uma das coisas que a nossa casa nova não tinha era um búnquer à prova de *Marley*. Na nossa antiga casa, a garagem de betão era praticamente indestrutível e tinha duas janelas, o que a tornava sofrivelmente confortável, mesmo no pino do Verão. A nossa casa em Boca tinha uma garagem maior, mas imprópria para alojar *Marley* ou qualquer criatura que não conseguisse sobreviver a temperaturas acima dos sessenta e cinco graus centígrados. A garagem não tinha janelas e era quente como uma estufa. Para além disso, as paredes não eram rebocadas a cimento mas sim de gesso acartonado, que *Marley* já se tinha mostrado bastante amigo de desfazer em pó. Os seus ataques de pânico induzidos pela trovoada estavam-se a tornar cada vez piores, apesar dos tranquilizantes.

Da primeira vez que o deixámos sozinho na nossa casa nova, trancámo-lo no quarto da roupa, uma pequena divisão contígua à cozinha, com um cobertor e uma grande taça de água. Quando regressámos algumas horas depois, vimos a porta arranhada. O estrago era de somenos, mas nós tínhamos hipotecado as nossas vidas para os próximos trinta anos para comprar esta casa, e sabíamos que isto não augurava nada de bom.

— Talvez ele se esteja só a aclimatar — sugeri eu.

— Não há sequer uma nuvem no céu — observou Jenny cepticamente. — O que irá acontecer se rebentar uma tempestade?

Quando o deixámos sozinho pela segunda vez, ficámos a saber. Antes que a trovoada começasse a cair, abreviámos a nossa saída e corremos para casa, mas era tarde de mais. Jenny ia alguns passos à minha frente, e quando abriu a porta do quarto da roupa, estacou e exclamou:

— Oh meu Deus. — Disse-o como se tivesse descoberto um cadáver suspenso do candeeiro. E mais uma vez: — Oh... Meu... Deus.

Eu espreitei-lhe por cima do ombro, e foi pior do que eu temia. *Marley* estava ali especado, arfando freneticamente, boca e patas a sangrar. Havia pêlo solto por todo o lado, como se a trovoada lhe tivesse arrancado o pêlo do casaco. Os estragos eram piores do que tudo o que ele alguma vez fizera, o que não é dizer pouco. Havia uma parede inteira descascada, escavada até aos pilares. Havia lascas de madeira e gesso e unhas retorcidas por todo o lado. Os fios da electricidade estavam de fora. O chão estava manchado de sangue, bem como as paredes. Parecia, literalmente, a cena de um homicídio.

— Oh, meu Deus — disse Jenny pela terceira vez.

— Oh, meu Deus — repeti eu. Era tudo o que conseguíamos dizer. Ao fim de vários segundos especados em silêncio, só a olhar para a carnificina, acabei por dizer: — *Okay*, podemos remediar isto facilmente. Não há aqui nada que não se possa consertar. — Jenny dardejou-me com aquele seu olhar; os meus consertos já ela conhecia bem. — Vou mandar chamar um tipo que trabalhe em paredes, mandá-la arranjar por um profissional — disse eu. — Nem sequer me vou tentar meter a fazer isto sozinho.

Peguei em *Marley* e enfiei-lhe um tranquilizante pela goela a baixo e fiquei secretamente receoso de que este seu último arroubo destrutivo pudesse reconduzir Jenny ao estado de pavor em que mergulhara depois do nascimento de Conor. Essas crises, porém, eram já águas passadas. Reagiu de forma surpreendentemente filosófica.

— Umas centenas de dólares e pomos isto como novo — murmurou.

— Era o que eu estava a pensar — disse eu. — Vou fazer mais algumas palestras para arranjar algum dinheiro para pagar isto.

Daí a poucos minutos, *Marley* começou a acalmar. Ficou com as pálpebras pesadas e os olhos injectados de sangue, como sempre acontecia quando estava drunfado. Parecia que estava num concerto dos Grateful Dead. Eu detestava vê-lo assim, sempre detestara, e tentava sempre resistir a dar-lhe os comprimidos, mas os sedativos ajudavam-no a ultrapassar o terror e a ameaça mortal que existia apenas na sua cabeça. Fosse ele humano, e não teria dúvidas em catalogá-lo de psicótico. Tornava-se delusório, paranóico, convencido de que uma força negra e maligna iria descer dos céus para o levar. Enroscou-se no tapete frente à pia da cozinha e soltou um longo suspiro. Eu ajoelhei-me ao seu lado e bati-lhe ao de leve no pêlo ensanguentado.

— Credo, *Marley* — disse eu. — O que andas tu a fazer a ti mesmo? — Sem levantar a cabeça, olhou para mim com aqueles seus olhos injectados e drunfados, os olhos mais tristes e pesarosos que eu alguma vez tinha visto, e limitou-se a olhar para mim. Era como se me estivesse a tentar dizer qualquer coisa, qualquer coisa de importante que precisava que eu entendesse. — Eu sei — disse eu. — Eu sei que é mais forte do que tu.

No dia seguinte, Jenny e eu levámos os miúdos à loja dos animais e comprámos uma jaula gigante. Havia-as de todos os tamanhos e feitios, e quando descrevi *Marley* ao empregado,

ele indicou-nos a maior delas todas. Era enorme, suficientemente grande para um leão se poder levantar e andar às voltas
lá dentro. Feita a partir de pesadas barras de aço, tinha duas
barras de correr trancadas com parafusos para manter a porta
bem fechada e uma pesada chapa metálica como chão. Esta era
a nossa resposta, a nossa Alcatraz portátil. Conor e Patrick tre-
param os dois lá para dentro e fizeram deslizar as trancas, ficando
momentaneamente enjaulados.

— Então, meninos, que tal? — perguntei. — Acham que
isto vai deter o nosso supercão?

Conor vacilou à porta da jaula, enfiando os dedos entre
as barras como um recluso veterano, e disse:

— Mim na cadeia!

— O *Uadi* vai ser o nosso prisioneiro! — exclamou Patrick,
deliciado com a ideia.

Já em casa, montámos a armação junto à máquina de
lavar. A nossa Alcatraz portátil ocupava quase metade do quarto
da roupa.

— Anda cá, *Marley*! — chamei eu, depois de a ter completamente montada. Atirei um biscoito *Milkbone* lá para dentro e ele pulou alegremente para o ir buscar. Fechei-lhe a porta
nas costas e tranquei-a, e ele ficou lá dentro a saborear a sua
guloseima, indiferente à nova etapa da sua vida que acabava de
inaugurar, essa experiência conhecida nos círculos de saúde
mental como «confinamento involuntário».

— Esta vai ser a tua nova casa enquanto nós estivermos
fora — disse eu jovialmente.

Marley deixou-se ficar de bom grado, ofegante e contente, sem o mais leve sinal de preocupação no focinho. Depois
deitou-se e soltou um longo suspiro.

— Bom sinal — disse Jenny. — Muito bom sinal.

Nessa noite decidimos fazer um teste rápido à nossa unidade de confinamento canino de alta segurança. Desta vez nem
sequer precisei de um biscoito para o convencer a entrar. Bas-

tou abrir o portão, dei-lhe um assobio, e ele entrou logo, a cauda a martelar na estrutura metálica.

— Porta-te bem, *Marley* — ordenei. Enquanto enfiáva-mos os miúdos na carrinha para irmos jantar fora, Jenny vol-tou-se para mim e disse-me:

— Sabes uma coisa?

— O quê? — perguntei.

— Desde que temos o *Marley*, é a primeira vez que o deixo sozinho em casa sem sentir um buraco no estômago — disse ela. — Só agora é que me apercebo de como ele me dei-xava os nervos em franja.

— Compreendo-te — afirmei. — Era sempre uma lota-ria: «O que irá o nosso cão destruir desta vez?»

— Tipo: «Qual será o preço a pagar por esta ida ao cine-ma?»

— Era uma verdadeira roleta-russa.

— Acho que esta jaula foi o melhor investimento que fizemos — disse ela.

— Já devíamos ter feito isto há muito tempo — concor-dei. — A paz de espírito não tem preço.

Jantámos lindamente e a seguir fomos dar um passeio na praia ao pôr do Sol. Os miúdos chapinharam na espuma à beira--mar, correram atrás das gaivotas, atiraram mãos-cheias de areia para a água. Jenny estava anormalmente descontraída. O sim-ples facto de saber que *Marley* estava a salvo e em segurança em Alcatraz, sem se poder magoar ou fazer asneiras, era um bálsamo em si mesmo.

— Que belo passeio este — disse ela enquanto subíamos o passeio em direcção a casa.

Estava eu prestes a manifestar a minha concordância quando reparei em algo na minha visão periférica, alguma coisa mais à frente que não estava bem. Voltei a cabeça e olhei para a janela ao lado da porta de entrada. As persianas estavam fecha-das, como sempre quando saíamos de casa. Mas a cerca de um palmo do parapeito da janela, as lâminas da persiana estavam dobradas e havia qualquer coisa que se introduzira entre elas. Uma coisa preta. E molhada. E encostada ao vidro.

— Mas que ... ? — inquiri eu. — Como pode... *Marley*?

Quando abri a porta da frente, claro, lá estava a nossa comitiva de boas-vindas de um só cão, a abanar-se pelos quatro cantos do vestíbulo, não cabendo em si de contente de nos ver novamente em casa. Nós demos uma volta pela casa, verificando todos os quartos e roupeiros em busca de sinais da aventura não vigiada de *Marley*. A casa estava toda em ordem, intocada. Convergimos para o quarto da roupa. A porta da jaula estava escancarada, como a pedra do túmulo de Jesus na manhã de Páscoa. Era como se um cúmplice secreto tivesse entrado em nossa casa para libertar o nosso companheiro. Eu agachei--me ao lado da jaula para dar uma olhada. As duas barras com trincos de segurança estavam puxadas para trás na posição de abrir, e ... o que era uma pista significativa ... lavadas em saliva.

— Parece um trabalho interno — disse eu. — Parece que aqui o nosso Houdini se conseguiu lamber da jaula para fora.

— Não acredito nisto — disse Jenny. Depois proferiu uma palavra que, para meu alívio, as crianças não estavam suficientemente perto para ouvir.

Sempre imagináramos *Marley* burro que nem uma porta, mas a verdade é que tinha sido suficientemente esperto para descortinar como usar a sua língua forte e comprida através das barras para desprender os ferros dos respectivos trincos. Tinha dado à língua até conquistar a liberdade, e ao longo das semanas seguintes provou ser capaz de repetir a brincadeira facilmente, sempre que queria. A nossa prisão de alta segurança revelara-se afinal uma mera casa intermédia. Havia dias em que voltávamos a casa para o encontrar a dormir pacificamente na sua gaiola; havia outros em que ficava à nossa espera na janela da frente. O confinamento involuntário não era um conceito que *Marley* aceitasse de patas cruzadas.

Começámos a prender ambos os trincos com um cabo eléctrico grosso e resistente. Isto funcionou durante algum tempo, mas um dia, com um estrondear distante no horizonte, chegámos a casa e deparou-se-nos com o canto inferior da porta da jaula retorcido para trás como que por meio de um abre-
-latas gigante, sendo que *Marley*, tomado de pânico e com as patas novamente em sangue, se encontrava firmemente enta-lado na caixa torácica, metade dentro e metade fora da aber-tura estreita. Voltei a dobrar a grade de aço o melhor que pude, e a partir daí começámos a prender não só os trincos de cor-rer no sítio como os quatro cantos do portão com cabo eléc-trico. Daí a pouco reforçámos os cantos da própria estrutura dado *Marley* teimar em concentrar todo o seu vigor a reben-tar a jaula por fora. Passados três meses a reluzente jaula de aço que nós julgáramos inexpugnável parecia ter sido atingida por um morteiro. As barras estavam dobradas e retorcidas, a armação deformada, o portão numa lástima desengonçada, os lados saídos. Continuei a reforçá-la o melhor que pude, e ela continuou a resistir precariamente aos assaltos de corpo inteiro de *Marley*. Qualquer ilusão de segurança que aquela geringonça nos tivesse proporcionado desaparecera. De cada vez que saía-mos, nem que fosse por meia hora, cismávamos se seria desta que o nosso companheiro de quarto iria conseguir escapar e lançar-se em nova sessão de dilapidação de sofás, portas e pare-des. Assim ia a nossa paz de espírito.

18

JANTAR AO AR LIVRE

Tal como eu, também *Marley* teve os seus problemas de integração em Boca Raton. Boca tinha (e continua a ter, seguramente) uma percentagem desproporcionada dos cães mais pequenos, esganiçados e apaparicados do mundo, o tipo de animal de estimação que a sociedade das *bocahontas* privilegiava como acessório da moda então em voga. Eram coisinhas minúsculas e preciosas, não raro com o pêlo encaracolado e borrifos de água de colónia no pescoço, alguns mesmo com as unhas pintadas, e podiam encontrar-se nos sítios mais improváveis — espreitando-nos de dentro de uma mala de uma *designer* enquanto aguardávamos a nossa vez na bicha da pastelaria; espirrando nas toalhas das respectivas donas na praia; marcando o passo numa trela embutida de diamantes de imitação num antiquário. A maior parte das vezes, podiam ver-se a passar a bordo de *Lexuses*, *Mercedes* e *Jaguares*, aristocraticamente empoleirados atrás do volante ao colo das suas donas. Estavam para *Marley* como Grace Kelly para *Gomer Pyle*. Eram pequenos, sofisticados e de gosto discriminatório. *Marley* era grande, desengonçado e um farejador de órgãos genitais. O seu desejo de ser convidado a integrar o seu círculo era tão grande como a relutância deles em aceitá-lo.

Com o seu certificado de obediência no buxo, *Marley* era agora razoavelmente manejável em passeio, mas se visse alguma coisa de que gostasse, continuava a não hesitar em atirar-se a ela, indiferente ao risco de auto-estrangulamento. Quando passeávamos pela cidade, qualquer cachorro de luxo era digno de quase morrer asfixiado. De cada vez que avistava um, arremetia obstinadamente a galope, arrastando-me a mim ou a Jenny atrás da trela, com o laço a apertar à volta do pescoço, fazendo-o arfar e tossir. Invariavelmente, *Marley* era ostensivamente repreendido, não só pelas minicadelas de Boca como pelas respectivas donas, que arrebatavam as suas *Fifis*, *Cheris* ou *Suzis* como se as estivessem a salvar das mandíbulas de um jacaré. *Marley* parecia não se importar. À próxima minicadela que avistasse, repetia tudo outra vez, não se deixando inibir pela nega anterior. Sendo eu alguém que nunca se deu muito bem com a rejeição nos encontros, não podia deixar de admirar a sua perseverança.

Jantar fora era uma parte importante da experiência de vida em Boca, e muitos restaurantes da cidade tinham esplanadas montadas sob as palmeiras, cujos troncos e folhas eram enfeitados com fios de minúsculas luzes brancas. Eram sítios para se ver e ser visto, para beberricarmos chávenas de café e tagarelarmos ao telemóvel enquanto o nosso acompanhante ficava a olhar distraidamente para o céu. O minicão de Boca era um elemento importante da ambiência dos restaurantes ao ar livre. Os casais traziam os seus cães consigo e prendiam-lhes as trelas às mesas de ferro forjado, onde estes ora se enroscavam alegremente aos seus pés, ora se sentavam directamente em cima da mesa junto às suas donas, esticando altivamente o pescoço como que ultrajados pela desatenção dos empregados de mesa.

Uma tarde de domingo, Jenny e eu achámos que seria boa ideia levar a família inteira a comer num dos pontos de encontro mais populares.

— Em Boca, sê bocanho — disse eu.

Arrumámos os miúdos e o cão na carrinha e apontámos para Mizner Park, com os seus passeios largos e multivariada oferta de restaurantes. Estacionámos e percorremos os três quarteirões da praça por um dos lados, e descemos pelo outro, a ver e a sermos vistos — e que figura que devemos ter feito. Jenny levava os miúdos enfaixados num carrinho duplo que poderia ser facilmente confundido com um carrinho de mesa, carregado na parte detrás com toda a espécie de parafernália infantil, desde puré de maçã a lenços usados. Eu caminhava a seu lado. *Marley*, em alerta máximo aos minicães de Boca, mal conseguia conter-se ao meu lado. Estava ainda mais louco do que o habitual, desvairado com a possibilidade de se aproximar de um dos puros-sangues que se pavoneavam pela praça, e eu segurei-lhe a trela com toda a força. Tinha a língua de fora e resfolegava como uma locomotiva.

Parámos num restaurante com um dos cardápios mais em conta do quarteirão e deixámo-nos ficar até nos abrirem uma mesa ao ar livre no passeio. A mesa era perfeita — à sombra, com vista para a principal fonte da praça e suficientemente pesada, julgávamos nós, para reter um *labrador* com mais de quarenta quilos e um temperamento impulsivo. Prendi a trela de *Marley* numa das pernas da mesa e mandámos vir bebidas para todos, duas cervejas e dois sumos de maçã.

— A um dia maravilhoso com a minha maravilhosa família — disse Jenny, erguendo o copo para um brinde. Entretocámos as nossas garrafas de cerveja; os miúdos entrechocaram os seus copos beberricados. E foi então que aconteceu. Tão rápido, que nem sequer nos demos conta do que tinha sucedido. Só sabíamos que estávamos muito bem sentados na nossa magnífica esplanada e que de um momento para o outro a nossa mesa começou a andar sozinha, abrindo caminho por entre um mar de outras mesas, atropelando várias vítimas inocentes e libertando um rangido horrível e excruciante, próprio de uma unidade fabril, ao roçar nos paralelos de betão. Nessa primeira fracção de segundo, antes mesmo de qualquer um de nós se aperceber exactamente do que nos estava a acontecer, parecia perfeitamente possível que a nossa mesa estivesse possuída, fugindo da nossa família de intrusos deslavados, cujo lugar não era certamente aqui. Na fracção de segundo seguinte, percebi que não era a nossa mesa que estava possuída, mas sim o nosso cão. Mais à frente, lá ia *Marley* a arrastar estrepitosamente a mesa, arremetendo com cada milímetro dos seus músculos pulsantes, a trela retesada como a corda de um piano.

Na fracção de segundo seguinte, percebi para onde Marley se estava a dirigir com a mesa a reboque. A uns quinze metros do passeio, uma caniche delicada arrastava-se junto à sua dona, de nariz empinado. *Praga*, lembro-me de pensar, que tara é esta com os caniches? Jenny e eu permanecemos sentados mais alguns instantes, de cerveja na mão, os miúdos entre nós no seu carrinho, com a nossa maravilhosa tarde de domingo imaculada salvo pelo facto de a nossa mesa ter resolvido abrir caminho através da multidão. Daí a pouco já estávamos de pé, a gritar, a correr, a pedir desculpa a todos os clientes por quem passávamos. Eu fui o primeiro a chegar à nossa mesa em fuga enquanto ela se arrojava pela praça aos trambolhões. Agarrei-me a ela, escorei os pés no chão, e inclinei-me para trás com todas as minhas forças. Daí a pouco já tinha Jenny ao meu lado, a puxar também. Senti-me como se fôssemos heróis de um filme de cobóis, dando tudo para travar uma carruagem desgovernada antes que ela descarrilasse e caísse de um precipício a baixo. No meio da confusão, Jenny ainda teve tempo de se voltar para trás e gritar: «É só um minuto, meninos!» *Só um minuto?* Dito assim, parecia uma coisa tão vulgar, tão previsível, tão planeada, como se estivéssemos habituados a fazer este tipo de coisas, a decidir, no calor do momento, que, oh, porque não, talvez seja divertido dar um passeio de mesa com o *Marley* pela baixa, ir espreitando as montras pelo caminho e voltar a tempo dos aperitivos.

Quando finalmente conseguimos parar a mesa e *Marley* se deteve a cambalear, a dois ou três palmos da caniche e da sua dona aterrorizada, voltei-me para trás para ver os miúdos, e foi aí que me foi dado observar pela primeira vez as caras dos meus comensais da esplanada. Era como uma cena daqueles anúncios de E. F. Hutton em que uma multidão inteira em alvoroço fica subitamente petrificada em silêncio, aguardando o sussurrar de uma recomendação de investimento. Os homens pararam a meio das conversas, de telemóvel na mão. As mulheres fitavam-nos de boca aberta. As bocalites estavam atónitas. Foi Conor quem finalmente quebrou o silêncio.

— *Uadi* vai passear! — gritou ele deliciado.

Um dos empregados veio a correr ajudar-me a repor a mesa no sítio enquanto Jenny fazia um esforço sobre-humano para segurar *Marley*, ainda fixado no objecto do seu desejo.

— Deixe-me voltar a arranjar os vossos lugares — disse o empregado.

— Não vai ser necessário — disse Jenny despreocupadamente. — Só queremos pagar as bebidas e ir embora.

Não tinha passado muito tempo desde a nossa memorável incursão na cena social das esplanadas em Boca quando encontrei um livro chamado *No Bad Dogs* da autoria da famosa treinadora de cães Barbara Woodhouse. Como o título deixava adivinhar, *No Bad Dogs* desenvolvia essa ideia que a primeira instrutora de *Marley*, Miss Dominatrix, tanto prezava, ou seja, que a única coisa que separava um cão incorrigível de um cão grandioso era um dono baralhado, indeciso, com pouca força de vontade. O problema não estava nos cães, defendia Woodhouse, mas sim nas pessoas. Dito isto, o livro passava à descrição, capítulo a capítulo, dos comportamentos caninos mais escabrosos que é possível imaginar. Havia cães que uivavam incessantemente, que cavavam incessantemente, que lutavam incessantemente, que pulavam incessantemente e que mordiam incessantemente. Havia cães que odiavam tudo quanto era homem e cães que odiavam tudo quanto era mulher; cães que roubavam os donos, cães que atacavam bebés indefesos com crises de ciúmes. Havia até cães que comiam as suas próprias fezes. *Graças a Deus, pensei eu, pelo menos não come as suas próprias fezes.*

À medida que ia lendo, sentia-me melhor em relação ao nosso *retriever*, apesar de todos os seus defeitos. A pouco e pouco, Jenny e eu tínhamo-nos convencido de que *Marley* era mesmo o pior cão do mundo. Agora sentia-me francamente aliviado por saber que havia todo um conjunto de comportamentos horríveis que ele *não* possuía. Não tinha uma única costela de maldade. Não era muito dado a ladrar. Não mordia. Não assaltava os outros cães, excepto em busca de amor. Considerava toda a gente como o seu melhor amigo. Melhor ainda, não comia nem se rebolava em excrementos. Para além disso, dizia eu a mim mesmo, não há cães maus, mas tão-só donos ineptos e ignorantes como Jenny e eu. A culpa de *Marley* ter ficado assim era nossa.

Até que cheguei ao capítulo vinte e quatro, «Viver com um cão mentalmente instável». Enquanto lia, ia engolindo em seco. Woodhouse estava a descrever *Marley* com um conhecimento tão íntimo e profundo que podia jurar que tinha andado a brincar com ele na sua jaula amolgada. Debruçava-se sobre os seus padrões de comportamento maníacos e bizarros, falava do seu temperamento destrutivo quando deixado sozinho, da sua tendência para esgadanhar o chão e roer tapetes. Descrevia as tentativas dos donos de tais animais «para arranjar um sítio à prova de cão em casa ou no quintal». Referia-se inclusivamente ao uso de tranquilizantes como uma medida de última instância (e largamente ineficaz) para tentar restituir estes animais tontos e tresloucados ao mundo dos seres mentalmente sãos.

«Alguns nascem já instáveis, outros tornam-se instáveis devido às suas condições de vida, mas o resultado é o mesmo: em vez de representarem uma alegria para os seus donos, os cães tornam-se uma preocupação, uma despesa, por vezes levando a família inteira ao desespero», escreveu Woodhouse. Eu baixei os olhos para *Marley* a ressonar aos meus pés e disse-lhe:

— Diz-te alguma coisa?

Num capítulo subsequente, intitulado «Cães anormais», Woodhouse escrevia com algum sentido de resignação: «Não é de mais insistir que, se uma pessoa quiser ter um cão que não seja normal, deve preparar-se para viver uma vida com algumas limitações.» *Como, por exemplo, viver com um medo de morte de sair para ir ao café tomar um copo de leite?* «Embora possa adorar um cão subnormal», continuava ela, «tal pode constituir um incómodo para as outras pessoas.» *Pessoas como os clientes de uma esplanada em Boca Raton, na Florida, num domingo à tarde, por hipótese?*

Woodhouse tinha posto a descoberto a doença do nosso cão e a nossa existência co-dependente e patética. Estava tudo lá: os donos infelizes e destituídos de força de vontade; o cão incontrolável e mentalmente instável; o rasto de propriedade destruída; os vizinhos e os desconhecidos incomodados e ofendidos. Éramos um caso do livro.

— Parabéns, *Marley* — disse-lhe eu. — Encaixas na categoria subnormal.

Ele abriu os olhos ao ouvir o seu nome, esticou-se e rebolou-se no chão para se pôr de costas, com as patas no ar.

Estava à espera que Woodhouse oferecesse uma solução feliz para os donos destas mercadorias defeituosas, meia dúzia de dicas úteis que, desde que adequadamente executadas, pudessem transformar os animais de estimação mais maníacos em cães de exposição dignos de desfilar em Westminster. Mas o livro acabava com uma nota muito mais sombria: «Só os donos de cães desequilibrados podem realmente saber onde começa a linha que separa um cão sadio e um cão mentalmente perturbado. Ninguém se pode substituir ao dono na decisão do que fazer com estes últimos. Pela minha parte, com todo o amor que tenho pelos cães, julgo que é preferível pô-los a dormir».

Pô-los a dormir? Glup. Para o caso de a sua posição não ter ficado clara, acrescentou: «Seguramente que, uma vez esgotado todo o auxílio médico e veterinário e não havendo esperança de que o cão alguma vez venha a viver uma vida minimamente normal, será melhor, quer para o animal quer para o dono, pôr o cão dormir.»

Até Barbara Woodhouse, amante de animais, treinadora bem-sucedida de milhares de cães tidos como casos perdidos pelos seus donos, concedia que alguns cães eram simplesmente irrecuperáveis. No que dependesse dela, seriam misericordiosamente despachados para o grande asilo canino do céu.

— Não te preocupes, grandalhão — disse eu, baixando-me para lhe coçar a barriga. — O único sono que te vamos dar cá em casa é daqueles que temos quando voltamos a acordar.

Ele suspirou dramaticamente e regressou aos seus sonhos de caniches ao sol.

Foi sensivelmente por esta altura que também ficámos a saber que os *labradores* são todos iguais. Na verdade, a raça inclui dois subgrupos: ingleses e americanos. Os ingleses tendem a ser mais pequenos e atarracados do que a linhagem americana, que apresenta cabeças mais maciças e um temperamento mais calmo e gentil. Os primeiros são a linhagem privilegiada para as exposições. Os *labradores* pertencentes à linhagem americana são notoriamente maiores e mais fortes, com feições mais graciosas e menos atarracadas. São conhecidos pela sua energia infinita e boa disposição e privilegiados para uso no campo como cães de caça ou de desporto. São as mesmas qualidades que fazem dos *labradores* animais magníficos e imparáveis nas florestas que os tornam problemáticos numa casa de família. A sua energia exuberante, alertava a literatura, não deve ser subestimada.

Como explicava a brochura para os criadores de *retriever* da Pensilvânia, intitulada *Endless Mountain Labradors*: «Muitas pessoas perguntam-nos: "Qual é a diferença entre os *labradores* (de campo) ingleses e americanos?" A diferença é tão grande que a AKC está a considerar a hipótese de separar a raça. Existe uma diferença de porte, bem como de temperamento. Se está à procura de um cão exclusivamente de campo para competir em provas de resistência, opte pelo cão de campo americano. São altos, atléticos, magros e esbeltos, mas têm personalidades hipersensíveis, que não fazem deles os melhores "cães de família". Os *labradores* ingleses, por sua vez, são muito, muito sólidos e atarracados e de porte mais pequeno. São cães muito doces, sossegados, alegres e adoráveis.»

Não precisei de muito tempo para perceber a qual dos grupos pertencia *Marley*. Tudo começava agora a fazer sentido. Tínhamos escolhido um tipo de *labrador* mais vocacionado para correr durante todo o dia em campo aberto. Como se isso não bastasse, dava-se o caso de a nossa escolha específica ter recaído sobre um animal mentalmente desequilibrado, desbragado e refractário a qualquer treino, tranquilizante ou psiquiatria canina. O tipo de espécime subnormal que uma treinadora experiente como Barbara Woodhouse talvez tivesse considerado preferível condenar à morte. *Óptimo*, pensei eu. *Agora já sabemos*.

Não muito tempo depois de o livro de Woodhouse nos ter aberto os olhos para a mente tresloucada de *Marley*, uma vizinha veio pedir-nos para lhe ficarmos com o gato durante uma semana enquanto eles iam de férias. Claro, dissemos nós, tragam-no para cá. Comparados com os cães, os gatos eram muito mais fáceis. Os gatos vivem em piloto automático, e este gato em particular era tímido e furtivo, especialmente com *Marley* por perto. Podia ficar o dia inteiro escondido debaixo do sofá e só sair quando nós estávamos a dormir para comer a sua refeição, guardada em cima do armário fora do alcance de *Marley*, e usar o caixote com areia que nós tínhamos guardado num canto escondido do pátio interior onde ficava a piscina. Não havia problema nenhum, na verdade. *Marley* nem sequer tinha consciência de que o gato lá estava em casa.

A meio da estada do gato em nossa casa, acordei um dia de madrugada ao som de um ritmo forte e enérgico a ressoar através do colchão. Era *Marley*, a tremular de excitação ao lado da cama, a cauda a bater no colchão numa cadência furiosa. *Tump! Tump! Tump!* Eu inclinei-me para lhe fazer uma festa, ao que ele respondeu com manobras evasivas. Estava a saracotear e a dançar ao lado da cama. O *mambo do Marley*.

— *Okay*, diz-me lá o que tens? — perguntei eu, de olhos ainda fechados.

À laia de resposta, *Marley* deixou cair orgulhosamente o seu prémio sobre os lençóis amarrotados, a escassos centímetros da minha cara. Estremunhado como estava, levei algum tempo a perceber exactamente o que era. O objecto era pequeno, escuro, de forma indefinível, e envolto numa capa de areia grossa e grumosa. Até que o cheiro me chegou às narinas. Um cheiro acre, pútrido e pungente. Eu retesei-me e atirei-me para trás de encontro a Jenny, acordando-a. Apontei para o presente de *Marley* para nós, resplandecendo no meio dos lençóis.

— Isto não são... — começou Jenny, com uma voz enojada.

— São, são — disse eu. — Assaltou o caixote do gato.

Marley podia ter acabado de nos presentear com o diamante da esperança que a sua satisfação não seria maior. Tal como Barbara Woodhouse tão sabiamente previra, o nosso cão mentalmente instável e anormal acabava de entrar na fase da ingestão de fezes.

19

RAIOS E RELÂMPAGOS

Após o nascimento de Conor, toda a gente que nós conhecíamos — à excepção dos meus pais católicos, que continuavam a rezar por dezenas de pequenos Grogans — julgava que não iríamos ter mais filhos. No círculo profissional de casais com dois ordenados em que nos movíamos, um filho era a regra, dois já era considerado uma pequena extravagância e três era algo de inaudito. Especialmente tendo em conta a gravidez problemática por que tínhamos passado com Conor, ninguém conseguia entender como estávamos dispostos a sujeitarmo-nos a todo aquele processo tortuoso mais uma vez. Mas nós tínhamos percorrido um longo caminho desde a fase das plantas mortas nos vasos nos nossos primeiros tempos de casados. Éramos pais de corpo e alma. Os nossos dois rapazes tinham-nos trazido mais alegria do que alguma vez imagináramos ou julgáramos possível. Eram eles que definiam as nossas vidas, e se é certo que uma parte de nós sentia falta das férias desocupadas, das sessões de leitura aos sábados à tarde e dos jantares românticos que se prolongavam pela noite adentro, a verdade é que tínhamos aprendido a descobrir os nossos prazeres de maneiras diferentes — em restos de puré de maçã entornado e em marcas de narizes encostados às vidraças das janelas e à sinfonia suave de pés descalços a correr pelo corredor de madrugada. Mesmo nos dias piores, havia sempre qualquer coisa que nos fazia sorrir, agora que sabíamos aquilo que qualquer pai acaba por descobrir mais cedo ou mais tarde: que estes maravilhosos primeiros tempos da vida dos pais — de fraldas descartáveis, dos primeiros dentes de leite e de balbuciações incompreensíveis — não passam de um instante luminoso mas fugaz na imensidão de uma vida essencialmente vulgar.

Ficámos ambos de olhos revirados quando a minha mãe, com a sua velha escola, nos cacarejou: «Gozem-nos enquanto podem; quando derem por ela já eles estão crescidos.» Agora, apenas alguns anos volvidos, começávamos a aperceber-nos de que ela tinha razão. Era um cliché mais do que batido, mas em que reconhecíamos uma verdade profunda. Os rapazes *estavam* de facto a crescer depressa, e a cada semana que passava acabava mais um pequeno capítulo que jamais nos seria dado revisitar. Numa semana, víamos Patrick a chuchar no dedo; na seguinte, já o tinha largado de vez. Numa semana, víamos Conor sossegado no seu berço; na seguinte, víamos um rapazinho a usar a sua caminha de bebé como trampolim. Patrick não era capaz de pronunciar o som R, e quando as mulheres o apaparicavam, como acontecia frequentemente, ele punha as mãos nas ancas, dobrava o lábio para fora e dizia: «Estas senholas estão-se a lil de mim.» Eu sempre quis gravar isto em videocassete, mas um dia os R começaram a sair na perfeição, e ponto final. Durante meses não conseguimos arrancar Conor ao seu pijama do Super-Homem. Ele desatava a correr pela casa, com a capa a drapejar atrás dele, e a gritar: «Sou o Stu-pel'Homem!» E quando isto acabava, perdia-se mais uma oportunidade única de gravação.

As crianças funcionam como relógios escancarados à nossa frente, impossíveis de ignorar, assinalando a marcha inexorável da vida através daquilo que de outro modo poderia parecer um mar infinito de minutos, horas, dias e anos. Os nossos bebés estavam a crescer mais depressa do que qualquer um de nós desejava, o que poderá explicar, em parte, a razão pela qual, cerca de um ano depois, começámos a tentar fazer o nosso terceiro filho. Como eu disse a Jenny:

— Hei, agora temos uma casa com quatro quartos, porque não?

Duas tentativas foi quanto bastou. Nenhum de nós admitia preferir uma menina, mas claro que sim, desesperadamente, apesar das nossas reiteradas declarações em como seria formidável ter três rapazes em casa. Quando a ecografia finalmente confirmou a nossa secreta esperança, Jenny lançou-me os braços à volta dos ombros e segredou-me:

— Estou tão contente por te dar uma menina. — E eu também estava.

Nem todos os nossos amigos partilhavam do nosso entusiasmo. A maior parte deles recebia a notícia com a mesma pergunta grosseira: «Foi intencional?» Não conseguiam acreditar que uma terceira gravidez pudesse ser outra coisa que não um acidente. Se realmente não era, como nós dizíamos, então era inevitável questionarem-se se estaríamos no nosso perfeito juízo. Um dos nossos amigos chegou mesmo ao ponto de admoestar Jenny por me ter deixado engravidá-la outra vez, perguntando--lhe, num tom mais adequado para alguém que tivesse acabado de delegar todos os seus bens a uma seita na Guiana: «Onde tinhas tu a cabeça?»

Nós não nos importámos. A 9 de Janeiro de 1997, Jenny deu-me uma prenda de Natal atrasada: uma menina de três quilos e cem gramas, a quem chamámos Colleen. A nossa família só agora parecia estar completa. Se a gravidez de Conor tinha sido uma litania de angústias e preocupações, esta foi o exemplo de uma gravidez perfeita, e dar à luz no Hospital Comunitário de Boca Raton elevou-nos a um novo patamar de satisfação de clientes apaparicados. Mesmo ao fundo do corredor do nosso quarto ficava uma poltrona com uma máquina de *cappuccino* grátis — muito ao estilo de *Boca*. Quando o bebé finalmente nasceu, estava tão cheio de cafeína com creme, que mal consegui manter as mãos quietas para cortar o cordão umbilical.

Quando Colleen tinha uma semana, Jenny trouxe-a à rua pela primeira vez. Estava um dia limpo e maravilhoso e os rapazes e eu estávamos no pátio da entrada a plantar flores. *Marley* estava acorrentado a uma árvore ali perto, feliz por estar à sombra e a ver o mundo a girar à sua volta. Jenny sentou-se na relva ao seu lado e colocou a pequena Colleen num berço de vime entre os dois. Ao fim de alguns minutos, os miúdos acenaram à mãe para ir ver o seu trabalho e conduziram-nos aos dois pelos canteiros do jardim enquanto Colleen dormitava na sombra ao lado de *Marley*. Nós caminhávamos por trás de uma sebe de arbustos donde conseguíamos ver o bebé, mas onde as pessoas que iam a passar na rua não nos conseguiam ver. Quando íamos a voltar para trás, parei e fiz sinal a Jenny para espreitar por entre os arbustos. Lá fora na rua, um casal mais velho que ia a passar ficara especado a olhar para a cena à entrada de nossa casa com um ar desconcertado. A princípio, não tinha a certeza do que os levara a parar e a ficar a olhar. Até que se me fez luz: da posição em que se encontravam, a única coisa que podiam ver era um frágil recém-nascido sozinho com um enorme cão amarelo, que parecia estar a fazer de *baby-sitting*.

Nós permanecemos em silêncio, sufocando o riso. Lá estava *Marley*, com o ar de uma esfinge egípcia, deitado com as patas da frente cruzadas, cabeça levantada, feliz e ofegante, debruçando o focinho a todo o momento para cheirar a cabeça do bebé. O pobre casal deve ter pensado que tinha tropeçado num caso clamoroso de negligência parental. Sem dúvida que os pais estavam algures por aí a enfrascar-se num bar qualquer, deixando o bebé sozinho ao cuidado do *labrador retriever* do bairro, que poderia muito bem tentar dar-lhe de mamar a qualquer momento. Como se estivesse no gozo, *Marley* mudou imediatamente de posição e pousou o queixo na barriga do bebé, a cabeça dele maior do que todo o corpo da menina, e soltou um longo suspiro como se estivesse a dizer: *quando é que aqueles dois vão para casa?* Parecia estar a protegê-la, e talvez estivesse, embora eu tenha a certeza de que apenas inalava o cheiro da fralda.

Jenny e eu ficámos no meio dos arbustos a trocar sorrisos. A ideia de *Marley* como ama de bebés — cuidados caninos diários — era boa de mais para largar. Sentia-me tentado a ficar ali à espera a assistir ao desenrolar da cena, mas depois ocorreu-me que um dos cenários mais prováveis seria um telefonema para a polícia. Tínhamos escapado por deixar Conor no saguão, mas como poderíamos explicar isto? («Bem, bem sei que isto pode parecer difícil de acreditar, senhor guarda, mas a verdade é que se trata de um cão extraordinariamente responsável...») Nós saímos detrás dos arbustos e acenámos ao casal — e vimos o alívio nos seus rostos. Graças a Deus, afinal aquele bebé não tinha sido atirado aos cães.

— Devem confiar imenso no vosso cão — disse a mulher cautelosamente, denunciando uma convicção íntima de que os cães são animais ferozes e imprevisíveis e que jamais deveriam ser deixados àquela distância de um recém-nascido.

— Nunca nos comeu nenhum — disse eu.

Dois meses depois de Colleen chegar a casa comemorei o meu quadragésimo aniversário de uma maneira inauspiciosa, mais concretamente, sozinho. A entrada no quarto decénio é supostamente um grande ponto de viragem, a altura da vida em que nos despedimos da nossa juventude insaciável e abraçamos os confortos previsíveis da meia-idade. Se havia aniversário que merecia uma comemoração de arromba, era o quadragésimo, mas não no meu caso. Éramos agora pais responsáveis com três filhos a nosso cargo; Jenny tinha um bebé novo encostado ao peito. Havia coisas mais importantes com que nos preocuparmos. Cheguei a casa do jornal e encontrei Jenny cansada e abatida. Depois de uma refeição rápida de restos, dei banho aos miúdos e pu-los na cama enquanto Jenny dava de mamar a Colleen. Pelas oito e meia, já as três crianças estavam a dormir, bem como a minha mulher. Abri uma cerveja e sentei-me no pátio interior, contemplando a água iridescente da piscina. Como sempre, *Marley* ficou fielmente ao meu lado, e enquanto lhe coçava as orelhas ocorreu-me que também ele estava a chegar a esse momento de viragem. Fazia seis anos que o tínhamos ido buscar. Para um cão, era como se tivesse acabado de entrar nos quarenta. Entrara incógnito na meia-idade, mas continuava a comportar-se tal e qual como um cachorro. À excepção de uma infecção resistente na orelha que requereu múltiplas intervenções do doutor Jay, era um cão saudável. Não dava quaisquer sinais de estar a crescer ou a mirrar. Nunca pensara em *Marley* como um modelo de conduta, mas agora ali sentado a beberricar a minha cerveja, dava-me conta de que ele talvez tivesse o segredo de uma vida boa. Parar é morrer, nunca olhes para trás, vive cada novo dia com o entusiasmo, a chama, a curiosidade e a jovialidade de um adolescente. Se pensares que ainda és um cachorrinho, sê-lo-ás, independentemente do que diz o calendário. Não era uma má filosofia de vida, embora eu dispensasse a parte relativa à vandalização dos sofás e dos quartos da roupa.

— Bem, grandalhão — disse eu, encostando-lhe a garrafa de cerveja à bochecha numa espécie de brinde entre espécies. — Esta noite somos só nós os dois. Aqui vai aos quarenta. À meia-idade. Às grandes correrias até à última. — Até que também ele se enroscou e adormeceu.

Ainda eu andava a lamentar o meu aniversário solitário alguns dias depois quando Jim Tolpin, o meu antigo colega que tinha dissuadido *Marley* do seu hábito de saltar para cima das pessoas, me telefonou inesperadamente a perguntar se me apetecia ir beber um copo na noite seguinte, um sábado. Jim tinha saído do jornal para fazer uma pós-graduação em Direito sensivelmente na mesma altura em que nos mudámos para Boca Raton e já há meses que não nos víamos.

— Claro que sim — disse eu, sem me deter para pensar porquê. Jim veio buscar-me às seis e levou-me para um *pub* inglês, onde emborcámos litros de cerveja inglesa enquanto púnhamos a escrita em dia. Estávamos a divertir-nos imenso quando ouvimos o dono do bar a chamar:

— Há aqui algum John Grogan? Telefone para John Grogan.

Era Jenny e parecia muito aborrecida e stressada.

— O bebé não pára de chorar, os miúdos estão fora de controlo e acabei de romper a minha lente de contacto! — choramingou ela ao telefone. — Podes vir para casa já de seguida?

— Tenta acalmar-te — disse eu. — Aguenta-te aí. Vou já para casa. — Desliguei o telefone, e o dono do bar fez-me um aceno comiserativo, como quem diz, pobre marido engaiolado, e limitou-se a dizer:

— Sinto muito, companheiro.

— Anda lá — disse Jim. — Eu levo-te a casa.

Quando virámos para o meu quarteirão, vimos carros alinhados de ambos os lados da rua.

— Alguém está a fazer uma festa — constatei.

— Parece que sim — respondeu Jim.

— Valha-me Deus — exclamei eu quando chegámos a minha casa. — Olha-me só para isto! Alguém estacionou na minha entrada. É preciso ter lata.

Bloqueámos o transgressor e eu convidei Jim a entrar. Ainda eu ia a vituperar o sacana do inconsciente que me tinha estacionado na entrada da garagem quando a porta de minha casa se escancarou à minha frente. Era Jenny com Colleen ao colo. Mas não parecia nada aborrecida. Na verdade, tinha um sorriso rasgado no rosto. Atrás dela estava um tocador de gaita--de-foles de *kilt*. *Meu Deus! Mas o que vem a ser isto?* A seguir olhei para trás do tocador de gaita-de-foles e vi que alguém tinha retirado a vedação para os miúdos à volta da piscina e lançado velas flutuantes para a água. O terraço estava apinhado com dezenas de amigos, vizinhos e colegas do jornal. Estava eu a fazer a associação entre os carros estacionados lá fora e toda aquela gente ali em minha casa quando eles gritaram em uníssono: FELIZ ANIVERSÁRIO, MEU VELHO!

Afinal, a minha mulher não se tinha esquecido.

Quando finalmente consegui voltar a fechar a boca, tomei Jenny nos braços, beijei-a na face e sussurrei-lhe ao ouvido.

— Vais pagar-me por isto mais tarde.

Alguém abriu a porta do quarto da roupa à procura do caixote do lixo, e eis que surgia *Marley* a saltitar em grande estilo. Passou por entre as pessoas, roubou um aperitivo de *mozzarella* e manjericão de uma bandeja, levantou meia dúzia de minissaias com o focinho e fez uma pausa para ir dar um mergulho na piscina sem vedação. Eu apanhei-o no preciso momento em que ele se preparava para ensaiar o seu caraterístico chapão de barriga em corrida e arrastei-o de volta para o cativeiro.

— Não te preocupes — disse eu. — Eu guardo-te os restos.

Foi pouco tempo depois da festa-surpresa — uma festa cujo sucesso foi assinalado com a chegada da polícia à meia--noite para acalmar os ânimos — que *Marley* finalmente descobriu uma justificação para o seu pavor da trovoada. Estava eu no pátio das traseiras num domingo à tarde debaixo de um céu agoirento e carregado, a cavar um rectângulo de relva para plantar mais uma horta. A jardinagem começava a tornar-se um passatempo sério para mim, e quanto melhor me saía, mais coisas queria plantar. A pouco e pouco fui tomando conta do quintal inteiro. Enquanto trabalhava, *Marley* pateava nervosamente à minha volta, com o seu barómetro interno a pressentir uma trovoada iminente. Eu também a pressenti, mas queria acabar o meu projecto e decidi que iria continuar a trabalhar até sentir os primeiros pingos de chuva. Enquanto cavava, continuava a espreitar o céu e vi uma ominosa nuvem de trovoada negra a formar-se a várias milhas para nascente, pairando sobre o mar. *Marley* gania de mansinho, acenando-me com a cabeça para arrumar a pá e vir para dentro.

— Tem calma — disse-lhe eu. — Ainda está a milhas de distância.

Mal acabara de pronunciar estas palavras quando senti uma sensação até aí desconhecida, uma espécie de formigueiro tremente na parte detrás da nuca. O céu assumira uma tonalidade peculiar de cinzento-esverdeado e o ar parecia subitamente estagnado como se uma qualquer força celeste tivesse agarrado os ventos, imobilizando-os na sua mão. Esquisito, pensei eu interrompendo o trabalho e apoiando-me na pá para examinar o céu. Foi então que o ouvi: uma descarga de energia a estrondear, com um zumbido estralejante, idêntico ao que por vezes se ouve por baixo dos postes de alta tensão. Um som de tipo *pffffffffft* preencheu o ar à minha volta, seguido de um breve instante de silêncio total. Percebi imediatamente que vinha lá coisa feia, mas não tive tempo para reagir. Na fracção de segundo seguinte, o céu fez-se branco, um branco luminoso e ofuscante, e senti uma explosão, uma explosão como nunca me tinha sido dado ouvir antes, nem numa tempestade, nem num fogo-de-artifício, nem numa obra de demolição, ribombar-me nos ouvidos. Uma parede de energia bateu-me no peito como se tivesse a ser placado por um jogador de râguebi invisível. Quando voltei a abrir os olhos, sabe Deus quanto tempo depois, estava estendido de cara no chão, com a boca cheia de terra, a minha pá metros mais à frente, a chuva a fustigar-me. *Marley* também estava por terra, na sua posição de defesa antiaérea, e quando me viu erguer a cabeça arrojou-se desesperadamente até mim sobre a barriga como um soldado a rastejar sob arame farpado. Quando me alcançou, trepou-me para as costas e enterrou o focinho no meu pescoço, lambendo-me freneticamente. Olhei rapidamente em volta, tentando recuperar o norte, e vi que o raio tinha atingido o pára-raios no canto do pátio e seguido pelo cabo até à casa a uns seis ou sete metros do sítio onde eu estava. O contador na parede estava completamente desfeito.

— Anda! — gritei eu. Levantámo-nos e desatámos os dois a correr no meio do dilúvio em direcção à porta das traseiras enquanto os raios e relâmpagos continuavam a deflagrar à nossa volta. Só parámos quando nos achámos sãos e salvos dentro de casa. Eu ajoelhei-me no chão, completamente encharcado, tentando recobrar o fôlego, com *Marley* a trepar-me, a lamber-me a cara, a mordiscar-me as orelhas, largando saliva e pêlo solto por todo o lado. Estava desvairado de medo, a tremer descontroladamente, a saliva a escorrer-lhe do queixo. Eu abracei-o, tentando acalmá-lo. — Credo, foi por pouco! — disse eu, e dei-me conta de que também eu estava a tremer. Ele olhou para mim com aqueles seus olhos tão expressivos que pareciam estar a falar comigo. E eu tinha a certeza do que ele me estava a tentar dizer. *Há anos que ando a tentar avisar-vos do perigo que isto é. Mas alguém me dá ouvidos? Espero que agora me comecem a levar mais a sério.*

O cão tinha uma certa razão. Talvez o seu medo da trovoada não fosse assim tão irracional. Talvez os seus ataques de pânico aos primeiros ecos de trovoada distante fossem a sua maneira de nos dizer que as violentas tempestades da Florida, as mais mortíferas do país, não deviam ser menosprezadas. Talvez que todas aquelas paredes destruídas, portas esgadanhadas e carpetes rasgadas fossem a sua maneira de tentar construir um abrigo à prova de raios onde todos nos pudéssemos refugiar confortavelmente. E como o recompensávamos nós por isso? Com reprimendas e tranquilizantes.

A nossa casa ficou às escuras, o ar condicionado, as ventoinhas do tecto, as televisões e vários outros aparelhos ficaram todos queimados. O quadro da luz ficou completamente derretido numa passa informe. Estávamos prestes a dar uma grande alegria a um electricista qualquer. Mas eu estava vivo, bem como o meu fiel companheiro. Jenny e os miúdos, enfiados na sala de estar, nem sequer sabiam que a casa tinha sido atingida. Estávamos todos sãos e salvos. Que importava o resto? Puxei *Marley* para cima de mim, com os seus quarenta e três quilos nervosos no meu colo, e fiz-lhe uma promessa ali mesmo: nunca mais desdenharia o seu medo desta força mortífera da natureza.

20

DOG BEACH

Sendo colunista de um jornal, andava sempre à procura de histórias interessantes a que me pudesse agarrar. Publicava três crónicas por semana, pelo que um dos maiores desafios do trabalho era conseguir manter um fio constante de temas sempre frescos. Todas as manhãs começava os dias a folhear os quatro jornais diários do Sul da Florida, sublinhando e recortando qualquer coisa que me pudesse vir a interessar. Depois era uma questão de encontrar a minha forma e ângulo de abordagem próprios. A primeira crónica que escrevi foi retirada directamente das gordas. Um carro em excesso velocidade com oito adolescentes lá dentro despistara-se e caíra num canal na margem dos pântanos. Só o condutor de dezasseis anos, a sua irmã gémea e uma terceira rapariga tinham conseguido escapar do carro submerso. Era uma grande história que eu sabia querer atacar, mas qual seria o meu ângulo de abordagem próprio? Fui até ao local do acidente à procura de inspiração, e antes mesmo de parar o carro já a tinha encontrado. Os colegas dos cinco jovens desaparecidos haviam transformado a estrada numa passadeira gigante de *graffiti* em honra dos mortos. O alcatrão estava coberto de berma a berma, e a emoção crua da manifestação era evidente. De caderno na mão, comecei a tomar nota das palavras. «Juventude desperdiçada», dizia uma das mensagens, acompanhada de uma seta pintada a apontar para fora da estrada, para dentro de água. Até que, ali no meio da catarse colectiva, descobri aquilo de que andava à procura: um pedido de desculpas público do jovem condutor, Jamie Bardol, que tinha escrito em grandes letras voluteadas, numa caligrafia infantil: «Quem me dera que tivesse sido eu. Peço desculpa.» Tinha encontrado a minha crónica.

Nem todos os temas eram assim tão negros. Quando um reformado recebeu uma ordem de despejo do condomínio por o seu cachorro avantajado exceder o limite de peso para os animais de estimação, meti a colher em defesa do peso-pesado. Quando uma anciã confusa entrou por uma loja adentro ao tentar estacionar o carro, sem magoar ninguém, felizmente, segui o caso de perto, falando com testemunhas. O trabalho levava--me a um campo de imigrantes num dia, a uma mansão de um milionário no outro e a uma esquina do centro da cidade no seguinte. Adorava a variedade; adorava as pessoas que encontrava; e mais do que tudo adorava a liberdade quase total que me era dada para ir aonde e quando me apetecesse em busca de qualquer tema que despertasse a minha curiosidade.

O que os meus patrões não sabiam era que por trás das minhas divagações jornalísticas se escondia uma agenda secreta: usar a minha posição como colunista para arranjar o maior número de «férias de trabalho» desavergonhadamente transparentes que me fosse possível. O meu mote era «quando o colunista se diverte, diverte-se também o leitor». Porquê esperar por uma comunicação mortificante sobre o aumento dos impostos para servir de matéria jornalística se podia ir sentar-me, por exemplo, numa esplanada em Key West, com um copioso coquetel na mão? Alguém tinha de fazer o sacrifício de contar a história dos *shakers* de sal perdidos em Margaritaville; porque não havia de ser eu? Passava a vida a arranjar pretextos para passar um dia a vadiar, de preferência de calções e *T-shirt*, experimentando várias actividades ociosas e recreativas que me convenci ser meu dever investigar, em nome do interesse público. Cada profissão tem as suas ferramentas próprias, e a minha incluía um caderno de repórter, uma mão-cheia de canetas e uma toalha de banho. Comecei a andar com protector solar e um fato de banho no carro por uma questão de rotina.

Passei um dia a dardejar pelos pântanos num aerobarco e outro à boleia ao longo da margem do lago Okeechobee. Passei outro a andar de bicicleta na panorâmica Estrada Estadual A1A sobre o oceano Atlântico para poder relatar em primeira mão a proposta abominável de partilhar o asfalto com cabeças-azuis desorientados e turistas distraídos. Passei um dia a fazer mergulho sobre os corais ameaçados ao largo de Key Largo e outro a descarregar munições num campo de tiro com uma vítima de dois assaltos que jurava que jamais voltaria a ser assaltado na vida. Passei mais um às voltas num barco de pesca comercial e outro a dar uns toques com uma banda de músicos de *rock* sexagenários. Um dia trepei a uma árvore e sentei-me lá em cima durante horas a gozar a solidão; havia um construtor que planeava arrasar o arvoredo onde eu me encontrava para aí construir um empreendimento urbanístico de luxo, e eu achei que o mínimo que podia fazer era dar a este derradeiro vestígio da natureza no meio da selva de betão um funeral condigno. O meu maior golpe foi quando convenci os meus editores a enviarem-me para as Baamas a fim de poder estar na linha da frente de um furacão em formação que se dirigia para o Sul da Florida. O furacão desviou-se inofensivamente para o mar, e eu passei três dias de praia num hotel de luxo a beberricar *piña coladas* sob um céu azul.

Foi nesta veia de investigação jornalística que tive a ideia de levar *Marley* para passar um dia na praia. De norte a sul da muito frequentada linha de costa do Sul da Florida, vários municípios tinham banido os animais de estimação, e com boas razões. A última coisa que os frequentadores da praia queriam era um cão molhado e coberto de areia a fazer chichi e cocó e a sacudir-se para cima deles enquanto se bronzeavam ao sol. Por todo o areal erguiam-se sinais dizendo ANIMAIS INTERDITOS.

Havia um sítio, porém, uma nesga de praia pouco conhecida, sem sinais nem restrições, donde os banhistas de quatro patas não eram banidos. A praia ficava escondida numa bolsa não incorporada no condado de Palm Beach sensivelmente a meio caminho entre West Palm Beach e Boca Raton, estendendo-se por algumas centenas de metros e escondida atrás de uma duna ervosa ao fundo de uma rua sem saída. Não havia estacionamento, casa de banho ou nadador-salvador, apenas uma extensão de areia branca não regulamentada, bordejando o mar sem fim. Ao longo dos anos, a sua reputação foi-se espalhando de boca em boca entre os donos de cães como um dos últimos refúgios para os animais poderem vir brincar à beira-mar sem se arriscarem a uma multa. Embora não tivesse nenhum nome oficial, toda a gente conhecia o local como Dog Beach, a praia dos cães.

Dog Beach funcionava de acordo com um conjunto de regras não escritas que tinham evoluído ao longo do tempo, instituídas por acordo tácito entre os donos de cães que a frequentavam e reforçadas pela pressão dos pares e por uma espécie de código moral silencioso. Os donos dos cães policiavam-se a si próprios para que outros não se sentissem tentados a fazê-lo, reprimindo os prevaricadores com olhares demolidores ou algumas palavras contundentes.

As regras eram tão escassas quanto simples: os cães agressivos deveriam permanecer presos pela trela; todos os outros poderiam correr livremente. Os donos tinham de trazer pequenos sacos de plástico consigo para apanhar quaisquer excrementos que os seus animais pudessem depositar. O lixo, incluindo os excrementos nos sacos de plástico, deveria ser levado dali para fora. Cada cão deveria trazer uma provisão de água doce para beber. Acima de tudo, deveria haver o cuidado de não conspurcar a água. A regra exigia que os donos, ao chegar, passeassem os seus animais ao longo da linha de dunas, longe da beira-mar, até que estes se aliviassem. Depois podiam embalar os excrementos e prosseguir em segurança até à água.

Eu já ouvira falar de Dog Beach mas nunca lá fora. Agora tinha uma boa desculpa. Este vestígio esquecido da velha Florida em extinção, a que existia antes do aparecimento das torres dos condomínios de luxo junto ao mar, dos parques de estacionamento pagos na praia e da especulação imobiliária galopante, estava nas notícias. Uma comissária do condado pró-construção tinha começado a fazer barulho por causa deste pedaço de praia não regulamentado e a perguntar porque não se aplicavam aqui as mesmas regras das outras praias do condado. As suas intenções eram bastante claras: banir as criaturas peludas, melhorar os acessos públicos e abrir este recurso valioso às massas.

Eu agarrei-me imediatamente à história por aquilo que ela era: uma desculpa perfeita para passar um dia na praia em horas de expediente. Numa manhã perfeita de Junho, peguei em *Marley*, troquei a minha gravata e mala pelo fato de banho e chinelos e apontei para o canal Intracosteiro. Enchi o carro com o maior número de toalhas de praia possível, mas só para a viagem. Como sempre, *Marley* vinha com a língua de fora, com a saliva a voar por todo o lado. Sentia-me como se fosse de férias com o meu fiel companheiro. Só lamentava que as janelas do carro não tivessem limpa-pára-brisas do lado de dentro.

Seguindo o protocolo de Dog Beach, estacionei a vários quarteirões de distância, onde não fosse multado, e iniciei a longa marcha através de um bairro adormecido de bangalós clássicos dos anos sessenta, *Marley* a liderar a expedição. Sensivelmente a meio caminho da praia, ouvi uma voz rude chamar: «Hei, você aí do cão!» Eu estaquei, convencido de que estava prestes a ser escorraçado por um residente enraivecido a gritar-me para manter o diabo do cão longe dali. Mas a voz pertencia a outro dono de um animal de estimação, que se aproximou de mim com um enorme cão pela trela e me entregou uma petição reclamando aos comissários do condado que mantivessem Dog Beach como estava. Sem dúvida que teríamos ficado ali os dois a conversar, mas pela forma como *Marley* e o outro cão andavam à volta um do outro, sabia que seria apenas uma questão de segundos até que, uma de duas: a) se lançassem um contra o outro num combate mortal: b) formassem família. Eu arrastei *Marley* e prosseguimos em direcção ao mar. Quando íamos a chegar, já no caminho que ia dar à praia, *Marley* agachou-se nos canaviais e esvaziou as entranhas. Perfeito. Ao menos esssa pequena formalidade social estava cumprida. Eu embalei a prova e disse: «Prà praia!»

Quando alcançámos o cimo da duna, fiquei surpreendido de ver várias pessoas à beira-mar com os seus cães bem seguros pela trela. Mas o que vem a ser isto? Esperava ver os cães a correr livres e desenfreados, em harmonia comunal.

— Acabou de sair daqui um delegado municipal — explicou-me um dos donos. — Disse que a partir de agora vão começar a fazer cumprir o decreto municipal relativo ao uso da trela e a multar quem deixar os seus cães à solta.

Aparentemente, tinha chegado demasiado tarde para gozar plenamente os prazeres simples de Dog Beach. A polícia, sem dúvida instigada pelas forças anti-Dog Beach, começava a apertar o cerco. Eu passeei *Marley* obedientemente ao longo da beira-mar com os outros donos, sentido-me mais no pátio de exercícios de uma prisão do que propriamente na última nesga de terra não regulamentada do Sul da Florida.

Regressei com *Marley* à minha toalha e estava a despejar-lhe uma taça de água do cantil que tinha trazido na mochila quando apareceu um homem tatuado de calções de ganga em tronco nu e botas de trabalho, com um *pit bull terrier* musculado e feroz solidamente acorrentado ao seu lado. Os *pit bulls* são conhecidos pela sua agressividade e haviam granjeado uma especial notoriedade por esta altura no Sul da Florida. Eram a raça preferida dos membros dos *gangs*, dos rufiões e dos durões, e eram frequentemente treinados para serem vis. Os jornais estavam cheios de histórias de ataques de *pit bulls* sem causa aparente, por vezes fatais, quer contra humanos quer contra outros animais. O dono deve ter-me visto a recuar, pois gritou:

— Não se preocupe. O *Killer* não faz mal. Nunca se mete à luta com os outros cães. — Estava eu a começar a suspirar de alívio quando ele acrescentou com um orgulho evidente: — Mas havia de o ver a rasgar um javali! Digo-lhe uma coisa, é capaz de o mandar ao chão e esventrar em pouco mais de quinze segundos.

Marley e *Killer o Pit Bull-Matador-de-Porcos* puxaram pelas respectivas trelas, descrevendo círculos, farejando-se furiosamente um ao outro. *Marley* nunca tinha entrado em luta antes, mas era tão grande relativamente à maioria dos outros cães que também nunca se deixara intimidar por um desafio. Mesmo quando um cão tentava entrar em luta, *Marley* fazia--se de desentendido. Limitava-se a adoptar uma postura de brincadeira, traseiro alçado, cauda a abanar, com um esgar prazenteiro e apalermado no focinho. Mas nunca fora confrontado por um assassino treinado, um esventrador de caça grossa. Imaginei *Killer* a atirar-se repentinamente ao pescoço de *Marley* para não mais o largar. O dono de *Killer* parecia despreocupado.

— Desde que não seja um javali, o mais que pode acontecer é morrer afogado em lambidelas — afirmou ele.

Eu disse-lhe que a polícia tinha estado ali e que iam multar as pessoas que não obedecessem à lei da trela.

— Parece que estão a apertar o cerco — informei-o.

— Isso é uma grandessíssima treta! — gritou ele, e cuspiu na areia. — Há anos que trago os meus cães para esta praia. Ninguém precisa de usar trela nenhuma em Dog Beach. — Era o que faltava! — e com isto desapertou a correia, e *Killer* largou a galopar pelo areal em direcção à água. *Marley* reclinou-se nas patas detrás, saltando para baixo e para cima. Olhou para *Killer* e depois para mim. Olhou outra vez para *Killer* e novamente para mim. As patas revolviam nervosamente a areia, e ele soltou um gemido suave e prolongado. Se falasse, tenho a certeza de que me teria implorado. Escrutinei a linha das dunas; não havia polícias nenhuns à vista. Olhei para *Marley*. *Por favor! Por favor! Por favorzinho! Eu porto-me bem. Prometo.*

— Ande lá, deixe-o lá ir — pediu o dono de *Killer*. — Os cães não foram feitos para passarem a vida atrelados aos donos.

— Oh, que se lixe — disse eu, e desapertei a trela. *Marley* saiu disparado para a água, esgravatando rajadas de areia para cima de nós ao arrancar. Irrompeu mar adentro como se uma onda viesse a cair, desaparecendo na água. Um segundo depois a sua cabeça reemergiu, e assim que se reequilibrou sobre as patas lançou uma placagem de corpo inteiro a *Killer o Pit Bull Matador de Javalis*, atirando-os a ambos ao chão. Rebolaram juntos por baixo de uma onda, e eu sustive a respiração, perguntando-me se *Marley* teria ultrapassado a marca, que levaria *Killer* a reagir com um ataque de fúria assassina *antilabrador*. Mas quando despontaram outra vez à superfície, tinham as caudas a abanar e as bocas ridentes. *Killer* saltava para as costas de *Marley* e *Marley* para as de *Killer*, abocanhando galhofeiramente o pescoço um do outro. Corriam atrás um do outro ao longo da beira-mar, levantando nuvens de água salpicada à sua volta. Saracoteavam, dançavam, lutavam, mergulhavam. Não sei se alguma vez teria, ou terá sido dado desde então, testemunhado um estado de alegria tão genuíno.

Os donos dos outros cães seguiram-nos o exemplo, e daí a pouco já todos, cerca de uma dúzia, corriam livremente pelo areal. Os cães davam-se lindamente; os donos seguiam todas as regras. Isto era Dog Beach como devia ser. Isto era a verdadeira Florida, imaculada e não vigiada, a Florida de um tempo simples e esquecido, imune à marcha do tempo.

Só havia um pequeno problema. À medida que a manhã avançava, *Marley* não parava de beber água salgada. Eu segui atrás dele com uma taça de água fresca, mas ele estava demasiado distraído para beber. Encaminhei-o várias vezes para a taça, mergulhando-lhe o focinho lá dentro, mas ele rejeitava a água doce como se fosse vinagre, interessado apenas em voltar para o pé do seu amigo *Killer* e dos outros cães.

Ao longe, nos baixios, vi-o fazer uma pausa nas suas brincadeiras para beber ainda mais água salgada.

— Pára com isso, seu cretino! — gritei-lhe. — Vais ficar...

Antes que eu tivesse tempo de concluir o meu raciocínio, aconteceu. Começou a ficar com os olhos estranhamente esgazeados e a libertar um horrível som ebuliente das entranhas. Arqueou pronunciadamente as costas e abriu e fechou a boca várias vezes, como se estivesse a tentar tirar alguma coisa do estômago. Os seus membros ergueram-se, o seu abdómen contorceu-se. Eu apressei-me a acabar a minha frase: «enjoado».

No preciso instante em que a palavra me saiu dos lábios, *Marley* cumpriu a profecia, cometendo a suprema heresia de Dog Beach. *GUAAAAAAAAAK!*

Eu desatei a correr para o retirar da água, mas era tarde de mais. Estava tudo a sair-lhe da boca. *GUAA-AAAAAAAAK!* Podia ver a comida de cão da noite anterior a flutuar à superfície, surpreendentemente idêntica ao que era antes de ele a engolir. Bamboleando no meio dos bocados de comida, viam-se pequenos grãos de milho que ele tinha roubado do prato dos miúdos, uma tampa de uma garrafa de leite e a cabeça decepada de um pequeno soldadinho de plástico. A evacuação completa não durou mais de três segundos, e assim que esvaziou o estômago olhou para mim com uns olhos vivos, parecendo inteiramente restabelecido e sem quaisquer efeitos subsequentes, como que dizendo: *agora que já tratei disto, quem quer apanhar umas carreirinhas?* Eu olhei nervosamente em volta, mas ninguém parecia ter dado por nada. Mais ao fundo, os outros donos estavam ocupados com os seus próprios cães; uma mãe, não muito longe dali, estava entretida a ajudar a sua menina a fazer um castelo de areia, e havia meia dúzia de banhistas espalhados pela areia de olhos fechados e barrriga para o ar. *Graças a Deus!*, pensei eu, enquanto chapinhava até à zona de vómito de *Marley*, turvando a água com os pés o mais disfarçadamente possível para dispersar as provas do crime. *Que vergonha não teria sido!* Em todo o caso, dizia eu a mim mesmo, apesar da violação técnica da regra número um de Dog Beach, não tínhamos causado males de maior. Afinal, não passava de comida mal digerida; os peixes ficariam bem gratos, não? Cheguei mesmo a apanhar a tampa do pacote de leite e a cabeça do soldado e pu-las no bolso para não criar confusão.

— Ouve lá, ó tu — disse eu gravemente, agarrando *Marley* pelo focinho e obrigando-o a olhar-me nos olhos. — Pára de beber água salgada. Mas que raio de cão és tu que nem sequer sabe que não deve beber água salgada?

Pensei em arrastá-lo para fora da praia e em pôr imediatamente termo à nossa aventura, mas ele parecia bem agora. Não podia haver rigorosamente mais nada naquele estômago. O mal estava feito e nós tínhamo-nos safado sem que ninguém desse por isso. Soltei-o e ele largou a correr pela praia para ir ter com *Killer* outra vez.

Do que eu não me lembrei foi que, apesar de o estômago de *Marley* estar completamente vazio, o mesmo não acontecia com os seus intestinos. O sol brilhava ofuscantemente na água, e eu semicerrei os olhos para conseguir ver *Marley* a cabriolar com os outros cães. Enquanto o observava, vi-o interromper bruscamente a brincadeira e começar a rodopiar em círculos apertados à beira-mar. Eu conhecia bem aquelas manobras circulares. Era o que ele fazia todas as manhãs no quintal quando se preparava para defecar. Era um ritual, como se não pudesse contentar-se com um sítio qualquer para deixar o presente que se preparava para dar ao mundo. Os rodopios podiam durar um minuto ou mais enquanto ele procurava o pedaço de terra ideal. E agora rodopiava nos baixios de Dog Beach, nessa temerária fronteira onde cão nenhum ousara ainda defecar. Estava a começar a agachar-se. E desta vez tinha audiência. O dono de *Killer* e vários outros donos encontravam-se a escassos metros dele. A mãe e a menina tinham largado o seu castelo de areia para olhar o mar. Um casal aproximou-se, caminhando de mão dada pela beira-mar.

— Não — sussurrei eu. — Por favor, meu Deus, não.

— Hei! — chamou alguém. — Vá buscar o seu cão!

— Não o deixe! — gritou mais alguém.

Enquanto as vozes alarmadas se levantavam, os banhistas de sol apoiaram-se nos cotovelos para ver o motivo de tamanho alarido.

Eu disparei que nem uma seta, correndo o mais depressa que podia para o apanhar antes que fosse tarde de mais. Se ao menos o conseguisse alcançar e puxá-lo da sua posição antes que as suas tripas dessem de si, talvez conseguisse impedir a terrível humilhação, pelo menos o espaço de tempo suficiente para o levar até à duna. Enquanto corria na sua direcção, tive aquilo a que só poderá chamar-se uma experiência de descorporização. Mesmo enquanto corria, era como se estivesse a ver-me de cima para baixo, com a cena a desenrolar-se quadro a quadro. Cada passo parecia demorar uma eternidade. Cada passada batia na areia com um baque surdo. Os meus braços balançavam; a minha cara contorcia-se numa espécie de careta agonizante. Enquanto corria, ia absorvendo as imagens em câmara lenta à minha volta: uma jovem a apanhar banhos de sol, segurando o seu *top* sobre os seios com uma mão e a outra pousada sobre a boca; a mulher a levantar a menina ao colo para se retirar da beira-mar; os donos dos cães, com os semblantes retorcidos de repugnância, a apontar; o dono de *Killer*, o pescoço coriáceo a inchar, aos berros. *Marley* acabara agora de rodopiar e encontrava-se totalmente agachado, olhando para o céu como que recitando uma pequena oração. E eu ouvi a minha própria voz elevando-se acima do estrondear das ondas num grito gutural, prolongado e distorcido: «Nãããããõoooooo!»

Estava quase lá, a dois ou três passos dele.

— *Marley*, não! — gritei. — Não, *Marley*, não! Não! Não! Não! — Não valia a pena. Quando ia a alcançá-lo, explodiu numa rajada de diarreia aquosa. Todos batiam agora em retirada, fugindo para terra seca. Os donos prenderam os seus cães. Os banhistas recolheram as toalhas. Até que terminou. *Marley* saiu da água a trotear em direcção à praia, sacudiu-se com prazer e voltou-se a olhar para mim, alegre e ofegante. Eu saquei de um saco de papel do bolso e fiquei com ele na mão, feito estúpido. Vi logo que não havia nada a fazer. As ondas desfaziam-se, espalhando a porcaria de *Marley* pela água e para a beira-mar.

— Bacano — disse o dono de *Killer* numa voz que me deixou apreciar aquilo que os javalis devem sentir nos instantes fatais do derradeiro ataque de *Killer*. — Isso não é nada fixe.

Não, não era nada fixe. *Marley* e eu tínhamos violado a regra sagrada de Dog Beach. Tínhamos conspurcado a água, não uma mas duas vezes, e estragado a manhã de toda a gente. Era altura de bater rapidamente em retirada.

— Desculpe — balbuciei eu ao dono de *Killer* enquanto enfiava a trela a *Marley*. — Bebeu demasiada água do mar.

De volta ao carro, atirei uma toalha a *Marley* e esfreguei-o vigorosamente. Quanto mais esfregava, mais ele se abanava, e não tardei a ficar coberto de areia, espuma e pêlo. Queria zangar-me com ele. Queria estrangulá-lo. Mas já era tarde de mais. Para além disso, quem não enjoaria depois de beber dois litros de água salgada? Tal como a maior parte das suas asneiras, também esta não fora maliciosa ou premeditada. Não tinha desobedecido a nenhuma ordem nem feito nada com a intenção de me humilhar. Era algo que tinha de acontecer e aconteceu. É certo que o fizera no sítio e na altura errada e em frente a toda a gente. Mas também sabia que ele era uma vítima da sua capacidade mental diminuta. Era o único animal em toda a praia suficientemente estúpido para encher a barriga de água do mar. Era um cão com deficiências mentais. Como podia eu utilizar isso contra ele?

— Escusas de estar tão satisfeito contigo próprio — disse-lhe eu enquanto o enfiava no banco detrás. Mas lá satisfeito estava ele. Estava tão feliz como se lhe tivesse acabado de oferecer uma ilha nas Caraíbas só para ele. O que ele não sabia era que esta seria a última vez que poria as patas em água salgada. Os seus dias, ou melhor, os nossos dias de vadiagem na praia tinham chegado ao fim. — Pois é, cão marinho — disse eu a caminho de casa —, desta vez arranjaste-a bonita. Se os cães forem banidos de Dog Beach, nós vamos saber porquê.

Levaria ainda mais alguns anos, mas no fim foi exactamente isso que aconteceu.

21

UM AVIÃO PARA O NORTE

Pouco depois de Colleen fazer dois anos, desencadeei inadvertidamente uma série de acontecimentos que nos levariam a abandonar a Florida. E fi-lo com o simples clicar de um rato. Tinha acabado a minha coluna mais cedo nesse dia e fiquei com meia hora livre pela frente enquanto esperava pelo meu editor. Por mero capricho decidi dar uma vista de olhos no *website* de uma revista de que me tornara assinante pouco depois de termos comprado a nossa casa de West Palm Beach. A revista era a *Organic Gardening*, que tinha sido lançada em 1942 pelo excêntrico J. I. Rodale e se tornara a bíblia do movimento-de-regresso-à-natureza que floresceu nos anos sessenta e setenta.

Rodale era um homem de negócios de Nova Iorque que se especializara em interruptores eléctricos quando a sua saúde começou a deteriorar-se. Em vez de se voltar para a medicina moderna para resolver os seus problemas, mudou-se da cidade para uma pequena quinta nos arredores da pequena vila de Emmaus, na Pensilvânia, e começou a brincar na terra. Desconfiava profundamente da tecnologia e acreditava que os modernos métodos agrícolas e hortícolas que varriam o país de norte a sul, quase todos dependentes de pesticidas e fertilizantes químicos, estavam longe de ser os salvadores da agricultura americana como se pretendia fazer crer. A teoria de Rodale era que os químicos estavam a envenenar gradualmente a terra e todos os seus habitantes. Começou a fazer experiências com técnicas agrícolas baseadas em processos naturais. Na sua quinta acumulou grandes pilhas compostas de matéria vegetal em decomposição, que, uma vez transformada num húmus rico e escuro, utilizou como fertilizante natural. Cobriu as valas de estrume da sua horta com uma camada espessa de palha para aniquilar as ervas daninhas e reter a humidade. Fez plantações de trevos e luzerna à superfície e revolveu-as debaixo da terra a fim de restituir os nutrientes ao solo. Em vez de usar pesticidas para os insectos, soltou milhares de joaninhas e outros insectos benéficos que devoraram os insectos nocivos. Era um homem um bocado excêntrico, mas as suas teorias valiam por si mesmas. A sua horta floresceu, bem como a sua saúde, e era nas páginas desta revista que ele apregoava os seus êxitos.

Quando comecei a ler a *Organic Gardening*, J. I. Rodale já tinha morrido há muito tempo, tal como o seu filho, Robert, que tornara o negócio familiar, a Rodale Press, numa editora multimilionária. A revista não era propriamente exemplar do ponto de vista da escrita ou da edição. Ao lê-la, ficávamos com a sensação de estar a ler uma coisa lançada por um grupo de devotos dedicados mas amadores da filosofia de J. I., horticultores experientes mas mal preparados como jornalistas; mais tarde, vim a saber que era exactamente este o caso. Ainda assim, a filosofia biológica fazia cada vez mais sentido para mim, especialmente depois do aborto de Jenny e das nossas suspeitas de que ele estivesse de alguma maneira relacionado com os pesticidas que nós tínhamos usado. Quando Colleen nasceu, o nosso quintal era um pequeno oásis biológico no meio de um mar de pesticidas e produtos químicos para relvados e jardins. Era frequente as pessoas que iam a passar diante de nossa casa deterem-se para admirar o nosso jardim, que eu tratava com crescente paixão, sendo que quase todas faziam a mesma pergunta:

«O que lhe põe você para ele ficar assim tão bonito?» Quando eu respondia «não ponho nada», ficavam a olhar para mim, incomodados, como se tivessem acabado de tropeçar nalguma coisa indizivelmente subversiva na organização, homogeneidade e conformismo de Boca Raton.

Nessa tarde no meu gabinete, cliquei através das janelas em organicgardening.com e acabei por descobrir um botão que dizia «oportunidades profissionais». Cliquei, ainda hoje não sei bem porquê. Adorava a minha actividade de colunista; adorava a interacção diária que tinha com os meus leitores; adorava a liberdade de escolher os meus próprios tópicos e de poder ser tão sério ou tão impertinente quanto me apetecesse. Adorava a redacção e as pessoas maliciosas, intelectuais neuróticas e idealistas que gravitavam à sua volta. Adorava estar no meio da grande história do dia. Não tinha o menor desejo de deixar os jornais por uma qualquer editora adormecida no meio de sítio nenhum. Ainda assim, comecei a desbobinar as ofertas de emprego de Rodale, mais por curiosidade do que outra coisa, até me deter petrificado a meio da lista. A *Organic Gardening*, a principal revista da empresa, estava à procura de um novo editor. O meu coração saltou uma batida. Já por várias vezes me pusera a pensar no enorme abanão que um jornalista decente poderia dar na revista, e agora aqui estava a minha oportunidade. Era uma loucura; era ridículo. Uma carreira a escrever histórias sobre couve-flor e compostos? Que interesse poderia eu ter nisso?

Nessa noite falei a Jenny da vaga, plenamente convencido de que ela desataria a chamar-me louco só de considerar semelhante ideia. Mas em vez disso, encorajou-me a enviar um resumo. A ideia de deixar o calor e a humidade, o congestionamento e o crime do Sul da Florida por uma vida simples no campo atraía-a. Tinha saudades das quatro estações e dos montes. Tinha saudades das folhas a cair e das abróteas na Primavera. Tinha saudades de pingentes de gelo e da cidra de maçã.

Queria proporcionar aos nossos filhos e, por incrível que pareça, ao nosso cão a experiência de um nevão.

— O *Marley* nunca apanhou uma bola de neve na vida — disse ela, pateando-lhe o pêlo com o pé nu.

— Ora aí está uma boa razão para mudar de profissão — disse eu.

— Devias experimentar, só para satisfazer a tua curiosidade — disse ela. — Ver o que acontece. Se eles te escolherem, podes sempre recusar.

Tive de admitir que também sonhava em regressar ao Norte. Por muito que tivesse gostado dos nossos doze anos no Sul da Florida, continuava a ser um nortenho nativo que nunca aprendera a deixar de sentir falta de três coisas: montes ondulantes, estações em mudança e campo aberto. Mesmo quando comecei a descobrir os encantos da Florida, com os seus invernos brandos, a sua comida condimentada e a sua miscelânea de gente comicamente irascível, nunca deixei de sonhar em voltar um dia ao meu paraíso privado — não um lote de dimensões postaleiras no coração da hiperpreciosa Boca Raton, mas sim um talhão de terra verdadeira onde pudesse cavar a terra, cortar a minha própria lenha e caminhar pela floresta, com o meu cão ao lado.

Candidatei-me, pois, plenamente convencido de que tudo não passaria de uma farsa. Duas semanas depois tocou o telefone e era a neta de J. I. Rodale, Maria Rodale. Tinha endossado a minha carta a «Caros Recursos Humanos» e fiquei tão surpreendido de estar ao telefone com a dona da companhia que lhe pedi para me repetir o seu último nome. Maria tinha-se interessado pessoalmente pela revista que o avô fundara, e apostava em restituir-lhe a sua antiga glória. Estava convencida de que precisava de um jornalista profissional, e não de mais um horticultor biológico, para conseguir fazê-lo, e queria começar a publicar histórias mais ousadas sobre o meio ambiente, a engenharia genética, a agricultura industrial e o ainda embrionário movimento biológico.

Cheguei à entrevista firmemente decidido a fazer-me de difícil, mas fui apanhado assim que saí do aeroporto e entrei na primeira estrada de campo. Era um postal novo a cada curva: uma quinta com uma casa de pedra aqui, uma ponte coberta ali. Havia riachos gélidos a gorgolejar nas vertentes das colinas e pastos sulcados estendendo-se no horizonte como as vestes douradas de Deus. Também não ajudava nada o facto de ser Primavera e de todas as árvores de Lehigh Valley estarem esplendorosamente floridas. Num sinal de *stop* solitário e rústico, saí do meu carro alugado e fiquei a olhar no meio da estrada. Tanto quanto me era dado ver em qualquer direcção, não havia senão prados e florestas. Nem um carro, nem uma pessoa, nem um edifício. Na primeira cabina que consegui encontrar, telefonei a Jenny:

— Não vais acreditar neste sítio — disse eu.

Dois meses depois já os homens das mudanças haviam carregado a totalidade do recheio da nossa casa de Boca para um enorme camião. O nosso carro e carrinha foram transportados por um reboque. Entregámos as chaves de casa aos novos donos e passámos a nossa última noite na Florida a dormir no chão em casa de um amigo, com *Marley* espojado entre nós.

— Campismo doméstico — guinchou Patrick.

Na manhã seguinte levantei-me cedo e levei *Marley* a dar aquele que seria o seu último passeio em solo da Florida. Ele farejou, puxou e saracoteou enquanto dávamos a volta ao quarteirão, parando para alçar a perna em todos os arbustos e caixas do correio por onde passávamos, alegremente inconsciente da mudança abrupta que eu estava prestes a impor-lhe. Tinha trazido uma caixa de plástico robusta para o transportar no avião, e, seguindo as recomendações do doutor Jay, obriguei *Marley* a abrir a boca e enfiei-lhe uma dose dupla de tranquilizantes pela goela a baixo. Quando o nosso vizinho nos deixou no Aeroporto Internacional de Palm Beach, já ele estava com os olhos vermelhos e extraordinariamente sonolento. Podíamo-lo ter amarrado a um foguete que ele não se teria importado.

No terminal, o clã Grogan formava um belo quadro: dois meninos extraordinariamente excitados a correr em círculos, uma menina esfomeada num carrinho, dois pais stressadíssimos e um cão completamente pedrado. A completar o quadro vinha o resto da nossa comitiva doméstica: duas rãs, três peixes-dourados, um caranguejo ermita-bernardo, um caracol chamado *Sluggy* e uma caixa de grilos vivos para dar de comer às rãs. Enquanto aguardávamos na fila do *check-in*, montei a caixa de plástico de transporte de animais. Era a maior que tinha conseguido encontrar, mas quando chegámos ao balcão, a funcionária olhou para *Marley*, olhou para a caixa, novamente para *Marley*, e disse:

— Não podemos autorizar esse cão a bordo nesse contentor. É demasiado pequeno para ele.

— Na loja dos animais disseram-me que este era o «tamanho grande para cães» — roguei eu.

— O regulamento da FAA exige que o cão possa pôr-se de pé e voltar-se sobre si próprio lá dentro — explicou ela, acrescentando cepticamente: — Ora experimente lá.

Abri a porta e chamei *Marley*, mas ele não estava disposto a entrar voluntariamente nesta cela de prisão portátil. Eu empurrei-o e instiguei-o, tentando acicatá-lo e aliciá-lo, mas ele nem se mexeu. Onde diabo estariam os biscoitos para cão, agora que eu precisava deles? Revolvi os bolsos à procura de algo que servisse para o subornar, até que lá descobri uma caixinha de pastilhas de mentol. Era o melhor que conseguiria arranjar. Tirei uma para fora e estendi-lha debaixo do seu nariz.

— Queres uma pastilha, *Marley*? Vai buscar! — e atirei-a para dentro da caixa. Ele mordeu o isco, claro, e entrou alegremente na casota.

A senhora tinha razão; não cabia lá muito bem. Tinha de se contorcer para que a cabeça não batesse no tecto; mesmo com o nariz a tocar na parede detrás, ficava com o rabo de fora da porta aberta. Eu dobrei-lhe a cauda para baixo e fechei a porta, com um encosto no traseiro.

— Está a ver? — disse eu, na esperança de que ela reconsiderasse a questão.

— Ele tem de conseguir voltar-se — repetiu ela.

— Vira-te, rapaz — mandei eu, gesticulando. — Anda lá, vira-te lá. — Ele lançou-me um olhar sobre o ombro com aqueles seus olhos pedrados, a cabeça a roçar no tecto, como se estivesse à espera de instruções para entender como realizar tal façanha.

Se ele não se conseguisse virar, não seria autorizado a embarcar naquele voo. Olhei para o relógio. Tínhamos doze minutos para passar pela segurança, atravessar a plataforma de embarque e entrar no avião.

— Anda cá, *Marley*! — pedi eu, mais desesperado. — Anda cá! Estalei os dedos. Anda lá — implorei: — Vira-te. Estava prestes a pôr-me de joelhos e a suplicar-lhe quando ouvi um estouro, imediatamente seguido da voz de Patrick.

— Uuuups — disse ele.

— As rãs fugiram! — gritou Jenny, entrando em acção de um pulo.

— *Froggy! Croaky!* Voltem cá! — gritaram os rapazes em uníssono.

A minha mulher estava agora de gatas, correndo pelo terminal enquanto as rãs se mantinham calmamente um pulo à sua frente. Os passageiros começaram a parar especados a olhar. À distância não se conseguiam ver rãs nenhumas, apenas a maluca da senhora com o saco das fraldas pendendo do pescoço, rastejando como se tivesse começado a manhã com um pouco de luar a mais. A julgar pelas suas expressões, podia jurar que estavam à espera que ela começasse a uivar a qualquer momento.

— Desculpe, só um segundo — disse eu tão calmamente quanto possível ao funcionário da companhia para me juntar a Jenny de gatas pelo chão.

Depois de fazermos o nosso número de entretenimento da falange de passageiros da manhã, conseguimos enfim capturar *Froggy* e *Croaky* no preciso momento em que eles se preparavam para dar o derradeiro salto para a liberdade através das portas automáticas. Quando nos voltámos, ouvi um grande estardalhaço vindo da caixa do cão. O engradado estremeceu e arrastou-se pelo chão, e quando espreitei lá para dentro vi que *Marley* arranjara maneira de se voltar para nós.

— Está a ver? — disse eu à supervisora da bagagem. — Ele consegue voltar-se, não se preocupe.

— *Okay* — disse ela, franzindo o sobrolho. — Mas está mesmo a forçar a barra.

Dois funcionários levantaram a casota de *Marley* em peso, puseram-no num carrinho e afastaram-se. Nós fomos a correr para o avião e chegámos no preciso momento em que as hospedeiras se preparavam para fechar o alçapão. Ocorreu-me então que, se por acaso tivéssemos perdido o voo, *Marley* teria desembarcado sozinho na Pensilvânia, uma cena potencialmente pandemónica que eu tão-pouco me atrevia a imaginar.

— Espere! Estamos aqui! — gritei eu, com Colleen ao colo, com os rapazes e Jenny vinte metros mais atrás.

Enquanto nos instalávamos nos nossos lugares, permiti-me finalmente respirar fundo. Conseguíramos arrumar *Marley*. Tínhamos capturado as rãs e apanhado o avião. Próxima paragem, Allentown, Pensilvânia. Agora podia relaxar. Fiquei a ver um carrinho de carga estacionar com uma casota engradada em cima.

— Olhem — disse eu aos miúdos. — Olhem ali o *Marley*. — Eles acenaram pela janela e chamaram:

— Olá, *Uadi*!

Como os motores começassem a aquecer e a hospedeira verificasse os procedimentos de segurança, eu puxei de uma revista. Foi então que reparei que Jenny estava imobilizada na fila à minha frente. Até que comecei a ouvir também. Debaixo dos nossos pés, nas profundezas do avião, vinha um som, abafado mas incontestável. Era um som deploravelmente lamentoso, uma espécie de apelo primitivo que começou num tom cavo e foi subindo a pouco e pouco. *Oh, valha-me Deus, está lá em baixo a uivar*. Para que fique claro, os *labradores retriever* não uivam. Os *beagles* uivam, os lobos uivam, mas os *labradores* não uivam, pelo menos bem. *Marley* tinha tentado uivar duas vezes antes, ambas as vezes em resposta a uma sirene da polícia a passar, atirando a cabeça para trás, arredondando a boca em forma de O e soltando o som mais patético que eu alguma vez ouvi, mais como se estivesse a gargarejar do que a responder a um instinto natural. Mas agora, não restavam dúvidas, estava a uivar.

Os passageiros começaram a levantar os olhos dos seus jornais e romances. Uma hospedeira que vinha a distribuir almofadas deteve-se e levantou a cabeça, intrigada. Uma mulher do outro lado do corredor voltou-se para o marido e perguntou:

— Escuta. Estás a ouvir isto? Parece-me que é um cão.

Jenny olhou em frente. Eu olhei para a minha revista. Se alguém perguntasse, estávamos decididos a renegar a propriedade do nosso cão.

— O *Uadi* está triste — disse Patrick.

Não, filho, queria eu corrigir, quem está triste é um animal qualquer que nós nunca vimos e cuja existência ignoramos. Mas limitei-me a levantar a revista um pouco mais acima da minha cara, seguindo o exemplo do imortal Richard Milhous Nixon: negação plausível. Os motores a jacto silvaram e o avião rolou pela pista, abafando o pranto de *Marley*. Eu imaginava-o no porão escuro, sozinho, assustado, confuso, pedrado, sem sequer ser capaz de se pôr de pé. Imaginei o rugido dos motores, que na cabeça retorcida de *Marley* poderia muito bem ser mais um surto de trovoada com raios fulminantes e imprevisíveis destinados a levá-lo desta para melhor. Pobre tipo. Não estava disposto a admitir que ele fosse meu, mas sabia que ia passar a viagem inteira em cuidados.

O avião mal tinha descolado quando ouvi mais um pequeno estoiro. Desta vez foi Conor quem disse:

— Uuuups.

Olhei para baixo e, mais uma vez, fixei os olhos na revista. *Negação plausível.* Ao fim de alguns segundos, olhei furtivamente em redor. Quando tive a certeza de que ninguém estava a olhar, inclinei-me para a frente e sussurrei ao ouvido de Jenny.

— Não olhes agora, mas os grilos fugiram.

22

NA TERRA DOS LÁPIS

Instalámo-nos numa casa alcantilada em dois acres de terra numa encosta de uma colina abrupta. Ou talvez fosse uma pequena montanha; os locais pareciam discordar sobre este ponto. A nossa propriedade tinha um prado onde podíamos apanhar framboesas silvestres, um bosque onde eu podia cortar lenha a meu bel-prazer, e um pequeno regato correndo directamente da nascente, onde os miúdos e *Marley* não tardaram a descobrir que podiam ficar terrivelmente enlameados. Havia uma lareira e infinitas possibilidades de jardinagem, assim como uma igreja com um campanário branco na colina a seguir, visível da janela da nossa cozinha quando as folhas caíam no Outono.

A nossa nova casa vinha ainda com um vizinho directamente saído de um filme, um homem de barba cor de laranja que vivia numa quinta com uma casa em pedra de 1790 e que aos domingos gostava de ficar sentado no alpendre das traseiras a dar tiros de espingarda para a floresta por mero gozo, para grande pavor e desalento de *Marley*. No nosso primeiro dia na nossa casa nova, veio ter connosco com uma garrafa de licor de cereja e um cesto com as maiores amoras que alguma vez tinha visto. Apresentou-se como Digger. Tal como a sua alcunha nos deixara adivinhar, Digger ganhava a vida como escavador. Se tivéssemos algumas covas para abrir ou terra para remover, explicou ele, bastava dar um berro que ele vinha logo ter connosco com uma das suas grandes máquinas.

— E se atropelarem um veado, venham logo chamar-me — disse ele piscando o olho. — Abatêmo-lo e dividimos a carne antes que o guarda-florestal venha a saber de alguma coisa.

Não restavam quaisquer dúvidas; já não era em Boca que nós vivíamos.

Só havia uma coisa que faltava na nossa nova existência bucólica. Minutos depois de estacionarmos à porta da nossa nova casa, Conor levantou os olhos para mim com grandes lágrimas a escorrerem-lhe pelas faces, e declarou:

— Pensei que ia haver lápis na Pencilvania[3].

Para os nossos filhos, de cinco e sete anos, isto era quase como quebrar uma promessa. Dado o nome do estado que íamos adoptar, ambos haviam chegado plenamente convencidos de que iriam ver utensílios de escrita amarelos pendendo como frutos das árvores e dos arbustos, ali à mão de semear. Ficaram destroçados de saber que não era bem assim.

O que faltava à nossa propriedade em material escolar, sobejava sob a forma de jaritatacas, opossuns, marmotas e sumagres-venenosos, que floresciam ao longo da orla da floresta e se serpenteavam nas árvores, deixando-me arrepiado só de olhar para eles. Uma manhã levantei os olhos para a janela da cozinha enquanto tentava enroscar a cafeteira do café e deparou--se-me um magnífico veado de oito pontas a olhar fixamente para mim. Outra manhã, uma família de perus-selvagens atravessou o nosso pátio das traseiras, gorgolejando. Um belo sábado, ao descer o monte com *Marley* pela floresta, vimos um visom a montar as suas armadilhas. Um visom! Praticamente no meu quintal! Quanto não valeria um contacto destes para o *jet set* de Bocahontas.

---

3 Confusão gerada a partir da palavra *pencil* (por homofonia com *Pennsyl[vania]*), que significa «lápis», em inglês. *(N. do T.)*

Viver no campo era simultaneamente pacífico, encantador — e um tudo-nada solitário de mais. Os holandeses da Pensilvânia eram corteses mas cautelosos com os forasteiros. E nós éramos forasteiros, sem margem para dúvidas. Depois das multidões e filas do Sul da Florida, devia estar a dar graças a Deus pela solidão. Em vez disso, pelo menos nos primeiros meses, dei por mim a ruminar sombriamente na nossa decisão de vir morar para um sítio onde tão poucas pessoas pareciam querer viver.

Marley, por seu lado, não partilhava destas apreensões. Excepção feita ao estrondear da espingarda de Digger a disparar, o novo estilo de vida campesino assentava-lhe na perfeição. Para um cão com mais energia do que juízo, que poderia haver de melhor? Corria pelo relvado, atirava-se contra os arbustos, chapinhava no riacho. A sua grande missão era conseguir apanhar um dos inúmeros coelhos que considerava a minha horta o seu bar de saladas privativo. Localizava um coelho a roer as alfaces e largava a correr pela encosta a baixo numa perseguição emocionante, orelhas a drapejar atrás dele, patas a retumbar no chão, os seus latidos a ecoarem pelo monte. Era tão furtivo como uma banda filarmónica e nunca se aproximava mais de três metros da sua presa sem que esta desaparecesse na segurança do bosque. Fiel ao seu espírito optimista, conservava a eterna esperança de que o sucesso o aguardava ao virar da esquina. Dava um salto para trás, cauda a abanar, nem um pouco desanimado, para recomeçar tudo cinco minutos depois. Felizmente, não era melhor a dar caça às jaritatacas.

Chegou o Outono e com ele um novo jogo endiabrado: o ataque à pilha de folhas. Na Florida, as árvores não largavam as folhas no Outono, pelo que *Marley* estava plenamente convencido de que a folhagem que agora tombava do céu era um presente que lhe era especialmente destinado. Enquanto eu juntava as folhas amarelas e cor de laranja em montículos gigantes, *Marley* ficava sentado a olhar pacientemente, dando tempo ao tempo, à espera do momento certo para atacar. Só depois de eu acumular um monte enorme de folhas é que ele se aproximava furtivamente, rente ao chão. A cada meia dúzia de passos, estacava, erguendo a pata da frente e farejando o ar como um leão-do-serengueti atrás de uma gazela inadvertida. Depois, assim que eu me encostava ao ancinho para admirar a minha obra, ele investia, arremetendo pelo relvado numa série de saltos decididos, lançando-se em voo nos últimos metros, para aterrar estrondosamente sobre a pilha, onde desatava a rosnar, a rebolar-se, a espernear, a esgadanhar e a morder e, por razões que me escapam, a perseguir ferozmente a sua própria cauda, parando apenas quando as folhas se encontravam totalmente espalhadas pelo chão. Depois sentava-se no meio do produto do *seu* labor, com os restos das folhas agarrados ao pêlo, e lançava-me um olhar satisfeito, como se a sua contribuição fosse uma parte indispensável do processo de limpeza das folhas.

Seria de esperar que o nosso primeiro Natal na Pensilvânia fosse coberto de branco. Jenny e eu tínhamos sido obrigados a entrar em negociações difíceis com Patrick e Conor para os convencer a abandonar a sua casa e amigos na Florida, e um dos argumentos decisivos foi a promessa de neve. E não era uma neve qualquer, mas sim uma neve funda, macia, especialmente feita para postais, o tipo de neve que tombava do céu em grandes flocos silenciosos, acumulando-se aos montes, com a consistência ideal para moldar bonecos. E a neve do Dia de Natal, bem, essa era a melhor de todas, a quinta-essência das experiências de Inverno em terras do Norte. Tínhamos-lhes pintado um quadro arrojado, ao estilo das litografias de Currier e Ives em que a manhã de Natal nos reservaria uma paisagem completamente branca e imaculada à excepção das marcas do trenó do Pai Natal à porta da nossa casa.

Na semana que antecedeu o grande dia, sentaram-se os três à janela durante várias horas, olhos fixos no céu de chumbo como se pudessem abrir-lhe as comportas e desencadear uma descarga de neve com a sua força de vontade.

— Vá lá, neve! — entoavam os miúdos.

Nunca tinham visto neve; Jenny e eu não víamos neve há uns bons dez anos. Queríamos neve, mas as nuvens não cediam. Alguns dias antes do Natal, tínhamos enfiado a família inteira na carrinha e seguido até uma quinta a milhas de nossa casa. Aí, cortámos um abeto, demos um belo passeio numa carroça de feno e tomámos uma chávena de cidra quente à volta de uma fogueira. Era o momento típico das férias nortenhas com que tanto sonháramos na Florida, mas continuava a faltar uma coisa. Onde diabo estava a neve? Jenny e eu começávamos a arrepender-nos da forma precipitada como alardeáramos o primeiro nevão. Enquanto rebocávamos a nossa árvore de Natal acabada de cortar, com o cheiro da resina a encher a carrinha, os miúdos queixaram-se de terem sido aldrabados. Primeiro, os lápis, agora, a neve; quantas mentiras mais teriam ainda de ouvir da boca dos pais?

A manhã de Natal reservou um tobogã novinho em folha debaixo da árvore de Natal, suficientemente artilhado para mobilizar uma excursão à Antárctida, mas a vista das nossas janelas continuava a ser só ramos, relvados adormecidos e milheirais castanhos. Acendi uma fogueira de cerejeira na lareira e disse às crianças para terem paciência. A neve viria quando tivesse de vir.

Chegámos ao dia de Ano Novo e ainda continuava sem nevar. Até *Marley* parecia impaciente, pateando e espreitando pelas janelas, ganindo baixinho, como se também sentisse que lhe tinham enfiado uma boa patranha. Os miúdos regressaram à escola depois das férias, e nada. De manhã, enquanto tomávamos o pequeno-almoço, olhavam-me de soslaio, o pai que os tinha traído. Comecei a inventar desculpas esfarrapadas, do género:

— Talvez haja outros sítios onde os meninos e as meninas precisam mais da neve do que nós.

— Está bem, pai — disse Patrick.

Três semanas depois do Ano Novo, a neve veio finalmente resgatar-me do meu purgatório de culpa. Veio durante a noite quando todos estavam a dormir, e Patrick foi o primeiro a fazer soar o alarme, entrando a correr no nosso quarto de madrugada e puxando os estores de repente.

— Olhem! Olhem! — guinchou ele. — Já cá está! Jenny e eu sentámo-nos na cama para contemplar a neve da nossa redenção. Um manto branco cobria as encostas dos montes, os milheirais, as copas dos pinheiros e os telhados, estendendo-se até à linha do horizonte.

— Claro que está — respondi eu com uma voz indiferente. — Eu não vos disse?

A neve tinha mais de um palmo de profundidade e continuava a cair. Conor e Colleen não tardaram a aparecer no corredor, polegares na boca, arrastando os cobertores. *Marley* estava acordado a espreguiçar-se, martelando a cauda contra tudo e mais alguma coisa, sentindo a excitação à sua volta. Eu voltei-me para Jenny e disse:

— Acho que voltar para a cama está fora de questão — e quando ela concordou, voltei-me para os miúdos e gritei: — *Okay*, macaquinhos de neve, toca a vestir!

Durante a meia hora seguinte debatemo-nos com fechos, perneiras, fivelas, gorros e luvas. Quando acabámos, os miúdos assemelhavam-se a múmias e a nossa cozinha aos bastidores dos Jogos Olímpicos de Inverno. E a competir na prova da descida para patetas no gelo, categoria caninos de grande porte, estava... o cão *Marley*. Abri a porta da frente e antes que alguém tivesse tempo de dar um passo, *Marley* saiu disparado que nem uma seta, derrubando a bem acolchoada Colleen pelo caminho. Assim que as suas patas bateram na estranha coisa branca — *Oh, o chão está molhado! Oh, e está frio!* —, pensou duas vezes e tentou uma guinada brusca de cento e oitenta graus. Como qualquer pessoa que já tenha conduzido um carro na neve sabe, uma travagem brusca em simultâneo com curvas apertadas não é lá muito boa ideia.

Marley continuou em plena derrapagem, com o traseiro a rodopiar à sua frente. Caiu num dos flancos por instantes, mas levantou-se imediatamente, que nem uma mola, mesmo a tempo de mandar uma cambalhota sobre as escadas do alpendre, acabando por aterrar de cabeça num monte de neve. Quando voltou a endireitar-se segundos depois, parecia um dónute gigante coberto de açúcar. Excepção feita ao nariz preto e aos olhos castanhos, estava completamente envolto numa capa branca. O abominável cão das neves. *Marley* não sabia o que fazer desta substância desconhecida. Começou a escarafunchá--la com o focinho e soltou um enorme espirro. Mordeu-a e esfregou o focinho contra ela. Depois, como se uma mão invisível houvesse descido do céu para lhe injectar uma dose gigante de adrenalina, largou a correr a toda a brida, precipitando-se através do pátio numa sequência de pulos entrecortados por inúmeras cambalhotas ou mergulhos de cabeça involuntários. A neve era quase tão divertida como assaltar o caixote do lixo do vizinho.

Seguir as pegadas de *Marley* na neve era começar a entender melhor a sua mente retorcida. O seu trajecto estava cheio de piruetas bruscas e viragens e guinadas, rodopios e ziguezagues, de *lutzes* duplos e espirais, como se estivesse a seguir um qualquer algoritmo bizarro que só ele pudesse entender. Os miúdos não tardaram a seguir-lhe o exemplo, rodopiando, rebolando e cabriolando, a neve a entranhar-se em tudo quanto era dobra e fenda da sua roupa de Inverno. Jenny apareceu à porta com quatro canecas de chocolate quente e torradas com manteiga, e anunciou: a escola estava fechada. Eu sabia que não iria conseguir sair com a minha pequena *Nissan* de tracção à frente tão cedo, quanto mais subir e descer as estradas por limpar da montanha, pelo que decidi declarar dia oficial de neve para mim também.

Raspei a neve do círculo de pedra que tinha construído nesse Outono para fazer fogueiras ao ar livre no pátio das traseiras e não tardei a conseguir atear uma fogueira crepitante. Os miúdos deslizaram pela encosta a baixo aos gritos no tobogã, passaram pela fogueira e chegaram à orla da floresta, com *Marley* a correr atrás deles. Olhei para Jenny e perguntei:

— Se alguém te dissesse há um ano que os teus filhos iriam sair de casa de trenó pela porta das traseiras, acreditavas?

— Nem pensar — disse ela, depois levantou-se e atirou--me uma bola de neve que me embateu com um baque no peito. Tinha o cabelo cheio de neve, as faces rosadas, a respiração a formar uma nuvem por cima dela.

— Anda cá e dá-me um beijo — disse eu.

Mais tarde, os miúdos aqueceram-se ao lume, eu decidi dar uma volta no tobogã, algo que não fazia desde que era adolescente.

— Vai uma voltinha? — perguntei a Jenny.

— Lamento, Jean Claude, estás por tua conta — disse ela.

Pus o tobogã a postos no cimo da colina e recostei-me lá dentro, apoiado nos cotovelos, com os pés enfiados na ponta. Comecei a abanar-me para iniciar a descida. Não era todos os dias que *Marley* tinha oportunidade de olhar de cima para mim, e ver-me assim inclinado era o equivalente a um convite. Abeirou-se de mim e farejou-me a cara.

— O que queres tu? — perguntei eu, e foi quanto bastou para ele se sentir bem-vindo. Trepou para bordo, escarranchando-se e deixando-se cair em cima do meu peito. — Sai de cima de mim, seu grandessíssimo camelo! — gritei eu. Mas era tarde de mais. Já estávamos a rastejar para a frente, a ganhar velocidade enquanto iniciávamos a nossa descida.

— *Bon voyage!* — gritou Jenny atrás de nós.

E lá fomos nós a voar sobre a neve, *Marley* em cima de mim, a lamber-me lascivamente a cara enquanto descíamos pela encosta a baixo. Com o nosso peso conjugado, tínhamos consideravelmente mais embalo do que os miúdos, e passámos que nem uma seta pelo sítio onde as marcas deles acabavam.

— Agarra-te bem, *Marley!* — gritei eu. — Vamos entrar na floresta!

Passámos por uma enorme nogueira, depois por duas cerejeiras, evitando miraculosamente todos os objectos não flexíveis enquanto furávamos através dos arbustos, com os ramos a rasgar-nos a pele. De repente ocorreu-me que mesmo ali à frente estava a ribanceira que dava para o ribeiro lá em baixo, ainda congelado. Tentei sacar os pés para fora para fazer de travão, mas estavam presos. A margem era muito íngreme, praticamente uma queda em falso, e nós íamos lá direitinhos. Só tive tempo de envolver *Marley* com os braços, cerrar os olhos, e gritar: «Uoaaaaaah!»

O nosso tobogã voou sobre a ribanceira e caiu debaixo de nós. Senti-me como num desses momentos dos desenhos animados antigos, suspenso no meio do ar por uma fracção de segundo interminável antes de uma queda ruinosa. Simplesmente, neste desenho animado estava grudado a um *labrador retriever* que salivava desalmadamente. Agarrámo-nos um ao outro antes de aterrarmos de chapa num banco de areia com um *puf* suave e, meio suspensos do tobogã, resvalámos para a borda de água. Abri os olhos e inteirei-me do meu estado. Conseguia mexer os dedos dos pés e das mãos e rodar o pescoço; não tinha nada partido. *Marley* estava de pé a saltitar à minha volta, ansioso por repetir a brincadeira. Levantei-me com um grunhido e, enquanto me sacudia, disse: «Estou a ficar velho para estas coisas.» Nos meses que se seguiriam tornar-se-ia cada vez mais evidente que *Marley* também.

Algures no final desse primeiro Inverno na Pensilvânia comecei a notar que *Marley* passara rapidamente da meia-idade à reforma. Fizera nove anos nesse mês de Dezembro, e a pouco e pouco começava a abrandar. Ainda tinha os seus acessos de energia desenfreada e bombeada de adrenalina, tal como tivera no dia do primeiro nevão, mas eram cada vez mais curtos e espaçados no tempo. Contentava-se em dormitar a maior parte do dia, e nas nossas caminhadas começou a cansar-se antes de mim, o que era uma novidade absoluta na nossa relação. Num dia de final de Inverno, com a temperatura ainda muito fria e o perfume do degelo primaveril já no ar, fui com ele pelo nosso monte a baixo e pelo monte seguinte a cima, que era ainda mais íngreme do que o nosso, e onde ficava a pequena igreja branca empoleirada na cumeeira ao lado de um velho cemitério cheio de veteranos da Guerra da Secessão. Era um passeio que fazíamos amiúde e que mesmo o *Marley* dos últimos tempos fazia sem qualquer esforço visível, apesar da inclinação da subida, que nos deixava sempre ofegantes. Desta vez, porém, *Marley* estava a ficar para trás. Eu tentei puxar por ele, gritando palavras de incentivo, mas era como ver um brinquedo a abrandar lentamente à medida que as pilhas acabavam. *Marley* não tinha o vigor para fazer a subida até ao fim. Parei para o deixar descansar antes de continuar, algo que nunca tinha feito antes.

— Não me estás a fazer nenhuma fita, pois não? — perguntei eu, inclinando-me para lhe fazer uma festa com as minhas mãos enluvadas. Ele olhou para mim, os olhos brilhantes, o nariz molhado, nada preocupado com o esmorecimento da sua energia. Tinha um ar extenuado mas contente no focinho, como se a vida não pudesse ser melhor do que isto, estar sentado na berma de uma estrada de campo num dia limpo de fim de Inverno com o dono ao lado. — Se pensas que te vou levar às cavalitas — disse eu —, esquece.

O sol jorrava sobre ele, e eu reparei na quantidade de pêlos cinzentos que tinham surgido no seu focinho amarelo.

Como o seu pêlo era muito claro, o efeito era subtil mas ine-gável. Todo o seu focinho, bem como uma parte da fronte, tinha passado de amarelo a branco. Sem que nós déssemos por ela, o nosso eterno cachorro tinha-se tornado um cidadão sénior.

O que não significava que o seu comportamento fosse melhor. *Marley* continuava a fazer os mesmos disparates de sempre, simplesmente, fazia-os a um ritmo mais lento. Conti-nuava a roubar comida dos pratos das crianças. Continuava a abrir a tampa do lixo da cozinha com o nariz e a revolver o seu interior. Continuava a puxar pela trela. A engolir todo um con-junto e variedade de objectos domésticos. A beber água da banheira e a verter água da boca. E quando o céu escurecia e se ouvia o ribombar dos trovões, continuava a entrar em pânico e a tornar-se destrutivo se estivesse sozinho. Um dia chegámos a casa e demos com *Marley* a espumar pela boca e o colchão de Conor esvaziado e aberto até às molas.

Ao longo dos anos, tínhamos aprendido a lidar com os estragos de modo magnânimo, sendo que estes se haviam tor-nado cada vez menos frequentes agora que estávamos longe do regime de trovoadas diárias do Sul da Florida. Ao longo da vida de um cão haveria inevitavelmente algum estuque a cair das paredes, alguns colchões e tapetes rasgados. Como qualquer relação, esta tinha os seus custos. Eram custos que acabámos por aceitar e contrabalançar com a alegria, protecção e compa-nheirismo que ele nos proporcionava. Poderíamos ter comprado um pequeno iate com todo o dinheiro que gastámos com o nosso cão e nas coisas que ele destruía. Mas mais uma vez, quantos iates é que ficariam à nossa porta durante todo o dia até nós voltarmos? Quantos iates ansiariam pelo momento de nos saltar para o colo ou de descer a encosta a lamber-nos a cara num tobogã? *Marley* tinha conquistado o seu lugar na nossa família. Como um tio melindroso mas adorado. Era o que era. Nunca seria uma *Lassie* ou um *Benji* ou um *Old Yeller*; nunca chegaria a Westminster ou sequer à feira municipal de cães. Já não tínhamos ilusões a esse respeito. Aceitávamo-lo por aquilo que era e adorávamo-lo ainda mais por isso.

— Seu velhadas — disse-lhe eu na berma do caminho nesse dia de fim de Inverno, afagando-lhe o pescoço. O nosso destino, o cemitério, ainda ficava um bom bocado mais acima. Mas tal como na vida, começava eu a perceber, o mais importante não era o destino mas sim a viagem. Ajoelhei-me ao pé dele, passei-lhe a mão pelo flanco, e disse: — Vamos mas é descansar aqui um bocadinho. — Quando ele estava pronto, voltámos a descer a colina e fomos a saltitar até casa.

23

UMA PARADA DE AVES DOMÉSTICAS

Nessa Primavera decidimos tentar a nossa sorte na criação de animais. Possuíamos oitocentos metros quadrados de terra; parecia mais do que natural partilhá-la com um ou dois animais de criação. Para além disso, eu era agora director da *Organic Gardening*, uma revista que há muito vinha enaltecendo a incorporação dos animais — e do respectivo estrume — numa horta saudável e equilibrada.

— Uma vaca era divertido — sugeriu Jenny.

— Uma vaca? — exclamei eu. — Estás louca? — Nem sequer temos um estábulo; onde sugeres que a guardemos, na garagem junto à carrinha?

— E que tal umas ovelhas? — continuou ela. — As ovelhas são giras.

Lancei-lhe aquele meu olhar de não-estás-a-ser-nada-prática.

— Uma cabra? As cabras são amorosas.

Por fim decidimo-nos por aves de capoeira. As galinhas faziam todo o sentido para qualquer agricultor que tivesse renegado o uso de pesticidas e fertilizantes químicos. Eram pouco dispendiosas e relativamente fáceis de tratar. Só precisavam de uma pequena gaiola e de umas quantas chávenas de milho triturado para serem felizes. Para além de nos darem ovos frescos, tinham a vantagem de, quando deixadas à solta, passarem os dias a percorrer zelosamente a propriedade, comendo lagartas e insectos, devorando carraças, remexendo o solo como pequenas motoenxadas muito eficientes e fertilizando-o com os seus excrementos ricos em nitrogénio pelo caminho. Todas as noites ao entardecer voltavam sozinhas para a capoeira. Como não gostar delas? Uma galinha era o melhor amigo do agricultor biológico. Eram perfeitas. Para além disso, como observou Jenny, eram giras.

Vieram as galinhas. Jenny tinha-se tornado amiga de uma mãe da escola que vivia numa quinta e lhe dissera que teria o maior prazer em nos dar alguns pintos da ninhada seguinte, para chocar. Falei a Digger dos nossos planos, e ele concordou que ter ali meia dúzia de galinhas fazia sentido. Digger tinha uma capoeira enorme onde guardava um bando de galinhas para lhe dar ovos e carne.

— Só vos quero avisar de uma coisa — disse ele, cruzando os seus braços roliços sobre o peito. — Façam o que fizerem, não deixem os miúdos baptizá-las. Se as baptizamos, deixam de ser galinhas e passam a ser animais de estimação.

— Certo — concordei.

A criação de galinhas, como eu sabia, não se compadecia com sentimentalismos. As galinhas podiam viver quinze anos ou mais, mas só davam ovos durante os primeiros anos. Quando deixavam de chocar, era altura de irem para o tacho. Fazia parte da gestão de uma capoeira.

Digger lançou-me um olhar severo, como que adivinhando a minha hesitação, e acrescentou:

— No dia em que as baptizamos, acabou-se.

— Sem dúvida — concordei eu. — Nada de nomes.

Na noite seguinte, cheguei a casa do trabalho e vi os meus três filhos saírem de casa a correr para me saudar, cada um com o seu pintainho ao colo. Jenny vinha atrás deles com um quarto nas mãos. A sua amiga Donna trouxera os pintos nessa tarde. Mal tinham um dia de vida e olhavam para mim com as cabeças arrebitadas, como que perguntando: *És tu a minha mãe?*

Patrick foi o primeiro a dar a notícia.

— A minha chama-se *Penas*! — anunciou ele.

— A minha é a *Piu-Piu* — disse Conor.

— *Mia Fofi* — rematou Colleen.

Lancei a Jenny um olhar duvidoso.

— *Fofinha* — esclareceu Jenny. — A Colleen chamou à galinha dela *Fofinha*.

— Jenny — protestei eu. — O que nos disse o Digger? Isto são aves de criação, não são animais de estimação.

— Oh, cai na real, mestre John — disse ela. — Sabes tão bem como eu que eras incapaz de tocar numa coisa destas. Olha só como são giras.

— Jenny — protestei eu, com a frustração a crescer-me na voz.

— Por falar nisso — continuou ela, erguendo o quarto pinto para eu ver —, quero apresentar-te a *Shirley*.

Penas, Piu-Piu, Fofinha e *Shirley* foram morar numa caixa no balcão da cozinha, com uma lâmpada pendurada em cima para as aquecer. Comiam, defecavam e voltavam a comer — e cresciam a uma velocidade alucinante. Uma bela noite, algumas semanas depois de termos trazido as aves para casa, acordei em sobressalto. Sentei-me na cama à escuta. Do fundo das escadas no piso de baixo, ouvia-se um grasnido débil e achacadiço. Era um som áspero e crocitante, dir-se-ia que uma tosse tísica, mais do que um grito de dominação. E voltou a soar: *Cá-carará-cá-cá*! Passados alguns segundos vinha a resposta, igualmente achacadiça: *Cu-cururu-cu-cu*!

Abanei Jenny e quando ela abriu os olhos, perguntei:

— Quando a Donna te trouxe as galinhas, pediste-lhe para confirmar se eram mesmo galinhas, não pediste?

— Quer dizer que se pode fazer isso? — perguntou ela, e voltou-se para o lado, dormindo profundamente.

Chama-se triagem. Os agricultores experientes sabem examinar um pinto recém-nascido e determinar, com cerca de oitenta por cento de certeza, se se trata de um macho ou de uma fêmea. Nas lojas de animais, os pintos-fêmeas são significativamente mais caros. A opção mais económica é comprar aves «no escuro», isto é, de género indeterminado. Aposta-se na sorte com os pintos recém-nascidos, assumindo que os machos serão degolados ainda jovens para comer, e as galinhas mantidas para pôr ovos. Escusado será dizer que o jogo de comprar no escuro implica que estejamos preparados para matar, destripar e depenar os machos que nos venham a calhar em sorte. Como qualquer pessoa que já tenha criado galinhas sabe, dois galos numa capoeira significa que há um galo a mais.

Como se veio a comprovar, Donna não tinha tentado determinar o género dos nossos quatro pintos, e três das nossas «galinhas» eram machos. Tínhamos agora no balcão da cozinha uma *boys town* USA em versão avícola. O problema com os galos é que nunca estão dispostos a ser o segundo-violino de outro galo. Face a um número equivalente de galos e galinhas, poderíamos ser levados a pensar que eles pudessem emparelhar-se em casalinhos felizes tipo *Ozzie* e *Harriet*. Puro engano. Os machos lutam incessantemente, engalfinhando-se numa guerra sangrenta para determinar quem tomará o poleiro. O vencedor fica com tudo.

Ao entrarem na adolescência, os nossos três galos começaram a empertigar-se e a dar bicadas e, mais descoroçoante, tendo em conta que ainda se encontravam na nossa cozinha enquanto eu tentava concluir as obras da capoeira no pátio das traseiras, a dar largas aos seus corações bombeados a testosterona. *Shirley*, a nossa pobre fêmea sobreonerada e solitária, estava a receber muito mais atenções do que a mais lasciva das mulheres poderia desejar.

Eu julgava que o crocitar constante dos nossos galos levaria *Marley* à loucura. Nos seus bons tempos, bastava um chilreio doce e isolado de um rouxinol no pátio das traseiras para ele desatar a ladrar freneticamente e a correr de janela em janela, pulando que nem uma mola nas patas traseiras. Pelo contrário, três galos crocitantes a meia dúzia de passos da sua taça da comida não exerciam sobre ele o menor efeito. Parecia nem sequer dar pela sua presença. A cada dia que passava a cantoria dos galos tornava-se cada vez mais forte e estridente, ecoando pela casa às cinco da madrugada. *Có-corocó-có-cóóó*! *Marley* continuava a dormir, indiferente à algazarra. Foi então que pela primeira vez me ocorreu que talvez ele não estivesse a ignorar a vozearia; talvez não a estivesse a ouvir. Uma tarde acerquei-me dele por detrás enquanto ele ressonava na cozinha e disse: «*Marley*?» Nada. Voltei a chamá-lo, desta vez mais alto: «*Marley*!» Nada. Bati palmas e gritei: «*MARLEY*!» Ele ergueu a cabeça e olhou cegamente de um lado para o outro, tentando perceber o que fora que o seu radar detectara. Eu voltei a chamá-lo ainda mais alto, batendo palmas com toda a força. Desta vez voltou a cabeça para trás o suficiente para se aperceber da minha presença atrás dele. *Ah, és tu*! Levantou-se de um pulo, cauda a abanar, feliz — e claramente surpreendido — de me ver. Chocou nas minhas pernas e lançou-me um olhar embaraçado como que perguntando: *que ideia é essa de te esconderes atrás de mim dessa maneira*? Aparentemente, o meu cão estava a ficar surdo.

Tudo começava a fazer sentido. De há uns meses a esta parte que *Marley* parecia ignorar-me de uma maneira que nunca havia feito antes. Eu chamava por ele e ele nem sequer se dignava olhar para mim. Levava-o à rua antes de voltar para casa ao fim do dia, e ele ficava a farejar pelos cantos do quintal, indiferente aos meus assobios e chamamentos para voltar para dentro. Quando estava a dormir aos meus pés na sala de estar e alguém tocava à campainha, nem um olho abria.

As orelhas de *Marley* tinham-lhe criado problemas desde muito cedo. Como muitos *labradores retriever*, era atreito a infecções nas orelhas, o que nos obrigara a gastar uma pequena fortuna em antibióticos, unguentos, loções, gotas e idas ao veterinário. Chegou mesmo a ser submetido a uma pequena cirurgia para lhe encurtar os canais dos ouvidos numa tentativa de corrigir o problema. Até trazermos os nossos galos impossíveis de ignorar para casa nunca me tinha ocorrido que todos esses anos de problemas haviam deixado as suas marcas e que o nosso cão vinha gradualmente a mergulhar num mundo de sussurros abafados e distantes.

Não é que ele se importasse. A reforma assentava-lhe na perfeição e os seus problemas auditivos não pareciam interferir no seu estilo de vida desocupada no campo. Quando muito, a surdez acabou por se revelar uma feliz coincidência, dando-lhe finalmente uma desculpa medicamente atestada para nos desobedecer. Afinal de contas, como poderia ele obedecer a uma ordem que não ouvia? Por mais estúpido que eu teimasse em considerá-lo, juro que ele percebeu como tirar partido da sua surdez. Se lhe deitássemos um naco de carne para o prato, lá vinha ele a trotear da sala do lado para a cozinha. Continuava a reconhecer o baque pesado e satisfatório da carne no metal. Mas se houvesse um sítio qualquer onde ele quisesse ir, bem podíamos chamá-lo aos berros que ele continuava a afastar-se alegremente como se não fosse nada com ele, sem sequer nos olhar de esguelha com um ar culpabilizado como costumava fazer.

— Acho que o cão nos anda a aldrabar — disse eu a Jenny.

Ela concordou que os problemas auditivos de *Marley* pareciam algo selectivos, mas de cada vez que o púnhamos à prova, esgueirando-nos atrás dele, batendo palmas, ou gritando pelo seu nome, ele não respondia. E de cada vez que lhe deixávamos cair comida no prato, aparecia logo a correr. Parecia surdo a todos os sons menos ao que era mais caro ao seu coração, ou melhor, à sua barriga: o som do jantar.

Marley passava a vida com uma fome insaciável. Não só lhe dávamos quatro grandes conchas de comida de cão por dia

— o suficiente para sustentar uma família inteira de chihua-huas durante uma semana — como começámos a complemen-tar a sua dieta com restos à mesa, contrariando as recomendações de todos os guias de cães que tínhamos lido. Os restos à mesa, como nós bem sabíamos, só serviam para programar os cães para preferirem comida humana à comida de cão (e podendo escolher entre um hambúrguer meio comido e granulado, como censurá-los?). Os restos à mesa eram um passaporte para a obe-sidade canina. Os *labradores*, em particular, eram atreitos à obesidade, especialmente ao atingirem a meia-idade e daí para a frente. Alguns, sobretudo os de origem inglesa, tornavam-se tão roliços ao atingir a idade adulta, que pareciam ter sido insu-flados com uma mangueira de ar, prontos a flutuar pela Quinta Avenida a baixo no desfile do Dia de Acção de Graças de Macy.

Mas o nosso, não. *Marley* tinha muitos problemas, mas a obesidade não se encontrava entre eles. Por mais calorias que devorasse, queimava sempre mais do que ingeria. A sua exu-berância hipersensível consumia quantidades imoderadas de energia. Era como uma central eléctrica de alta voltagem que convertia todos os gramas de combustível disponível em ener-gia pura e dura. *Marley* era um espécime fisicamente assom-broso, o tipo de cão que as pessoas paravam na rua para admirar. Era grande para um *labrador retriever*, consideravelmente maior do que a média dos machos da sua espécie, que oscilam entre trinta e trinta e seis quilos. Mesmo em velho, o grosso da sua massa era puro músculo — quarenta e três quilos de músculos fibrosos e ondulantes sem um único quilo de gordura. A sua caixa torácica era do tamanho de um pequeno barril de cer-veja, mas as costelas propriamente ditas sobressaíam-lhe abaixo do pêlo sem nada de permeio. Não estávamos preocupados com a obesidade; pelo contrário. Nas nossas inúmeras visitas ao dou-tor Jay antes de deixarmos a Florida, Jenny e eu manifestáva-mos as mesmas preocupações: dávamos-lhe toneladas de comida, mas ele continuava a ser muito mais magro do que a maioria dos *labradores* e parecia estar sempre esfomeado, mesmo depois de devorar um balde de granulado que mais parecia destinado a um cavalo de trabalho. Estaríamos a deixá-lo passar fome? O doutor Jay respondia sempre da mesma maneira. Passava as mãos pelos flancos lustrosos de *Marley*, desencadeando uma giravolta de felicidade incontida pela exígua sala de observações, e dizia-nos que, em termos estritamente físicos, *Marley* era um cão praticamente perfeito.

Continuem a fazer como até aqui — dizia o doutor Jay. Depois, como *Marley* lhe embatesse contra as pernas ou arrebatasse uma bola de algodão de cima do balcão, o doutor Jay acrescentava: — Escusado será dizer que o *Marley* gasta grandes quantidades de energia nervosa.

Todas as noites depois do jantar, quando chegava a hora de lhe dar a refeição, enchia-lhe o prato de comida para cão e misturava quaisquer restos ou nacos de comida que encontrasse. Com três crianças à mesa, restos de comida era coisa que não nos faltava. Côdeas de pão, nervos de bifes, óleo de fritar, peles de galinha, molhos de carne, arroz, puré de ameixa, sanduíches, pasta de três dias — ia tudo para o prato. O nosso cão podia comportar-se como o bobo da corte, mas comia como o príncipe de Gales. Os únicos alimentos que não lhe dávamos eram aqueles que sabíamos serem nocivos à saúde dos cães, tais como produtos lácteos, doces, batatas e chocolates. Tenho um problema com as pessoas que dão comida humana aos animais, mas oferecer a *Marley* restos de comida que de outro modo iriam directamente para o caixote do lixo fazia-me sentir poupado — não gastes mais do que precisas — e caridoso. Estava a proporcionar ao sempre agradecido *Marley* uma pausa na insuportável monotonia da comida para cão.

Quando não funcionava como dispositivo de escoamento de lixo doméstico, *Marley* estava de serviço como patrulha de recolha de derramamentos. Não havia confusão, por maior que fosse, de que o nosso cão não estivesse à altura. Quando um dos miúdos entornava uma tigela cheia de almôndegas com massa no meio do chão, nós limitávamo-nos a assobiar, recostados nas nossas cadeiras enquanto a nossa velha língua aspiradora sugava tudo até à última migalha lambendo o chão até brilhar. Ervilhas extraviadas, rodelas de aipo, *rigatoni* errantes, molho de maçã derramado, não importava o que fosse. Tudo o que caísse ao chão desaparecia num abrir e fechar de olhos. Para grande assombro dos nossos amigos, até as verduras da salada ele engolia.

Não é que a comida tivesse necessariamente de cair ao chão para acabar na barriga do nosso cão. *Marley* era um ladrão profissional e sem escrúpulos, especialmente vocacionado para a depredar a criancinhas inocentes sem nunca deixar de se certificar de que Jenny e eu não estávamos a olhar primeiro. As festas de aniversário eram verdadeiros filões. Abria caminho por entre a multidão de criancinhas da pré-primária, abocanhando cachorros-quentes directamente das suas mãozinhas sem qualquer espécie de vergonha. Numa dessas festas, em particular, estimámos que ele tinha acabado por comer dois terços do bolo de aniversário, arrebatando fatia após fatia dos pratos de plástico no colo das criancinhas.

A quantidade de comida que ele devorava, ou o grau de legitimidade com que o fazia, era irrelevante, pois queria sempre mais. Quando a surdez sobreveio, não ficámos totalmente surpreendidos com o facto de o baque doce e suave da comida a cair no prato ser o único som que ele ainda ouvia.

Um dia cheguei do trabalho e não encontrei ninguém em casa. Jenny tinha ido com os miúdos a qualquer lado. Chamei por *Marley* mas não obtive resposta. Subi ao andar de cima, onde ele às vezes ficava a dormir quando estava sozinho, mas nada de *Marley*. Depois de mudar de roupa, voltei a descer as escadas e encontrei-o na cozinha a fazer das suas. Estava de costas para mim, erguido nas patas detrás, com as da frente apoiadas na mesa da cozinha enquanto devorava os restos de uma tosta de queijo. A primeira coisa que me ocorreu foi desatar a ralhar-lhe em voz alta, mas em vez disso decidi ver até onde podia aproximar-me sem ele se aperceber de que tinha companhia. Fui por trás em bicos dos pés até me encontrar suficientemente perto para lhe tocar. Enquanto mastigava as côdeas, olhava fixamente para a porta que dava para a garagem, sabendo que era por ali que Jenny e os miúdos entrariam quando chegassem. Assim que visse a porta a abrir-se, esconder-se-ia imediatamente debaixo da mesa, fingindo estar a dormir. Aparentemente, não lhe ocorreu que o dono pudesse chegar a casa primeiro e entrar furtivamente pela porta da frente.

— Ah, és tu *Marley*? — perguntei eu numa voz normal. — O que julgas tu que estás a fazer?

Ele continuou a mandar a sua sanduíche abaixo, sem suspeitar minimamente da minha presença. A sua cauda abanava lentamente, um sinal claro de que julgava estar sozinho e a safar-se com a sua copiosa rapinagem. Estava claramente satisfeito consigo mesmo.

Eu pigarreei alto e bom som, mas ele continuou sem me ouvir. Fiz sons beijoqueiros com os lábios. Nada. Acabou de polir um prato, arredou-o com o focinho e esticou-se mais para a frente para alcançar as côdeas de um segundo prato.

— És um cão tão malcomportado — disse eu enquanto ele mastigava. Estalei os dedos duas vezes e ele imobilizou-se a meio de uma trinca, de olhos postos na porta das traseiras.

O que foi isto? Terei ouvido a porta de um carro a bater? Passado um momento, convenceu-se de que fosse lá o que fosse que tinha ouvido não devia ser nada e retomou o seu lanche rapinado.

Foi então que eu me estiquei e lhe dei uma palmada no traseiro. Foi como se tivesse incendiado o rastilho de uma barra de dinamite. O velho cão quase saltou para fora do seu próprio pêlo. Recuou disparado para debaixo da mesa e, assim que me viu, estendeu-se no chão, rebolando-se de barriga para o ar em sinal de rendição.

— Foste apanhado! — disse-lhe eu. — Com a boca na botija! — Mas já não tive coragem para lhe ralhar. Estava velho; estava surdo; estava para lá da reforma. Já nada o faria mudar. Apanhá-lo desprevenido fora divertido. Tinha-me rido em voz alta quando o vi saltar. Agora, vê-lo ali deitado a implorar o meu perdão parecia-me um pouco triste. Creio que, no fundo, tinha uma secreta esperança de que ele tivesse estado a fingir o tempo todo.

Acabei de construir a capoeira, um estrutura de madeira compensada com uma prancha tipo ponte levadiça que podia ser recolhida durante a noite a fim de evitar a entrada de predadores. Donna fez a gentileza de voltar a levar dois dos nossos três galos e de os trocar por duas galinhas da sua capoeira. Tínhamos agora três meninas e um tipo com uma crista na cabeça bombeado de testosterona que passava todo o santo dia a fazer uma de três coisas: procurando sexo, fazendo sexo ou a cantarolar jactanciosamente as suas façanhas sexuais. Jenny comentou que os galos eram aquilo que os homens seriam se fossem abandonados aos seus próprios mecanismos, sem convenções sociais para refrear os seus instintos mais básicos, e eu não podia deixar de concordar com ela. Tinha de admitir que até sentia uma certa inveja daquele filho da mãe.

Soltávamos as galinhas todas as manhãs para nos percorrerem o quintal, e *Marley* fazia-lhes algumas perseguições galantes, arremetendo sobre elas a ladrar durante meia dúzia de metros ou assim até perder o fôlego e desistir. Era como se lá no fundo estivesse a receber uma mensagem urgente do seu código genético: «És um cão de caça; eles são pássaros. Não te parece que talvez fosse boa ideia ires atrás deles?» Mas faltava-lhe convicção. As galinhas não tardaram a perceber que a velha besta amarela não constituía ameaça alguma, que era um pequeno incómodo, mais do que qualquer outra coisa, e *Marley* aprendeu a partilhar o quintal com estes novos intrusos emplumados. Um dia levantei a cabeça enquanto arrancava as ervas do quintal e vi *Marley* e as quatro galinhas a dirigirem-se a mim em fila indiana, com as aves a debicar e *Marley* a farejar o chão pelo caminho. Era como se fossem velhos amigos a dar um passeio num domingo à tarde. — Mas que espécie de cão de caça és tu? — escarnecia eu. *Marley* alçava a pata e urinava num tomateiro antes de ir a correr juntar-se às suas novas amigas.

24

O QUARTO DO PENICO

Há coisas que se podem aprender com um velho cão. À medida que os meses passavam e as enfermidades aumentavam, *Marley* ensinou-nos acima de tudo a lidar com a inexorável finitude da vida. Jenny e eu ainda mal entráramos na meia-idade. Os nossos filhos eram pequenos, éramos ambos saudáveis, os nossos anos de reforma, uma perspectiva insondável e distante. Teria sido fácil ignorar o medo inexorável da idade, fingir que ela pudesse passar por nós incolumemente. Mas *Marley* não permitiria que nos déssemos a esse luxo. Enquanto o víamos ficar grisalho, surdo e caquéctico, não havia como ignorar a sua mortalidade — e a nossa. O envelhecimento toca-nos a todos, mas no caso de um cão, fá-lo com uma rapidez que é ao mesmo tempo empolgante e ponderosa. Num breve espaço de doze anos, *Marley* passara de cachorro traquina, adolescente problemático e adulto musculado a cidadão sénior. Envelhecia cerca de sete anos para cada um dos nossos, o que o colocava, em tempo humano, vertiginosamente a caminho dos noventa.

Os seus dentes, outrora reluzentes, haviam dado lugar a excrecências castanhas. Faltavam-lhe três das suas presas da frente, partidas uma a uma durante os seus ataques de pânico enquanto tentava desesperadamente escavar um refúgio com unhas e dentes. O seu hálito, já de si um pouco suspeito, assumira agora o aroma de um contentor do lixo cozido ao sol. O facto de ter tomado o gosto a essa pequena iguaria vulgarmente conhecida como caca de galinha também não ajudava. Para nossa grande repulsa, devorava-a como se fosse caviar.

A sua digestão também já não era a mesma de outros tempos, pelo que se tornou mais gasoso do que uma central de gás natural. Havia dias em que jurava que, se acendesse um fósforo, a casa iria pelos ares. *Marley* era capaz de esvaziar uma sala inteira com as suas ventosidades silenciosas e mortíferas, cuja intensidade parecia ser directamente proporcional ao número de convidados que tivéssemos em casa para jantar. «*Marley!* Outra vez não!», gritavam as crianças em uníssono, liderando a retirada. Por vezes chegava a afugentar-se a si próprio. Lá estaria ele a dormir pacificamente quando o cheiro lhe chegava às narinas; arregalava subitamente os olhos e engelhava o sobrolho, como que perguntando: *valha-me Deus, quem se descuidou?* Após o que se levantava e passava distraidamente à sala do lado como se não fosse nada com ele.

Quando não estava a soltar gases, estava lá fora a defecar. Ou pelo menos a pensar nisso. A sua meticulosidade quanto ao local onde se agachava para defecar tornara-se uma obsessão compulsiva. De cada vez que o levava à rua, demorava cada vez mais tempo a escolher o sítio ideal. Passeava-se para trás e para a frente; dava voltas e mais voltas, farejando, detendo-se, esgravatando, rodopiando, prosseguindo, e tudo isto sem nunca deixar de ostentar um esgar ridículo no focinho. Enquanto ele passava o quintal a pente fino à procura do seu agachamento quintessencial, eu ficava à espera cá fora, por vezes debaixo de chuva, por vezes de neve, por vezes na escuridão da noite, por vezes descalço, ocasionalmente de *boxers*, sabendo por experiência própria que não poderia correr o risco de não o vigiar não fosse ele decidir ziguezaguear pelo monte a cima para visitar os cães da estrada mais próxima.

Esgueirar-se para longe tornou-se o seu desporto preferido. Se a oportunidade surgisse e ele achasse que podia safar-
-se, saía disparado para o limite da propriedade. Disparado
talvez não seja o termo mais adequado. Era mais do género de
farejar e arrastar-se de arbusto em arbusto até desaparecer de
vista. Uma noite, já tarde, deixei-o sair pela porta da frente
para a sua última volta antes de ir para a cama. A chuva gelada
ia derretendo a neve no chão, e eu virei costas para apanhar
um impermeável do armário da entrada. Quando voltei a sair,
não vi o meu cão em lado nenhum. Avancei pelo quintal, assobiando e batendo palmas, ciente de que ele não me podia ouvir,
mas certo de que o mesmo não se passava com todos os vizinhos. Durante vinte minutos percorri os quintais dos nossos
vizinhos debaixo de chuva, fazendo grande sensação com as
minhas *boxers*, botas e gabardina. Rezei para que não se acendesse nenhuma luz. Quanto mais o procurava, mais irritado
ficava. *Onde diabo se enfiou desta vez?* Mas à medida que os
minutos passavam, a minha raiva dava lugar à preocupação.
Lembrava-me daqueles velhos que faziam notícia nos jornais
por se afastarem dos seus lares de terceira idade e que eram
encontrados congelados na neve três dias depois. Voltei para
casa, subi as escadas e acordei Jenny.

— O *Marley* desapareceu — disse eu. — Não o consigo
encontrar em lado nenhum. Está lá fora no meio da chuva e da
neve.

Ela levantou-se imediatamente, puxando as calças de ganga
e enfiando as botas e a camisola. Juntos alargámos as buscas.
Conseguia ouvi-la lá no alto da colina, assobiando e chamando
por ele enquanto eu furava pela floresta na escuridão, meio à
espera de o encontrar estendido e inconsciente no leito de um
regato.

Por fim, os nossos caminhos cruzaram-se.

— Alguma coisa? — perguntei.

— Nada — disse Jenny.

Estávamos ensopados da chuva e sentia o frio a queimar-me as pernas nuas.

— Anda — disse eu. — Vamos para casa aquecer-nos que eu depois volto com o carro.

Descemos o monte e subimos a rampa para casa. Foi então que o vimos, abrigado sob o beirado e exultante de nos ter de volta. Estava a ponto de o matar. Em vez disso, trouxe-o para casa e cobri-o com uma toalha, com o cheiro inconfundível a cão molhado a impregnar a cozinha. Extenuado da sua excursão nocturna, *Marley* encostou-se e só se voltou a mexer já perto do meio-dia do dia seguinte.

A visão de *Marley* tornara-se indistinta, e os coelhos podiam agora passar a três metros do seu nariz sem que ele desse por nada. Começara a largar grandes quantidades de pêlo, obrigando Jenny a aspirar a casa todos os dias — e mesmo assim não conseguia dar conta do recado. O pêlo entranhava-se em todas as frestas da casa, em todas as peças de roupa do guarda-fatos e em quase todas as nossas refeições. Toda a vida largara pêlo, mas aquilo que antes eram pequenas lufadas tinha dado lugar a verdadeiras tempestades de pêlo. Quando se sacudia soltava uma nuvem de pêlo flutuante à sua volta, repousando em todas as superfícies em redor. Uma noite, enquanto via televisão, estiquei a perna para fora do sofá e afaguei-lhe distraidamente a sua coxa com o pé nu. No intervalo do programa, olhei para baixo e vi uma bola de pêlo do tamanho de uma toranja no sítio onde tinha estado a esfregar. As suas bolas de pêlo rebolavam pelo soalho de madeira como cardos corredores numa planície ventosa.

O mais preocupante eram as suas coxas, que quase o haviam abandonado. A artrite atacara-lhe as articulações, enfraquecendo-as e causando-lhe dores. Esse mesmo cão que em tempos fora capaz de me carregar como um cavalo selvagem, esse cão que me conseguia levantar as quatro pernas da mesa da sala de estar com o dorso e fazê-la desandar através da sala, mal conseguia agora levantar-se. Gemia de dores quando se deitava e voltava a gemer quando tentava levantar-se. Eu ainda nem me apercebera até que ponto as suas coxas estavam fracas até ao dia em que lhe dei uma leve sapatada no traseiro e o vi desfalecer nas patas detrás como se tivesse sido placado por um jogador de râguebi. Caiu redondo no chão. Foi doloroso de ver.

Subir as escadas para o piso de cima começava a tornar--se cada vez mais difícil para ele, mas nem lhe passava pela cabeça dormir sozinho no rés-do-chão, nem mesmo depois de lhe termos arranjado uma cama de cão ao fundo das escadas. *Marley* adorava as pessoas, adorava estar aos pés delas, adorava pousar o queixo no colchão e bafejar-nos na cara enquanto dormíamos, adorava enfiar a cabeça por trás da cortina do chuveiro enquanto tomávamos banho, e não era agora que ia deixar de ser assim. Todas as noites, quando Jenny e eu recolhíamos ao nosso quarto, ele ficava a lamentar-se ao fundo das escadas, ganindo, gemendo, pateando, ensaiando o primeiro passo com a pata da frente enquanto tentava arranjar coragem para a ascensão que ainda há pouco tempo fazia com a maior das facilidades. Eu ficava ao cimo das escadas a acenar-lhe:

— Anda lá, rapaz. Tu és capaz. — Ao fim de vários minutos nisto, *Marley* desaparecia do outro lado da esquina para ganhar balanço e depois arremeter para cima, com as patas dianteiras a suportarem a maior parte do peso. Umas vezes conseguia; outras enguiçava a meio da subida e tinha de voltar ao chão e tentar novamente. Nas suas tentativas mais deploráveis perdia completamente o pé e deslizava ingloriamente escadas a baixo sobre a barriga. Era grande de mais para eu o carregar, mas a pouco e pouco comecei a dar por mim a segui-lo pelas escadas, a levantar-lhe o traseiro a cada passo enquanto ele pulava com as patas da frente.

Devido à dificuldade que as escadas agora lhe levantavam, pensei que *Marley* iria tentar limitar o número de viagens
que fazia para baixo e para cima. Mas isso era dar demasiado
crédito ao seu bom senso. Por mais dificuldade que tivesse em
subir as escadas, se eu voltasse a descer ao rés-do-chão por
qualquer motivo, para apanhar um livro ou desligar as luzes,
por exemplo, ele vinha imediatamente atrás de mim, aos trambolhões pelas escadas a baixo, para ter de repetir a tortuosa
ascensão poucos segundos depois. Jenny e eu começámos a
esgueirar-nos sorrateiramente para o rés-do-chão quando ele
estava lá em cima para que não se sentisse tentado a vir atrás
de nós. Julgávamos que seria fácil descer as escadas às escondidas agora que os seus ouvidos estavam nas últimas e que ele
andava a dormir cada vez mais tempo e mais profundamente
do que nunca. Mas parecia saber sempre que nós tínhamos escapado. Enquanto eu lia na cama, *Marley* dormia no chão ao meu
lado, ressonando profundamente. Eu puxava então os cobertores para trás, esgueirava-me da cama e passava por ele em bicos
dos pés até sair do quarto, voltando-me para trás para me certificar de que não o tinha acordado. Ao fim de poucos minutos cá em baixo, ouvia as suas passadas retumbando pelas escadas,
descendo à minha procura. Podia ser surdo e meio cego, mas
aparentemente o seu radar continuava em bom estado.

Isto continuou assim não só de noite como durante o dia.
Enquanto lia o jornal na mesa da cozinha com *Marley* enroscado aos meus pés e decidia levantar-me para voltar a encher
a chávena de café do outro lado da sala. Apesar de não me perder de vista e de saber que eu voltaria daí a um instante, levantava-se com grande dificuldade para se arrastar até ao pé de
mim. Assim que acabava de arranjar uma posição confortável
aos meus pés eu voltava outra vez para a mesa, para onde ele
tornava a arrastar-se a muito custo. Alguns minutos mais tarde,
ia à sala de estar para ligar a aparelhagem, e mais uma vez ele
se debatia para seguir atrás de mim, descrevendo vários círcu-

los e desfalecendo com um gemido ao meu lado exactamente quando eu me preparava para ir embora. E era assim, não só comigo como com Jenny e os miúdos.

À medida que a idade não perdoava, *Marley* tinha dias bons e dias maus. Também tinha bons minutos e maus minutos, por vezes tão próximos entre si que era difícil acreditar tratar-se do mesmo cão.

Uma noite, na Primavera de 2002, levei *Marley* a dar um passeio pelo quintal. Estava uma noite fresca, com menos de dez graus, e ventosa. Revigorado pelo ar fresco, comecei a correr, e *Marley*, também ele reanimado, galopou ao meu lado tal como nos bons velhos tempos. Cheguei mesmo a dizer-lhe:

— Estás a ver, *Marl*, ainda tens um bocadinho do cachorro dentro de ti.

Trotámos juntos de volta para a porta da entrada, ele com a língua de fora, feliz e ofegante, os olhos muito abertos. Quando chegou à entrada do alpendre, tentou saltar os dois degraus atamancadamente — mas as suas coxas traseiras cederam enquanto tentava lançar-se, pelo que se viu estranhamente preso, as patas da frente no patamar, a barriga pousada nos degraus e o traseiro caído no passeio. Ali ficou, olhando para mim como se não soubesse o que tinha causado uma cena tão embaraçosa. Assobiei-lhe e bati com as mãos nas coxas, e ele esgravatou corajosamente, tentando levantar-se, mas em vão. Não conseguia levantar o traseiro do chão.

— Anda lá, *Marley*! — chamei eu, mas ele estava imobilizado. Por fim, agarrei-o pelos membros da frente e endireitei-o para que ele pudesse assentar as quatro patas no chão. Depois, ao fim de algumas tentativas falhadas, conseguiu ter-se de pé. Recuou, olhou apreensivamente para as escadas por alguns segundos, e troteou escadas a cima para dentro de casa. A partir desse dia, a sua confiança de campeão trepador de escadas sofreu um forte revés; nunca mais tentou fazer-se a esses dois degraus sem antes parar e desatar a ganir.

Não restavam dúvidas, envelhecer era uma coisa horrível. E sem dignidade nenhuma.

Marley fez-me pensar no carácter efémero da vida, nas suas alegrias passageiras e oportunidades perdidas. Fez-me lembrar que só temos uma *chance* de chegar ao ouro, sem repetições. Num dia lançamo-nos a nadar pelo mar adentro convencidos de que apanharemos aquela gaivota; no dia seguinte mal somos capazes de beber água da tigela. Tal como Patrick Henry ou qualquer outra pessoa, só tinha uma vida para viver. Passava a vida a fazer a mesma pergunta a mim mesmo: que diabo estava eu a fazer numa revista de horticultura? Não é que o meu novo emprego não tivesse as suas compensações. Estava orgulhoso do que tinha feito à revista. Mas sentia umas saudades de morte dos jornais. Saudades das pessoas que os liam e das que os faziam. Tinha saudades de fazer parte da grande história do dia e da sensação de estar a dar o meu pequeno contributo para fazer a diferença. Sentia saudades da adrenalina de escrever em cima da hora e da satisfação de acordar no dia seguinte e encontrar a minha caixa de correio electrónico cheia de mensagens suscitadas pelos meus textos. Acima de tudo, tinha saudades de contar histórias. Cismava por que razão teria eu abandonado um ofício que me assentava que nem uma luva para ir parar às águas traiçoeiras da gestão de uma revista, com os seus orçamentos miseráveis, implacáveis pressões publicitárias, dores de cabeça com os assistentes e tarefas editoriais ingratas nos bastidores.

Quando um antigo colega meu mencionou de passagem que o *Philadelphia Inquirer* estava à procura de um colunista regional, não hesitei por um segundo. Os lugares de colunistas são extremamente difíceis de obter, mesmo em pequenos jornais, e quando aparecem vagos, são quase sempre preenchidos internamente, como um prémio que se oferece aos veteranos da casa que deram provas do seu valor como repórteres.

O *Inquirer* era muito respeitado, tinha ganho dezassete prémios Pullitzer ao longo dos anos e era um dos maiores jornais do país. Eu era fã, e agora tinha os seus editores a pedir para falar comigo. Nem sequer teria de mudar de casa para aceitar o trabalho. A minha redacção ficaria apenas a três quartos de hora pela Pennsylvania Turnpike — uma troca plausível. Nunca acreditei muito em milagres, mas parecia bom de mais para ser verdade, como uma intervenção divina.

Em Novembro de 2002, troquei as minhas jardineiras por um cartão de jornalista do *Philadelphia Inquirer*. Foi um dos dias mais felizes da minha vida. Estava de volta ao meu *habitat* natural, numa redacção como colunista.

Estava no meu novo emprego havia apenas alguns meses quando sobreveio a primeira grande tempestade de neve de 2003. Os flocos começaram a cair num domingo à noite e quando pararam no dia seguinte havia um manto de sessenta centímetros a cobrir o chão. As crianças ficaram sem escola durante três dias e a nossa comunidade começou a escavá-la lentamente, e eu enviei as minhas crónicas a partir de casa. Com um limpa-neves que pedi emprestado a um vizinho limpei a entrada da garagem e abri um pequeno vale escarpado até à porta. Sabia que *Marley* seria incapaz de trepar as suas paredes abruptas para ir para o quintal, quanto mais lidar com o amontoado de neve que encontraria quando saísse do caminho, por isso abri-lhe uma clareira que os miúdos alcunharam de «quarto do penico» — um pequeno espaço em frente do passeio para ele fazer as suas necessidades. Porém, quando o chamei para experimentar as novas instalações, ele limitou-se a ficar na clareira a farejar a neve de modo suspeito. *Marley* tinha ideias muito próprias relativamente àquilo que constituía um sítio adequado para responder ao chamamento da natureza, e isto não era claramente o que ele tinha em mente. Estava disposto a alçar a perna e fazer chichi, mas não ia além disso. *Fazer cocó num sítio destes? Aqui mesmo frente à janela? Só podes estar a brincar.* Virou costas e, com um valente impulso para subir as escadas escorregadias do alpendre, voltou para casa.

Nessa noite depois de jantar trouxe-o novamente para a rua, e desta vez *Marley* já não pôde dar-se ao luxo de esperar. Tinha de ser. Veio a coxear pela entrada, entrou no quarto do penico e daí seguiu para a entrada da garagem, farejando a neve e pateando no chão coberto de neve. *Não, isto não serve de maneira nenhuma.* Antes que eu pudesse detê-lo, *Marley* conseguiu escalar e transpor a parede de neve que o limpa--neves tinha cortado e começou a atravessar o pátio em direc-ção a um arvoredo de pinheiros-brancos a uns vinte metros de distância. Não podia acreditar; o meu cão artrítico e geriátrico estava a fazer alpinismo. A cada passo que dava as suas coxas cediam e ele afundava-se na neve, onde ficava estendido sobre a barriga por meia dúzia de segundos antes de voltar a levan-tar-se e prosseguir o seu caminho. A pouco e pouco, foi avan-çando lenta e dolorosamente pela neve, utilizando os seus membros da frente, ainda fortes, para empurrar o seu corpo. Eu fiquei na entrada da garagem, a pensar como iria socorrê--lo quando ele finalmente ficasse preso e não pudesse avançar mais. Mas ele prosseguiu a sua marcha e lá alcançou o pinheiro mais próximo. De repente percebi o que ele queria. O cão tinha um plano. Por baixo dos ramos densos da árvore, a neve tinha apenas alguns centímetros de profundidade. A árvore funcionava como um guarda-chuva e uma vez lá debaixo, *Marley* podia movimentar-se livremente e agachar-se confortavel-mente para se aliviar. Tive de admitir que era uma ideia brilhante. Deu várias voltas sobre si próprio, farejou e esgra-vatou o chão como de costume, tentando localizar um relicá-rio digno da sua oferenda diária. Depois, para meu assombro, abandonou o seu confortável refúgio e voltou a fazer-se ao mar de neve rumo ao pinheiro mais próximo. O primeiro sítio parecia-me perfeito, mas não estava claramente à altura dos seus exigentes critérios de qualidade.

Com dificuldade lá alcançou a segunda árvore, mas mais uma vez, ao fim de muitas voltas, achou a área por baixo dos seus ramos inadequada. Assim lançou-se a uma terceira, depois a uma quarta e ainda a uma quinta, afastando-se cada vez mais da entrada. Tentei chamá-lo, embora soubesse que ele não me conseguia ouvir.

— *Marley*, vais ficar atolado, seu palerma! — gritei eu.

Ele continuou a arremeter em frente com uma determinação obstinada. O cão tinha uma missão a cumprir. Finalmente, alcançou a última árvore do nosso quintal, um enorme abeto com um dossel de ramos já perto do sítio onde os miúdos esperavam pelo autocarro da escola. Foi aí que descobriu o bocado de chão que procurava, recatado e só ligeiramente polvilhado de neve. Deu meia dúzia de voltas e agachou-se nas suas coxas artríticas e rangentes. Aí achou finalmente o seu alívio. *Eureka!*

Com a missão cumprida, empreendeu a sua longa viagem para casa. Enquanto ele se debatia com a neve, acenei-lhe com os braços e bati palmas para o encorajar.

— Continua, rapaz! Tu és capaz! — Mas percebi que ele estava a ficar esgotado, e ainda tinha um longo caminho a percorrer. — Não pares agora! — gritei eu.

Mas a uma dúzia de metros da entrada da garagem foi o que ele fez. Estava acabado. Parou e deixou-se cair na neve, exausto. *Marley* não aparentava estar muito aflito, mas também não parecia propriamente à vontade. Lançou-me um olhar preocupado. *E agora o que fazemos, mestre?* Eu não fazia ideia. Podia arrastar-me pela neve até ele, mas e depois? Era demasiado pesado para eu pegar nele e carregá-lo nos braços. Durante vários minutos, deixei-me ficar ali, a chamá-lo e a aliciá-lo, mas *Marley* não se mexia.

— Aguenta — disse eu. — Deixa-me ir calçar as botas que já te venho buscar.

Tinha-me lembrado de que talvez conseguisse pô-lo em cima do tobogã e puxá-lo de volta para casa. Mal me viu aproximar-me com o tobogã, o meu plano revelou-se desnecessário. Levantou-se de um pulo, revivificado. A única explicação que me ocorreu foi que ele se lembrasse da nossa incursão na floresta e sobre a ribanceira e estivesse na expectativa de uma repetição. Arremeteu em direcção a mim como um dinossauro numa jazida de alcatrão. Eu arrastei-me pela neve, calcando um caminho para ele enquanto avançava, e ele arrojava-se centímetro a centímetro. Por fim lá nos arrojámos juntos pelo banco de neve para a entrada da garagem. Ele sacudiu a neve e martelou-me a cauda contra os joelhos, saracoteando, todo convencido e brincalhão, afogueado com a jactância de um aventureiro recém-chegado de uma excursão pela selva.

Na manhã seguinte abri-lhe um caminho estreito até ao abeto no extremo do terreno, e *Marley* adoptou o local como a sua casa de banho particular durante o resto do Inverno. A crise tinha sido evitada, mas havia questões mais importantes no ar. Por quanto tempo poderia ele continuar assim? E quando é que as dores e indignidades da velhice sobrelevariam o simples prazer que ele encontrava num dia de sono pachorrento?

25

VENCER A SORTE

Quando a escola encerrou para as férias de Verão, Jenny arrumou os miúdos na carrinha e foi passar uma semana a Boston com a sua irmã. Eu fiquei para trás a trabalhar. Isto deixou *Marley* sem ninguém em casa para lhe fazer companhia e levá-lo à rua. Um dos muitos embaraços que a idade lhe infligira era a falta de controlo sobre a tripa. Apesar de todo o mau comportamento de *Marley* ao longo dos anos, os seus hábitos de higiene sempre tinham sido exemplares. Era a única característica de que nos podíamos gabar. Desde os primeiros meses que nunca, jamais, tivera acidentes em casa, mesmo que o deixássemos sozinho durante doze horas. Costumávamos gracejar que a sua bexiga era feita de aço e as suas entranhas de pedra.

Isto mudara nos últimos meses. Já não aguentava mais do que duas ou três horas sem fazer as necessidades. Quando a vontade apertava, tinha mesmo de ser, e se não estivéssemos em casa para o levar à rua, não havia outro remédio senão fazer ali mesmo. Ficava doente, e assim que chegávamos percebíamos logo que ele tivera um acidente. Em vez de nos vir receber à porta com a exuberância do costume, deixava-se ficar ao fundo da sala, a cabeça descaída praticamente até ao chão, a cauda enfiada entre as pernas, todo ele cheio de vergonha. Nunca o castigámos por isso. Como poderíamos fazê-lo? Tinha quase treze anos, perto da esperança de vida máxima dos *labradores*. Sabíamos que era mais forte do que ele, e ele também parecia saber. Tinha a certeza de que se ele pudesse falar, confessar-nos-ia a sua humilhação, asseverando-nos que tentara, tentara, que fizera todos os possíveis para não lhe acontecer.

Jenny comprou uma máquina de limpeza a vapor para a carpete e começámos a organizar os nossos horários por forma a não nos ausentarmos de casa por mais do que meia dúzia de horas de cada vez. Jenny saía da escola, onde era voluntária, e ia a correr para casa a fim de sair com *Marley*. Eu abandonava os jantares festivos entre o prato principal e a sobremesa para vir dar uma volta com ele, que *Marley*, claro está, aproveitava para esticar o mais possível, farejando e revolteando pelos quatro cantos do quintal. Os nossos amigos costumavam gracejar questionando quem realmente mandava na casa dos Grogan.

Com Jenny e os miúdos fora, sabia que iria ter dias longos pela frente. Esta era a minha *chance* para poder sair depois do trabalho, vagueando pela região e aproveitando para explorar todas as cidades e bairros sobre os quais tinha agora de escrever. Com o meu novo trajecto, estaria ausente de casa durante dez a doze horas por dia. Não restavam dúvidas de que *Marley* não poderia ficar tanto tempo sozinho, ou sequer por metade desse tempo. Decidimos interná-lo no canil local como fazíamos todos os anos antes de irmos para férias. O canil ficava pegado a uma grande clínica veterinária que alardeava cuidados profissionais, quando não serviços mais pessoais. De cada vez que lá íamos, segundo parecia, víamos um médico diferente que não sabia rigorosamente nada sobre *Marley* a não ser o que vinha escrito na sua ficha. Nunca chegávamos a decorar os seus nomes. Ao contrário do saudoso doutor Jay na Florida, que conhecia *Marley* quase tão bem como nós e que se tinha tornado um membro da família quando nós partimos, estes eram deconhecidos — desconhecidos competentes, mas desconhecidos mesmo assim. *Marley* não parecia importar-se.

— *Uadi* vai pò campo dos caninhos! — guinchava Colleen, e ele empertigava-se como se a ideia tivesse as suas possibilidades. Gracejámos imaginando as actividades que o pessoal do canil lhe iria reservar: cavar buracos das nove às dez; rasgar almofadas das dez e quinze às onze; assaltar caixotes do lixo das onze e cinco ao meio-dia, e por aí fora. Larguei-o num domingo à noite e deixei o meu número do telemóvel à recepcionista. *Marley* nunca parecia estar completamente descansado quando ficava fora de casa, nem mesmo nas instalações familiares das imediações do gabinete do doutor Jay, e eu ficava sempre um pouco preocupado com ele. Após cada estada, regressava com um ar mais esgrouviado, com o focinho em carne viva de o esfregar contra o gradeamento da sua jaula, e quando chegava a casa desfalecia num canto e ficava a dormir durante horas a fio, como se tivesse passado o tempo todo a cirandar na sua jaula com insónias.

Nessa terça-feira de manhã, estava eu junto ao Independence Hall na baixa de Filadélfia quando o meu telemóvel tocou.

Tenha a bondade de aguardar a ligação ao consultório da doutora fulana tal — pediu a funcionária do canil. Era mais uma veterinária cujo nome eu nunca tinha ouvido antes. Alguns segundos depois apareceu a médica ao telefone.

— Temos uma emergência com o *Marley* — disse ela.

O meu coração desatou aos pulos.

— Uma emergência?

A veterinária explicou que o estômago de *Marley* tinha inchado com comida, água e ar, após o que, esticado e distendido, se tinha revirado sobre si mesmo, retorcendo-se e aprisionando o seu conteúdo. Sem sítio nenhum para libertar os gases e os alimentos, o estômago inchara dolorosamente num estado conhecido como dilatação vólvulo-gástrica que o deixara em risco de vida. Era quase sempre necessária uma intervenção cirúrgica para a corrigir, disse ela, e se não fosse tratada poderia resultar na morte do animal num espaço de poucas horas.

Disse-me que tinha inserido um tubo pela garganta a baixo e libertado muitos dos gases que se haviam formado no seu estômago, o que mitigara a inchação. Para além disso, conseguira manejar o tubo por forma a «distorcê-lo» ou «desenrolá-lo», como ela dizia, pelo que estava agora sob o efeito de sedativos a descansar tranquilamente.

— Isso é uma coisa boa, não? — perguntei cautelosamente.

— Mas só temporariamente — disse a médica. — Conseguimos resolver a crise no imediato, mas quando os estômagos se torcem desta maneira, acabam quase sempre por se retorcer outra vez.

— Quase sempre como? — perguntei eu.

— Diria que ele tem um por cento de hipóteses de não se voltar a torcer — informou ela.

Um por cento? Valha-me Deus, pensei eu, *o mais provável seria ele entrar na Universidade de Harvard.*

— Um por cento? Acha mesmo que sim?

— Lamento — disse ela. — É muito grave.

Se o seu estômago voltasse a enrolar-se — o que ela me apresentava como um dado praticamente adquirido —, tínhamos duas alternativas. A primeira era operá-lo. Explicou-me que poderia abri-lo e atar o estômago à cavidade abdominal com pontos para o impedir de voltar a enrolar-se.

— A operação custará cerca de dois mil dólares — disse ela. Eu engoli em seco. — E devo dizer-lhe que é bastante invasiva. Vai ser difícil para um cão da idade dele. A recuperação seria longa e difícil, partindo do princípio de que ele sobreviveria, o que também não era líquido. É frequente os cães velhos como ele não sobreviverem ao trauma da cirurgia — explicou ela. — Se ele tivesse quatro ou cinco anos, seria a primeira a dizer para operar — frisou a veterinária. — Mas com esta idade, julgo que deve pensar bem se está disposto a sujeitá-lo a uma coisa dessas.

— Só em última instância — disse eu. — Qual é a segunda alternativa?

— A segunda alternativa — continuou ela, hesitando ligeiramente — seria pô-lo a dormir.

— Ah — disse eu.

Estava com dificuldade em digerir tudo aquilo. Cinco minutos antes estava eu a caminho de Liberty Bell, partindo do princípio de que *Marley* estava feliz e descansado no seu canil. Agora estavam a pedir-me para decidir se ele devia viver ou morrer. Nunca tinha ouvido falar na doença que ela me descreveu. Só mais tarde vim a saber que era bastante comum em certas raças de cães, especialmente os que tinham uma caixa torácica bem formada, como era o caso de *Marley*. Os cães que tragavam as suas refeições em poucos segundos — *Marley*, mais uma vez — também pareciam mais expostos à doença. Alguns donos desconfiavam de que o stresse de estar no canil poderia desencadear a dilatação, mas mais tarde ouvi citar uma investigação de um professor de Medicina Veterinária afirmando que não havia qualquer relação entre o stresse do canil e a dilatação do estômago. A veterinária ao telefone reconheceu que a excitação de *Marley* com os outros cães do canil poderia ter desencadeado o ataque. Tinha mandado a comida abaixo como de costume e estava a arquejar e a salivar copiosamente, como habitualmente, instigado pelos outros cães à sua volta. Estava convencida de que ele engolira tanto ar e saliva que o seu estômago teria começado a dilatar-se no seu longo eixo, tornando-o mais vulnerável à torção.

— Não podemos esperar para ver o que faz ele? — perguntei eu. — Talvez ele não volte a torcer.

— Isso é o que nós estamos a fazer agora — disse ela — a esperar para ver. Ela reiterou que havia um por cento de probabilidades de isso acontecer e acrescentou: — Se o estômago dele se voltar a enrolar, vou ter de lhe pedir que tome uma decisão rápida. Não o podemos deixar sofrer.

— Preciso de falar com a minha mulher — disse-lhe eu.
— Já lhe telefono.

Quando Jenny atendeu o telemóvel estava num barco de recreio cheio de gente com os miúdos no meio do porto de Boston. Conseguia ouvir os motores do barco a trabalhar e a voz do guia a ribombar através de um altifalante em pano de fundo. Tivemos uma conversa agitada e atabalhoada com uma má ligação. Nenhum de nós conseguia ouvir o outro muito bem. Eu tentei gritar para lhe explicar a situação que tínhamos pela frente. Ela só apanhava fragmentos. *Marley*... emergência... estômago... cirurgia... pô-lo a dormir.

Fez-se um silêncio do outro lado do fio.

— Estou? — disse eu. — Estás a ouvir-me?

— Estou a ouvir — disse Jenny, e voltou a calar-se.

Ambos sabíamos que este dia acabaria por chegar; só não esperávamos que fosse naquele. Logo numa altura em que ela e os miúdos estavam fora da cidade, e nem sequer podiam dizer adeus; comigo a noventa minutos de distância na baixa de Filadélfia e com compromissos profissionais. Quando a conversa chegou ao fim, por entre gritos e palavras da boca para fora e silêncios prenhes, decidimos que não havia decisão nenhuma a tomar. A veterinária tinha razão. *Marley* estava a sucumbir em todas as frentes. Seria uma crueldade submetê-lo a uma cirurgia traumática apenas para tentar impedir o inevitável. Também não podíamos ignorar os custos. Parecia indecente, quase imoral, gastar uma tal quantidade de dinheiro num cão velho no fim da vida quando havia cães abandonados a ser abatidos todos os dias por falta de casa ou, pior ainda, crianças que não recebiam tratamentos médicos adequados por falta de recursos financeiros. Se esta era a hora de *Marley*, tínhamos de nos resignar e zelar para ele partisse de forma digna e sem sofrimento. Sabíamos que era a coisa certa, mas nenhum de nós estava preparado para o perder.

Voltei a telefonar à veterinária e comuniquei-lhe a nossa decisão.

— Tem os dentes podres, é surdo que nem uma porta e as suas coxas estão em tão mau estado que já mal consegue subir as escadas do alpendre — disse-lhe eu como se ela precisasse de ser convencida. — Agora até tem dificuldade em agachar-se para evacuar.

A veterinária, que eu agora sabia chamar-se doutora Hopkinson, tentou facilitar-me as coisas.

— Acho que é chegada a altura — disse ela.

— Também concordo — respondi eu, mas não queria que ela o pusesse a dormir sem me telefonar primeiro. Queria ir lá ter com ele, se fosse possível. — Para além disso — relembrei eu — ainda estou a contar com esse centésimo de esperança.

— Volte a ligar-me daqui a uma hora — pediu ela.

Uma hora depois, *Marley* continuava a aguentar-se, a descansar com o soro na pata da frente. Ela subiu as probabilidades para cinco por cento.

— Não lhe quero criar falsas esperanças — disse ela. — O seu cão está muito doente.

Na manhã seguinte a médica parecia mais animada ainda.

— Passou bem a noite — disse ela. Quando voltei a telefonar ao meio-dia, ela havia-lhe retirado o soro da pata e começou por lhe dar uma papa de arroz e carne. — Está esfomeado — relatou ela. Ao telefonema seguinte, já estava a pé. — Boas notícias — disse ela. — Uma das nossas funcionárias levou-o à rua e ele já fez chichi e cocó. — Eu congratulei-me ao telefone como se ele tivesse acabado de ganhar um concurso de cães. E ela acrescentou: — Deve estar a sentir-se muito melhor. Acabou de me dar uma grande lambidela na boca. — Ora bem, isto já era o nosso *Marley*.

— Se me tivessem dito isto ontem, não acreditava — disse a médica —, mas agora acho que já vai poder levá-lo para casa amanhã.

No dia seguinte, depois do trabalho, foi o que fiz. Estava com um aspecto horrível — fraco e esquelético, os olhos turvos e incrustados de muco, como se tivesse morrido e ressuscitado, o que em certo sentido até parecia ser verdade. Eu próprio também devo ter ficado com um ar um pouco doente quando me apresentaram a conta de oitocentos dólares. Ao agradecer à médica o seu bom trabalho, ela respondeu:

— Toda a gente adorou o *Marley*. Estávamos todos a torcer por ele. — Eu encaminhei-o até ao carro, o meu cão-maravilha-de-um-em-cem, e disse:

— Vamos levar-te para casa, que é onde tu pertences.

Ele ficou a olhar desgraçadamente para o banco detrás, o qual se lhe afigurava tão inacessível como o monte Olimpo. Nem sequer tentou pular lá para dentro. Acenei a um dos funcionários do canil, que me ajudou a levantá-lo cuidadosamente para dentro do carro, e segui para casa com uma caixa cheia de medicamentos e instruções precisas. *Marley* nunca mais voltaria a embuchar uma refeição inteira de rajada, nem a tragar litros de água de uma vez. O tempo de fazer de submarino com o focinho debaixo de água chegara ao fim. A partir de agora, teria direito a quatro pequenas refeições por dia e a rações limitadas de água — meia chávena na sua tigela de cada vez. Deste modo, esperava a médica, o seu estômago manter-se-ia calmo e não voltaria a dilatar e a enrolar-se. Também nunca mais voltaria a ser internado num canil rodeado de cães irrequietos a ladrar. Pessoalmente, estava convencido, tal como a doutora Hopkinson também parecia concordar, que tinha sido esse o factor que precipitara a sua primeira aproximação à morte.

Nessa noite, depois de o ter levado para casa, estendi um saco-cama no chão ao lado dele na sala de estar. *Marley* não estava em condições de subir as escadas até ao nosso quarto, e eu não tive coragem de o deixar sozinho e indefeso.

Sabia que ele iria gemer a noite toda se não estivesse ao meu lado.

— Vamos fazer um acampamento, *Marley*! — exclamei eu, e deitei-me ao seu lado. Fiz-lhe festas da cabeça à cauda até lhe retirar grandes novelos de pêlo das costas. Limpei-lhe o muco dos cantos dos olhos e esfreguei-lhe as orelhas até ele gemer de prazer. Jenny e os miúdos chegariam na manhã seguinte; Jenny iria apaparicá-lo com vários minipratos de hambúrguer cozido com arroz. Tinha levado treze anos, mas *Marley* conseguira finalmente ter direito a comida de gente, não de restos mas sim de refeições cozinhadas especialmente para ele. As crianças abraçá-lo-iam, sem fazerem ideia de como tinham estado perto de nunca mais o ver.

No dia seguinte a casa voltaria a estar barulhenta, buliçosa e cheia de vida. Por hoje, éramos apenas nós dois, *Marley* e eu. Estendido ali com ele, o seu hálito odoroso na minha cara, não podia deixar de pensar na nossa primeira noite juntos há todos esses anos, no dia em que o trouxe para casa pela primeira vez, um pequeno cachorro a chorar pela mamã. Lembrei-me de como arrastara a sua casota para o quarto e da maneira como adormecêramos juntos, eu com o braço de fora da cama para o reconfortar. Treze anos depois, aqui estávamos os dois, inseparáveis como sempre. Lembrei-me da sua infância e adolescência, nos sofás dilacerados e nos colchões roídos, nos longos passeios ao longo da marginal e das danças face a face com a aparelhagem aos berros. Lembrei-me dos objectos engolidos e dos cheques roubados e dos momentos enternecedores de empatia humano-canina. E acima de tudo do leal companheiro que ele tinha sido ao longo destes anos. Fora uma viagem e tanto.

— Pregaste-me um grande susto, meu velho — sussurrei eu enquanto ele se espreguiçava ao meu lado e me enfiava o focinho debaixo do braço para me encorajar a continuar com a festas. — É bom ter-te em casa outra vez.

Adormecemos juntos, lado a lado no meio do chão, ele com o traseiro meio atravessado no meu saco-cama, eu com o braço pousado sobre o seu dorso. Acordou-me uma vez durante a noite, contraindo-se, retraindo as patas, com pequenos latidos de bebé brotando do fundo da sua garganta, mais parecendo tossidos do que outra coisa. Estava a sonhar. A sonhar, imaginei eu, que era jovem e forte outra vez. E a correr como se não houvesse amanhã.

26

TEMPO EXTRA

Ao longo das semanas seguintes, *Marley* regressou das portas da morte. Os seus olhos readquiriram o seu brilhozinho travesso, o seu nariz voltou a ficar húmido como antes e os seus ossos recobraram um pouquinho de carne. Depois de tudo o que tinha passado, não parecia tão mal quanto isso. Contentava-se em dormitar o dia inteiro, privilegiando um sítio diante da porta de vidro da sala de estar onde o sol jorrava e lhe torrava o pêlo. Na sua nova dieta de pequenas refeições, estava permanentemente esfomeado e a pedir e roubar comida mais desavergonhadamente do que nunca. Uma noite apanhei-o sozinho na cozinha erguido sobre as patas traseiras com as da frente no balcão da cozinha, a roubar barras de *Rice Krispies* de uma travessa. Como conseguiu ele levantar-se nas suas frágeis coxas será sempre um mistério para mim. As enfermidades que se danassem, quando o apetite batia à porta, o corpo de *Marley* respondia. Tive vontade de o abraçar, de tão feliz que estava com aquela sua demonstração de força.

O susto desse Verão deveria ter servido para nos arrancar à nossa tendência para negar o envelhecimento de *Marley*, mas não tardámos a acomodar-nos à ideia de que a crise não passara de um caso isolado e que a sua eterna marcha para o ocaso poderia recomeçar mais uma vez. Uma parte de nós queria acreditar que ele poderia arrastar-se assim para sempre. Apesar de todas as suas fragilidades, continuava a ser o mesmo cão feliz e despreocupado. Todas as manhãs depois do pequeno-almoço, troteava pela sala adentro para usar o sofá como guardanapo gigante, esfregando o focinho e a boca a todo comprimento do mesmo e revirando os almofadões pelo caminho. Depois dava meia volta e fazia o mesmo na direcção contrária para limpar o outro lado do focinho. Feito isto, deixava-se cair no chão e rebolava-se de barriga para o ar, abanando-se de um lado para o outro para coçar as costas. Gostava de se sentar e lamber a alcatifa lascivamente, como se tivesse sido untada com o molho mais delicioso do mundo. A sua rotina diária incluía ladrar ao carteiro, visitar as galinhas, ficar a olhar para o comedouro da capoeira e fazer a ronda às torneiras da banheira para ver se havia alguns pingos que pudesse lamber. Várias vezes ao dia virava a tampa do caixote do lixo da cozinha para ver que pitéus poderia repescar. Todos os dias se transmutava em cão de fuga, estrondeando pela casa, com a cauda a bater nas paredes e na mobília, e todos os dias eu tinha de lhe abrir os queixos para lhe extrair toda a sorte de objectos do nosso quotidiano do céu-da-boca — cascas de batata e embrulhos de bolinhos, lenços de papel descartáveis e fio dental. Mesmo depois de velho, havia coisas que não mudavam.

Em vésperas do dia 11 de Setembro de 2003, pus-me a caminho da pequena cidade de Shanksville, na Pensilvânia, onde o voo noventa e três da United Flight se tinha despenhado num descampado dois anos antes, nessa manhã infame, na sequência de uma insurreição dos passageiros. Presume-se que os piratas do ar que haviam sequestrado o avião tencionavam seguir para Washington, DC, a fim de lançar o avião contra a Casa Branca ou o Capitólio, e os passageiros que se precipitaram sobre a cabina terão decerto salvo inúmeras vidas no terreno. Para assinalar o segundo aniversário dos ataques, os meus editores incumbiram-me de visitar o local e dar o meu melhor para captar o eco desse sacrifício e o seu efeito persistente na mente americana.

Passei o dia inteiro no local do embate, arrastando-me pelo monumento de homenagem improvisado que ali fora erigido. Falei com o fluxo constante de visitantes que apareceram para prestar homenagem aos desaparecidos, entrevistei os locais que se recordavam da força da explosão, sentei-me com uma mulher que tinha perdido o cabelo num acidente de carro e que viera ao local do acidente em busca de consolo no pranto colectivo. Documentei as múltiplas recordações e mensagens que enchiam o parque de estacionamento de cascalho. Mas continuava insatisfeito com o meu artigo. Que poderia eu dizer acerca desta imensa tragédia que não tivesse já sido dito? Fui jantar à cidade e debrucei-me sobre as minhas notas. Escrever uma coluna no jornal não é como construir uma torre a partir de blocos; cada fragmento de informação, cada citação e momento que captamos é um bloco. Começamos por construir fundações amplas, suficientemente sólidas para suportar as nossas premissas, só depois trabalhamos a matéria até ao pináculo. O meu bloco de notas estava cheio de blocos de construção sólidos, mas faltava-me o cimento para os agregar. Não fazia ideia do que fazer com eles.

Depois de terminar o meu rolo de carne e chá gelado, voltei ao hotel para escrever. A meio caminho, acometeu-me o impulso de fazer meia volta e regressar ao sítio do embate, que ficava a várias milhas da cidade, tendo lá chegado no preciso momento em que o Sol se escondia por trás de uma colina e os últimos visitantes abandonavam o local. Sentei-me ali sozinho durante bastante tempo, enquanto o pôr do Sol dava lugar ao lusco-fusco e o crepúsculo à noite. Um vento cortante soprava das colinas, pelo que apertei bem o meu impermeável antivento. Dominando o céu, uma bandeira americana drapejava, em tons quase iridescentes na luz exígua do anoitecer. Só então senti a emoção deste local sagrado a envolver-me e

comecei a interiorizar a verdadeira dimensão do que acontecera no céu deste descampado. Olhei para o local onde o avião
tinha batido e depois para a bandeira e senti as lágrimas a arde-
rem-me nos olhos. Pela primeira vez na minha vida dei-me ao
trabalho de contar as listas. Sete vermelhas e seis brancas.
Contei as estrelas, cinquenta estrelas brancas num mar azul
de dor e pesar. Passara a ter outro significado para nós esta
nossa bandeira americana. Para uma nova geração, voltava a
representar a coragem e o sacrifício. Sabia agora o que tinha
de escrever.

Enfiei as mãos nos bolsos e fui até ao limite do parque
de estacionamento de cascalho, onde fiquei a olhar para o escuro.
Ali sozinho na escuridão, senti muitas coisas diferentes. Uma
delas era o orgulho dos meus concidadãos americanos, gente
comum que esteve à altura dos acontecimentos, sabendo que
as suas vidas acabariam ali. Outra era a humildade, pois estava
vivo e incólume aos horrores desse dia e era livre de continuar
a minha vida como marido, pai e escritor. Na solidão da noite,
quase conseguia sentir a finitude da vida e como ela era preciosa. Nós damo-la por garantida, mas ela é frágil, precária,
incerta, susceptível de acabar a qualquer momento sem aviso.
Lembrei-me daquilo que devia ser uma evidência mas nem sempre é: que vale a pena saborear cada dia, cada hora e cada
minuto das nossas vidas.

Senti mais qualquer coisa ainda — uma espécie de assombro face à capacidade ilimitada do coração humano, suficientemente grande para absorver uma tragédia desta magnitude e
ainda encontrar espaço para os pequenos momentos de dor pessoal e afectiva que fazem parte da vida de qualquer pessoa. No
meu caso, um desses momentos era o fim da vida do meu cão.
Com uma pontinha de vergonha, dei-me conta de que mesmo
no meio daquele colosso de dor e pesar que era o voo noventa
e três da United Flight ainda conseguia sentir a angústia da
perda que sabia estar iminente.

Marley estava a viver um tempo extra; isso era claro. Mais tarde ou mais cedo acabaria por sobrevir outra crise de saúde, e quando tal acontecesse não me seria possível lutar contra o inevitável. Qualquer intervenção médica invasiva nesta fase seria uma crueldade, algo que Jenny e eu faríamos mais a pensar em nós do que nele. Adorávamos aquele velho cão tresloucado, adorávamo-lo apesar de todos os seus defeitos — talvez mesmo *por causa* dos seus defeitos. Mas parecia agora claro que era chegada a altura de o deixar partir. Voltei a entrar no carro e regressei ao hotel.

Na manhã seguinte, com a minha crónica já completa, telefonei para casa do hotel. Jenny disse:

— Só quero que saibas que o *Marley* está cheio de saudades tuas.

— O Marley? — perguntei eu. — Então e vocês?

— Claro que temos saudades tuas, seu palerma — disse ela. — Mas o *Marley* está *mesmo* cheio de saudades tuas. Está a dar connosco em doidos.

Na noite anterior, *Marley* tinha percorrido e farejado a casa inteira por diversas vezes à minha procura, contou-me Jenny, vasculhando todas as divisões da casa, procurando por trás das portas e dentro dos armários. Debateu-se penosamente para subir as escadas e, não me encontrando lá em cima, voltou a descer e reiniciou as suas buscas.

— Ficou mesmo em baixo — disse ela.

Chegara mesmo a arriscar a descida abrupta até à cave, onde, até perder a capacidade de descer as escadas escorregadias de madeira, costumava fazer-me companhia durante as longas horas que eu passava a trabalhar na oficina, farejando-me os pés enquanto eu construía coisas, a serradura a flutuar e a cobrir-lhe o pêlo como se fosse neve. Uma vez lá em baixo, *Marley* não conseguia voltar a subir as escadas, e para ali ficava a latir e a ganir até Jenny e os miúdos virem em seu auxílio, segurando-o por baixo, e o empurrarem degrau a degrau.

À hora de deitar, em vez de dormir ao lado da nossa cama como normalmente fazia, *Marley* acampou no patamar, onde podia manter-se de vigia a todos os quartos e à porta de entrada ao fundo das escadas para o caso de eu (1) sair do meu esconderijo ou (2) chegar a casa a meio da noite, no caso de ter saído às escondidas sem o avisar. Foi aí que Jenny o encontrou na manhã seguinte, quando desceu as escadas para fazer o pequeno-almoço. Passaram-se duas ou três horas até ela se aperceber de que *Marley* ainda não dera um ar da sua graça a ninguém, o que era altamente invulgar; era quase sempre ele o primeiro a descer as escadas todas as manhãs, arremetendo escadas a baixo à nossa frente e batendo com a cauda contra a porta da frente para sair. Foi dar com ele a dormir profundamente no chão, bem chegado à nossa cama. Só depois percebeu porquê. Quando se levantara, tinha empurrado inadvertidamente as suas almofadas — Jenny dorme com três — para o meu lado da cama, por baixo dos cobertores, formando um grande vulto no sítio onde eu normalmente dormia. Com a sua visão de Mister Magoo, *Marley* podia ser desculpado por confundir um montão de penas com o seu dono.

— Ele julgava mesmo que tu estavas ali — disse ela. — Eu vi perfeitamente que sim. Estava convencido de que tu estavas a dormir em casa!

Rimos juntos ao telefone, até que Jenny disse:

— Tens de lhe dar um prémio de lealdade. — E tinha. A dedicação sempre fora uma coisa natural no nosso cão.

Tinha regressado de Shanksville há uma semana quando a crise que nós sabíamos poder sobrevir a qualquer momento nos bateu à porta. Estava eu no meu quarto a vestir-me para ir trabalhar quando ouvi um estrondo terrível seguido de Conor aos gritos:

— Socorro! O *Marley* caiu pelas escadas!

Vim a correr e vi-o desengonçado no chão a debater-se para se pôr de pé. Jenny e eu fomos ter com ele a correr e passámos-lhe as mãos pelo corpo, apertando-lhe suavemente os membros, massajando-lhe as costelas e a espinha. Parecia não ter nada partido. Com um gemido, pôs-se de pé, sacudiu-se e afastou-se praticamente sem coxear. Conor presenciara a queda. Disse que *Marley* tinha começado a descer as escadas mas que, ao fim de dois degraus, se apercebera de que toda a gente continuava lá em cima e tentara fazer meia volta. Ao tentar voltar-se, as suas coxas cederam e ele entrou em queda livre a todo o comprimento das escadas.

— Uau, mas que sorte — disse eu. — Podia ter morrido com uma queda destas.

— Não acredito que ele não se tenha magoado — observou Jenny. — Parece um gato com sete vidas.

Mas ele tinha-se magoado mesmo. Daí a alguns minutos começou a ficar entorpecido, e quando cheguei a casa do trabalho nessa noite, *Marley* estava completamente incapacitado, não se mexia. Parecia estar dorido em todo o lado, como se tivesse sido sovado à paulada. Mas o que o deixara de rastos era a sua pata dianteira esquerda; era incapaz de fazer o mais leve peso em cima dela. Eu podia apertar-lha sem que ele ganisse, e desconfiava de que ele tinha rasgado um tendão. Quando me viu, tentou levantar-se para me saudar, mas em vão. A sua pata esquerda estava agora inutilizada, e com as suas patas detrás enfraquecidas já não podia fazer mais nada. *Marley* estava reduzido a um membro, uma situação difícil para qualquer animal de quatro patas. Por fim lá conseguiu levantar-se e tentou pular em três patas para vir ter comigo, mas as detrás cederam e ele caiu redondo no chão. Jenny deu-lhe uma aspirina e encostou-lhe um saco de gelo à pata da frente. *Marley*, sempre brincalhão, mesmo nos momentos difíceis, continuou a tentar comer os cubos de gelo.

Às dez e meia dessa noite continuava sem melhoras e desde a uma tarde que não saía para esvaziar a bexiga. Há dez horas que estava a reter a urina. Eu não fazia ideia de como haveria de o levar à rua e voltar para ele se poder aliviar. Debruçando-me sobre ele e unindo as mãos debaixo do seu peito, consegui pô--lo de pé. Juntos, arrojámo-nos até à porta da frente, comigo a segurá-lo enquanto saltitávamos. Mas ao chegar às escadas do alpendre, *Marley* imobilizou-se. Estava a chover copiosamente, e os degraus do alpendre, a sua nemésis, brilhavam molhados e escorregadios à sua frente. Parecia bastante desanimado.

— Anda lá — disse eu. — Só um chichi rápido e volta-mos logo para dentro. — Mas ele não estava pelos ajustes. A coisa que eu mais queria era convencê-lo a ir até ao alpen-dre e despachar o assunto, mas não havia como ensinar novos truques a este velho cão. Voltou a saltitar para dentro e fitou--me demoradamente como que pedindo desculpa pelo que pres-sentia estar para acontecer. — Vamos tentar mais tarde, *Marley* — disse eu. Como que apanhando esta dica, semiagachou-se nas três patas que lhe restavam e esvaziou a bexiga toda no chão do vestíbulo, espalhando uma poça de urina à sua volta. Era a primeira vez desde que era cachorro que urinava dentro de casa.

Na manhã seguinte, *Marley* estava melhor, embora ainda a coxear como um inválido. Levámo-lo à rua, onde urinou e defecou sem dificuldade. Jenny e eu contámos até três e len-vantámo-lo pelas escadas do alpendre a cima para o levar nova-mente para dentro.

— Tenho um pressentimento — disse-lhe — de que o *Marley* nunca mais vai subir as escadas desta casa.

Era evidente que tinha acabado de subir o seu último lanço de escadas. Daqui para a frente teria de se habituar a viver e a dormir no rés-do-chão.

Trabalhei a partir de casa nesse dia e estava lá em cima no meu quarto, a escrever uma crónica no meu computador portátil, quando ouvi um barulho nas escadas. Parei de escrever e fiquei à escuta. Reconheci imediatamente o som como familiar, uma espécie de ruído retumbante como se fosse um cavalo ferrado a galopar numa plataforma de embarque. Olhei para o umbral da porta e sustive a respiração. Alguns segundos depois, a cabeça de *Marley* assomou na esquina e ele entrou a saracotear-se pelo quarto adentro. Os seus olhos brilharam quando me viu. Com que então estás aí! Bateu-me com a cabeça no colo, implorando que lhe esfregasse as orelhas, o que me pareceu uma justa recompensa.

— Marley, conseguiste! — exclamei eu. — Seu velho pirata! Não acredito que estejas cá em cima!

Mais tarde, enquanto lhe afagava o pescoço sentado com ele no chão, *Marley* revirou a cabeça e abocanhou-me o pulso na brincadeira. Era um bom sinal, uma manifestação do cachorro brincalhão que ainda havia dentro dele. No dia em que ficasse quieto e me deixasse fazer-lhe festas sem se tentar meter comigo seria o dia em que se daria por vencido. Na noite anterior parecia estar às portas da morte, e eu tinha-me preparado mais uma vez para o pior. Hoje estava a arfar e a espernear e a tentar lubrificar-me as mãos. Justamente quando eu pensava que a sua longa e feliz caminhada estava a chegar ao fim, eis que o tinha de volta.

Puxei-lhe a cabeça para cima e obriguei-o a olhar-me nos olhos.

— Tu vais dizer-me quando chegar a altura, não vais? — perguntei, mais em tom de afirmação do que de pergunta. Não queria ter de ser eu a tomar a decisão sozinho. — Vais dizer-me, não vais?

27

O GRANDE PRADO

O Inverno chegou cedo nesse ano, e como os dias se tornassem mais curtos e os ventos uivassem por entre os ramos gelados, nós hibernávamos no aconchego da nossa casa. Eu cortei e rachei um monte de lenha para o Inverno e empilhei-a junto à porta das traseiras. Jenny fazia sopas generosas e pães caseiros, e as crianças voltaram a sentar-se à janela à espera que a neve chegasse. Eu também antecipei o primeiro nevão, mas com um inconfessado sentimento de pavor, pensando como poderia *Marley* resistir a mais um Inverno rigoroso. O anterior já tinha sido bastante difícil, deixando-o visível e dramaticamente debilitado. Não sabia como é que ele iria navegar passeios cobertos de gelo, escadas escorregadias e uma paisagem coberta de neve. Começava a perceber melhor a razão por que havia tantos reformados a ir viver para a Florida e para o Arizona.

Numa tempestuosa noite de domingo em meados de Dezembro, depois de as crianças terem concluído os trabalhos de casa e praticado os seus instrumentos musicais, Jenny pôs pipocas a fazer no forno e declarou uma noite de cinema em família. Os miúdos foram a correr buscar o vídeo, e eu assobiei a *Marley*, para ir à rua comigo buscar um cesto de cavacas de bordo da pilha de lenha. *Marley* remexeu a relva gelada enquanto eu carregava a lenha, estacando de focinho voltado contra o vento, o nariz molhado a farejar o ar gélido como que adivinhando a chegada do Inverno. Bati palmas e acenei com os braços para o chamar e ele seguiu-me para dentro de casa, hesitando em frente dos degraus do alpendre antes de ganhar coragem para a investida, arrastando as patas detrás.

Já dentro, acendi o lume enquanto os miúdos seleccionavam o filme. As chamas deflagraram e o calor irradiou pela sala, levando *Marley*, como era seu hábito, a reclamar o melhor lugar para si, directamente frente à lareira. Eu estendi-me no chão alguns palmos a seu lado e recostei a cabeça numa almofada, mais a olhar para o lume do que a ver o filme. *Marley* não queria perder o seu lugar, mas não conseguiu resistir à oportunidade. Como gostava mais dos humanos era ao nível do chão, totalmente indefesos. E agora, quem era o macho dominante? A sua cauda começou a bater no chão. Depois a sacudir-se na minha direcção. Arrojou-se de um lado para o outro sobre a barriga, as patas traseiras esticadas atrás dele, e daí a pouco estava encostado a mim, esfregando a cabeça contra as minhas costelas. Assim que eu me estiquei para lhe fazer uma festa, acabou-se a fita. Levantou-se nas canetas, sacudiu-se com força, dando-me um banho de pêlo solto, e ficou a olhar de cima para mim, as suas mandíbulas infladas descaindo directamente sobre a minha cara. Quando me comecei a rir, ele tomou isto como luz verde para avançar, e antes que eu tivesse tempo de perceber o que estava a acontecer, já ele tinha escarranchado as patas da frente sobre o meu peito e, numa aparatosa queda livre, aterrou em cima de mim em peso.

— Hugh! — gritei eu.

— Ataque frontal em cheio de *labrador*! — guincharam os miúdos.

Marley mal podia acreditar na sua sorte. Eu nem sequer estava a tentar tirá-lo de cima de mim. Contorceu-se, babou-

-se, lambeu-me a cara de alto a baixo e aninhou o focinho no meu pescoço. Eu mal conseguia respirar sob o seu peso, e ao fim de alguns minutos empurrei metade dele de cima de mim, e assim ficou praticamente até ao fim do filme, com a cabeça, um ombro e uma pata pousados no meu peito e o resto do seu corpo encostado ao meu.

Não quis dizer nada a ninguém, mas dei por mim a gozar o momento, sabendo que não haveria muitos mais como aquele. *Marley* estava no crepúsculo pacífico de uma vida longa e preenchida. Hoje, ao olhar para trás, reconheço essa noite à lareira por aquilo que foi, a nossa festa de despedida. Fiz-lhe festas na cabeça até ele adormecer e mais algumas com ele a dormir.

Quatro dias depois, carregámos a carrinha logo de manhãzinha para irmos passar umas férias em família na Disneylândia da Florida. Seria a primeira vez que as crianças passavam o Natal fora de casa e estavam loucos de excitação. Nessa tarde, preparando-se para partir logo de manhã, Jenny deixou *Marley* no consultório da veterinária, onde esta tomara providências para que ele passasse a nossa semana fora na unidade de cuidados intensivos, onde os médicos e os funcionários poderiam vigiá-lo vinte e quatro horas por dia e onde não seria incomodado por outros cães. Depois de terem visto a sua vida por um fio no Verão anterior, tiveram o maior gosto em lhe arranjar aposentos de luxo e em enchê-lo de atenções sem se cobrarem de mais nada por isso.

Nessa noite enquanto acabávamos de emalar as coisas, tanto Jenny como eu comentámos como era estranho estar numa zona livre de cães. Não tínhamos nenhum canino de grande porte constantemente nos nossos pés, ensombrando-nos cada gesto, tentando esgueirar-se porta fora connosco de cada vez que levávamos um saco do lixo para a garagem. A liberdade era libertadora, mas a casa parecia cavernosa e vazia, mesmo com os miúdos a correr e a saltar de um lado para o outro.

Na manhã seguinte, antes de o Sol desaparecer por trás da linha das árvores, enfiámo-nos na carrinha e apontámos para sul. Pôr a ridículo toda a experiência da Disneylândia é um dos passatempos favoritos do grupo de pais com quem me dou. Já perdi a conta às vezes que disse: «Podíamos levar a família inteira para Paris com o mesmo dinheiro.» Mas toda a gente se divertiu imenso, incluindo o rezingão do papá. De todas as armadilhas possíveis — enjoos, acessos de mau humor induzidos pelo cansaço, bilhetes perdidos, crianças desaparecidas, brigas entre irmãos —, escapámos a todas. Foram umas grandes férias de família e passámos grande parte da longa viagem de regresso ao Norte a recapitular os prós e os contras de cada viagem, cada refeição, cada banho de piscina, cada momento. Quando íamos a atravessar o estado de Maryland, apenas a quatro horas de casa, o meu telemóvel tocou. Era uma das funcionárias do consultório da veterinária. *Marley* estava em estado de letargia, disse ela, e as suas coxas tinham começado a definhar mais do que o normal. Parecia estar em sofrimento. Disse que a veterinária queria a nossa autorização para lhe dar uma injecção de esteróides e medicamentos para as dores. Claro que sim, concordei. Mantivessem-no confortável, nós estaríamos lá no dia seguinte para o ir buscar.

Quando Jenny chegou para o ir buscar na tarde do dia seguinte, no dia 29 de Dezembro, *Marley* parecia cansado e um tanto cabisbaixo mas não propriamente doente. Tal como tínhamos sido avisados, as suas coxas estavam mais fracas do que nunca. A médica falou em fazer-lhe um tratamento para a artrite. Depois veio um funcionário que ajudou Jenny a carregá-lo para dentro da carrinha. Mas meia hora depois de chegar a casa *Marley* começou a tentar vomitar para limpar o muco seco da garganta. Jenny levou-o à rua, mas ele deixou-se ficar no chão gelado, sem se mexer. Ligou-me para o trabalho em pânico.

— Não o consigo fazer voltar para dentro — disse ela. — Está ali ao frio e não se levanta.

Eu saí imediatamente, e quando cheguei a casa, quarenta e cinco minutos depois, já ela tinha conseguido pô-lo novamente de pé e arrastá-lo. Dei com ele espojado na sala de jantar, claramente aflito e transtornado.

Em treze anos nunca tinha conseguido entrar em casa sem que ele se levantasse que nem uma mola, espreguiçando--se, tremendo, arquejando, martelando com a cauda em todo o lado, recebendo-me como se eu tivesse acabado de chegar da Guerra dos Cem Anos. Naquele dia não. Seguiu-me com os olhos enquanto eu entrava na sala, mas não mexeu a cabeça. Ajoelhei-me ao seu lado e esfreguei-lhe o focinho. Nada. Não tentou abocanhar-me o pulso, não quis brincar, tão-pouco levantou a cabeça. Os seus olhos pareciam distantes, a cauda caída no chão.

Jenny tinha deixado duas mensagens na clínica veterinária e estava à espera que um veterinário lhe ligasse, mas começava a tornar-se evidente que se tratava de uma emergência. Fiz uma terceira chamada. Ao fim de alguns minutos, *Marley* levantou-se nas patas trémulas e tentou vomitar outra vez, mas não saía nada. Foi então que reparei no seu estômago; parecia maior do que o habitual, e quando lhe toquei vi que estava rijo. Fiquei destroçado; sabia o que isto queria dizer. Voltei a telefonar para a clínica, e desta vez mencionei a dilatação do estômago de *Marley*. A recepcionista pôs-me em espera por momentos, depois voltou e disse:

— A doutora diz para o trazerem para cá imediatamente.

Jenny e eu não precisávamos de o dizer um ao outro. Ambos sabíamos que chegara o momento. Segurámos os miúdos, dizendo-lhes que *Marley* tinha de ir para o hospital e que os médicos o iam tentar fazer sentir melhor, mas que ele estava muito doente. Enquanto me preparava para partir, olhei para dentro, e vi Jenny e os miúdos a despedirem-se de *Marley*, acocorados à sua volta. Todos tiveram direito a fazer-lhe festas e a passar os seus últimos momentos com ele. As crianças permaneciam obstinadamente optimistas quanto à possibilidade de este cão, que tão importante fora nas suas vidas, voltar a casa brevemente, como novo.

— Fica bom, *Marley* — disse Colleen na sua vozinha fina.

Com a ajuda de Jenny, consegui metê-lo na parte detrás do carro. Ela deu-lhe um último abraço rápido, e eu conduzi-o a caminho da clínica, prometendo ligar assim que soubesse alguma coisa. Ele ficou deitado no banco, com a cabeça pousada no encosto central, e eu conduzi com uma mão no volante e a outra esticada para trás para lhe poder afagar a cabeça e os ombros.

— Ah, *Marley* — repetia eu.

No parque de estacionamento da clínica veterinária, ajudei-o a sair do carro e ele parou para farejar uma árvore onde os outros cães iam todos urinar — sempre curioso, por mais doente que estivesse. Dei-lhe um minuto, sabendo que esta talvez fosse a última vez que saboreava o tão adorado ar livre, depois dei-lhe um puxão delicado no estrangulador e entrei com ele no átrio. Mal atravessou a porta, decidiu que já tinha andado o suficiente e deixou-se cair alegremente no chão de azulejo. Quando os funcionários e eu nos apercebemos que não éramos capazes de o voltar a pôr de pé, foram buscar uma maca, arrastaram-no para cima dela e desapareceram com ele por trás do balcão em direcção à área de observações.

Alguns minutos depois, a veterinária, uma jovem mulher que eu nunca tinha visto antes, apareceu e acompanhou-me à sala de observações, onde colocou dois raios X numa mesa de luz. Mostrou-me como o seu estômago se dilatara para o dobro do tamanho normal. Na chapa, perto da junção do estômago com os intestinos, assinalou duas manchas escuras do tamanho de um punho, as quais, dizia ela, indicavam uma torção. Tal como da última vez, disse que lhe iria dar um sedativo e introduzir-lhe um tubo no estômago para libertar o gás que causava

o inchaço. Depois usaria o tubo para tentar chegar manual-
mente à parte detrás do estômago.

— Não vai ser fácil — disse ela —, mas vou tentar usar
o tubo para lhe tentar repor o estômago no lugar.

Era exactamente a mesma lotaria de um para cem que o
doutor Hopkinson nos explicara no Verão anterior. Tinha resultado uma vez, podia voltar a resultar. Eu permaneci silenciosamente optimista.

— *Okay* — disse eu. — Por favor, faça o melhor que
puder.

Meia hora depois reapareceu com uma expressão sombria. Tentara três vezes e não fora capaz de transpor a obstru-
ção. Tinha-lhe dado mais sedativos na esperança de que estes
lhe relaxassem os músculos do estômago. Como nada disto
resultara, introduzira-lhe um catéter entre as costelas, uma derradeira tentativa de desobstruir o estômago, mas também não
teve êxito.

— Nesta altura — disse ela — a única alternativa que nos
resta é a cirurgia. — Fez uma pausa, como para avaliar se eu
estaria preparado para falar do inevitável, e depois disse: — Ou
então, a coisa mais humana a fazer seria pô-lo a dormir.

Jenny e eu já tínhamos enfrentado esta decisão cinco
meses antes e então tomáramos a difícil resolução. A minha
visita a Shanksville só tinha servido para consolidar a minha
decisão de não sujeitar *Marley* a mais sofrimento. Ali na sala
de espera, porém, confrontado com o momento decisivo mais
uma vez, fiquei petrificado. Pressentindo a minha angústia, a
médica começou a falar nas complicações que podiam resultar da operação de um cão com a idade dele. Outra coisa que
a preocupava, dizia ela, era um resíduo de sangue que tinha
saído do catéter, que indicava problemas nas paredes do estômago.

— Não sei o que poderemos vir a encontrar lá dentro —
esclareceu ela.

Pedi-lhe licença para me retirar a fim de telefonar à minha mulher. No parque de estacionamento contei a Jenny por telemóvel que eles tinham tentado tudo menos a operação sem sucesso. Ficámos em silêncio ao telefone durante um bom bocado até que ela disse:

— Amo-te, John.

— Eu também te amo, Jenny — devolvi eu.

Voltei a entrar e perguntei à médica se poderia passar alguns minutos com ele. Ela avisou-me de que ele estava sob o efeito de sedativos muito fortes.

— Fique o tempo que quiser — disse ela.

Fui dar com ele inconsciente na maca no meio chão, com um tubo de soro na pata. Pus-me de joelhos e passei-lhe os dedos pelo pêlo, como ele gostava. Passei-lhe a mão pelas costas. Levantei-lhe as orelhas descaídas com as mãos — aquelas orelhas loucas que tantos problemas lhe haviam causado ao longo dos anos e que nos tinham custado uma pequena fortuna — e senti-lhes o peso. Puxei-lhe o lábio para cima e olhei para os seus dentes gastos e deteriorados. Peguei-lhe na pata da frente e segurei-a na palma da mão. Depois encostei a minha cabeça contra a dele e deixei-me ficar assim durante um bom bocado, como se pudesse telegrafar uma mensagem através dos nossos crânios, do meu cérebro para o dele. Queria que ele entendesse certas coisas.

— Sabes aquelas coisas que passávamos a vida a dizer sobre ti? — sussurrei. — Que eras um cão impossível? Não acredites. Não acredites nem por um minuto, *Marley*. Precisava de saber isso e algo mais. Havia uma coisa que eu nunca lhe tinha dito. Que nunca ninguém lhe dissera. Que queria que ele ouvisse antes de partir.

— *Marley* — disse eu. — És um cão *bestial*.

Encontrei a médica à espera no balcão da entrada.

— Estou pronto — disse eu.

Tinha a voz a tremer, o que me surpreendeu, pois estava sinceramente convencido de que me tinha preparado para este momento meses antes. Sabia que se dissesse mais uma palavra, acabaria por me desmanchar, por isso limitei-me a acenar com a cabeça e assinei os papéis que ela me deu. Quando acabei de preencher a papelada, segui-a novamente até *Marley*, que continuava inconsciente, e voltei a ajoelhar-me ao pé dele, afagando-lhe a cabeça enquanto ela preparava a seringa para a inserir no soro.

— Está tudo bem? — perguntou ela. Eu assenti com a cabeça, e ela premiu o êmbolo. O seu queixo estremeceu muito ligeiramente. Ela auscultou-lhe o coração e disse que ele tinha abrandado mas continuava a bater. Era um cão muito grande. Preparou uma segunda seringa e voltou a premir o êmbolo. Um minuto depois, voltou a auscultá-lo e disse: — Foi-se embora.

Deixou-me sozinho com ele, e eu levantei-lhe delicadamente uma das pálpebras. Tinha razão. *Marley* tinha partido.

Dirigi-me à recepção e paguei a conta. A médica falou-me em «cremação colectiva» por setenta e cinco dólares ou cremação individual, com devolução das cinzas, por cento e setenta dólares. Não, disse eu: iria levá-lo para casa. Alguns minutos depois, ela e o assistente apareceram com um enorme saco preto num carrinho e ajudaram-me a descarregá-lo no banco detrás. A médica apertou-me a mão e disse-me que tinha muita pena. Fizera tudo o que pudera, acrescentou. Chegara a hora dele, comentei. Depois agradeci-lhe e fui-me embora.

Já no carro, a caminho de casa, comecei a chorar, algo que quase nunca faço, nem mesmo nos funerais. Durou apenas alguns minutos. Quando cheguei ao caminho para a garagem, já vinha de olhos enxutos. Deixei *Marley* no carro e entrei, Jenny estava de pé à minha espera. As crianças continuavam a dormir; iríamos contar-lhes tudo de manhã. Caímos nos braços um do outro e desatámos os dois a chorar baixinho. Tentei explicar-lhe tudo, assegurar-lhe que ele já estava a dormir profundamente quando a hora dele chegou, que não houvera pânico, aflição ou dor. Mas não conseguia encontrar as palavras. Por isso limitámo-nos a embalar-nos nos braços um do outro. Passado um bocado, fomos os dois lá fora e carregámos o pesado saco preto do carro para o carrinho de mão, que eu levei para a garagem para o guardar nessa noite.

28

SOB AS CEREJEIRAS

Passei uma noite maldormida, e uma hora antes do amanhecer esgueirei-me da cama por forma a não acordar Jenny. Bebi um copo de água na cozinha — o café podia esperar — e saí sob uma chuva miudinha e gelada. Peguei numa pá e numa picareta e fui até ao talhão das ervilhas, onde se aglomeravam os pinheiros-brancos onde *Marley* se refugiara para satisfazer as suas necessidades no Inverno anterior. Era aqui que eu decidira dar-lhe o eterno repouso.

A temperatura estava um pouco acima de zero graus e graças a Deus que o chão não estava gelado. Na luz fosca da madrugada, comecei a cavar. Depois de tirar a primeira camada de terra solta à superfície, bati num barro pesado e denso cravejado de pedras — o aterro das fundações da nossa garagem —, pelo que o trabalho foi longo e árduo. Ao fim de quinze minutos despi o casaco e fiz uma pausa para recobrar o fôlego. Meia hora depois estava alagado em suor e ainda mal escavara meio metro de fundo. Ao fim de três quartos de hora, atingi água. A cova começou a alagar-se. Cada vez mais. Daí a pouco já tinha quase dois palmos de água gelada no fundo. Fui buscar um balde e tentei retirá-la, mas esta não parava de afluir. Não havia como depor *Marley* no meio daquele pântano gelado. Nem pensar.

Apesar do tremendo esforço investido — tinha o coração a bater como se tivesse acabado de correr a maratona —, abandonei o local, calcorreei o quintal e detive-me no sopé do monte, no sítio onde relvado e floresta se encontram. Entre duas enormes cerejeiras nativas, com os seus ramos arqueados sobre mim na luz pardacenta da madrugada como uma catedral ao ar livre, lancei a minha pá. Eram estas as árvores por que *Marley* e eu passáramos à tangente na nossa descida louca de tobogã, e eu disse em voz alta: «Este parece ser o sítio está certo.» Este local ficava para lá de onde os buldózeres tinham depositado o desaterro de argilito, sendo que o solo original era leve e bem drenado, o sonho de qualquer horticultor. A escavação foi fácil, e não tardei a ter uma cova oval com cerca de um metro por pouco mais de meio metro em volta e quase metro e meio de fundo. Fui para casa e encontrei os miúdos já levantados, os três a fungar silenciosamente. Jenny acabara de lhes contar.

Vê-los a chorar — o seu primeiro contacto com a morte — afectou-me profundamente. Sim, era apenas um cão, e os cães vão e vêm ao longo da vida das pessoas, por vezes só pelo facto de se tornarem um incómodo. Era apenas um cão, e, no entanto, cada vez que eu lhes tentava falar de *Marley*, vinham-me as lágrimas aos olhos. Disse-lhes que fazia bem chorar e que ter um cão acabava sempre desta maneira triste porque os cães não viviam tanto tempo como as pessoas. Disse-lhes que *Marley* estava a dormir quando lhe deram a injecção e que não sentira nada. Tinha simplesmente desligado e partido. Colleen estava aborrecida por não ter tido a oportunidade de se despedir dele a sério; julgava que ele ia voltar para casa. Eu disse-lhe que me tinha despedido em nome de nós todos. Conor, o nosso artista principiante, mostrou-me uma coisa que tinha feito para *Marley*, para depositar no seu túmulo. Era um desenho de um grande coração vermelho sob o qual escrevera: «Para o *Marley*, espero que saibas quanto gostei de ti toda a minha vida. Estavas sempre lá quando precisei de ti. Na vida e na morte, vou gostar sempre muito de ti. Do teu companheiro, Conor Richard Grogan.» A seguir Colleen fez um desenho de uma menina com um grande cão amarelo e por baixo, com a ajuda do irmão, escreveu: «PS — Nunca te vou esquecer.»

Saí sozinho e levei o corpo de *Marley* até ao sopé do monte, onde cortei uma molho de braças de pinho que espalhei no fundo do buraco. Arrastei o pesado saco preto para fora do carrinho de mão e depositei-o o mais suavemente possível, embora não houvesse como fazê-lo de forma graciosa. Desci para a cova, abri o saco para olhar para ele pela última vez e coloquei-o numa posição natural e confortável — como se estivesse deitado à lareira, enroscado, cabeça pousada sobre o flanco. *Okay*, grandalhão, cá estamos, disse eu. Fechei o saco e voltei a casa para chamar Jenny e os miúdos.

Caminhámos até ao túmulo em família. Conor e Colleen tinham selado as suas mensagens verso contra verso numa capa de plástico, que eu coloquei mesmo ao lado da cabeça de *Marley*. Patrick cortou cinco braças de pinheiro com o seu canivete, uma por cada um de nós. Um a um, lançámo-las ao buraco, com o perfume a envolver o ar à nossa volta. Parámos por momentos, até que todos juntos, como se tivéssemos ensaiado, dissemos: «*Marley*, gostamos muito de ti.» Fui buscar a pá e lancei a primeira pazada de terra para dentro da cova. Esta abateu-se ruidosamente sobre o plástico, fazendo um barulho desagradável, e Jenny começou a chorar. Eu continuei a tapar o buraco. Os miúdos ficaram a olhar em silêncio.

Quando o buraco estava meio cheio, respirei fundo e fomos todos para casa, onde nos sentámos à volta da mesa da cozinha a contar histórias divertidas sobre *Marley*. Tão depressa limpávamos as lágrimas do canto do olho como desatávamos a rir à gargalhada. Jenny contou como *Marley* ficara doido durante as filmagens de *The Last Home Run* quando um desconhecido pegou no bebé Conor. Eu recordei todas as trelas que ele tinha destruído e aquela vez em que fizera chichi no tornozelo do vizinho. Recordámos todas as coisas que ele tinha destruído e os milhares de dólares que nos custara. Agora podíamos rir-nos. Para que os miúdos se sentissem melhor, disse-lhes uma coisa em que não acreditava totalmente.

— Agora o espírito do *Marley* está no céu dos cães — disse eu. — Está num grande prado dourado e gigante, a correr em liberdade. As coxas dele já estão boas outra vez. Está outra vez vivo e alegre, e já voltou a ver bem, e já tem outra vez os dentes todos. Está outra vez no seu melhor — a caçar coelhos o dia todo.

Jenny acrescentou:

— E com imensas persianas para furar a correr.

A imagem de *Marley* a abrir caminho atabalhoadamente pelo céu arrancou uma gargalhada a todos.

A manhã estava a escoar-se e eu ainda tinha de ir trabalhar. Voltei sozinho à cova e acabei de tapar o buraco, delicada e respeitosamente, calcando a terra solta com a bota. Quando o buraco estava nivelado com o chão, coloquei duas pedras pesadas da floresta em cima dele, após o que voltei para casa, tomei um duche rápido e fui a correr para o jornal.

Nos dias imediatamente a seguir a termos enterrado *Marley*, a família mergulhou toda ela em silêncio. O animal que fora o alvo divertido de tantas horas de conversa e histórias ao longo dos anos tornara-se um assunto tabu. Estávamos a tentar retomar as nossas vidas normais, e falar nele tornava as coisas mais difíceis. Colleen, em particular, não suportava ouvir o seu nome ou ver a sua fotografia. Os olhos enchiam-se-lhe de lágrimas; cerrava os punhos e dizia, furiosa:

— Não quero ouvir falar nele!

Retomei o meu ritmo normal, saindo de carro para o jornal, escrevendo a minha coluna, voltando para casa outra vez. Todas as noites ao longo de treze anos encontrara-o sempre à porta à minha espera. Agora, chegar a casa ao fim do dia era a parte mais dolorosa de todas. A casa parecia silenciosa, vazia, às vezes já nem parecia bem uma casa. Jenny aspirava o chão como uma louca, decidida a limpar os baldes de pêlo que *Marley* vinha largando pela casa aos montes nos últimos anos, que se entranhavam em todas as frinchas e pregas. A pouco e pouco, os vestígios do velho cão começaram a desaparecer. Uma bela manhã, ia eu a calçar os sapatos quando reparei que lá dentro, cobrindo as palmilhas, estava uma camada de pêlo de cão, colhido pelas minhas meias ao passear descalço pela casa e que se depositara gradualmente no interior dos sapatos. Fiquei sentado a olhar para os pêlos — chegando a afagá-los com dois dedos — e sorri. Ergui-os para os mostrar a Jenny e disse:

— Não nos vamos conseguir livrar dele facilmente.

Ela riu-se, mas nessa noite no nosso quarto, Jenny, que mal tinha aberto a boca a semana inteira, desembuchou:

— Tenho saudades dele. Sabes, a sério, tenho mesmo saudades dele. Tenho saudades dele de fazer doer cá dentro.

— Eu sei — disse eu. — Eu também.

Quis dedicar uma coluna de despedida a *Marley*, mas tinha receio de derramar as minhas emoções numa torrente de escrita sentimental e auto-indulgente que não faria senão humilhar-me. Por isso ative-me a temas menos caros ao meu coração. Ainda assim, andava com um gravador atrás, e quando me acudia um pensamento, tentava assentá-lo. Sabia que queria retratá-lo como ele realmente era e não como uma reencarnação inverosimilmente perfeita do *Old Yeller* ou do *Rin Tin Tin*, como se houvesse algum perigo nisso. Muitas pessoas reinventam os seus animais depois de mortos, transformando-os em seres nobres e sobrenaturais capazes de fazer tudo pelos seus donos menos fritar ovos para o pequeno-almoço. Queria ser honesto. *Marley* era um chatarrão sem igual que nunca conseguira apreender bem a questão da cadeia de comando. Para dizer a verdade, talvez tenha sido o cão mais malcomportado do mundo. Mas desde o primeiro dia que soube intuir o verdadeiro significado de ser o melhor amigo do homem.

Durante a semana que se seguiu à sua morte, desci a encosta até às cerejeiras. Em parte, queria certificar-me de que não havia animais selvagens de volta dele durante a noite. O túmulo estava intacto, mas já começava a ver que na Primavera teria de trazer o carrinho de mão para juntar algumas carradas de terra àquela onde ele jazia. Acima de tudo queria estar ao pé dele. Enquanto ali permanecia, dei por mim a rememorar pequenos fragmentos da sua vida. Sentia-me envergonhado de ver até que ponto ia a minha dor e pesar pela morte deste cão. Uma dor mais profunda do que por alguns seres humanos que eu tinha conhecido. Não é que eu comparasse a vida do meu cão com a das pessoas, mas fora da minha família mais próxima poucas pessoas se me tinham entregado com tal abnegação. Sem ninguém saber, trouxe o estrangulador de *Marley* do carro, onde ficara desde a sua última viagem ao hospital, e guardei-o debaixo da roupa interior da minha cómoda, onde pudesse tocar-lhe todas as manhãs.

Passei a semana toda com uma dor surda dentro de mim. Era uma dor física, não muito diferente de uma úlcera no estômago. Estava letárgico, desmotivado. Não conseguia sequer arranjar ânimo para me dedicar aos meus passatempos — tocar guitarra, fazer obras de carpintaria, ler. Sentia-me francamente abatido, sem saber bem o que fazer comigo mesmo. Acabava por ir para a cama mais cedo todas as noites, por volta das nove e meia, dez horas.

No dia de Ano Novo fomos convidados para uma festa em casa de uns vizinhos. Os nossos amigos apresentaram-nos todos as suas condolências, mas toda a gente tentou manter a conversa ligeira e animada. Afinal de contas, estávamos na noite de Ano Novo. Ao jantar, Sara e Dave Pandl, um casal de arquitectos paisagísticos que tinham regressado à Pensilvânia vindos da Califórnia para construírem uma casa a partir de um celeiro em pedra, e que se haviam tornado nossos grandes amigos, sentaram-se a um canto da mesa ao pé de mim e conversámos longamente sobre cães e o amor e a perda. Dave e Sara tinham mandado matar a sua adorada *Nelly*, uma pastora-australiana, cinco anos antes, e haviam-na enterrado no monte junto à sua quinta. Dave é uma das pessoas menos sentimentais que eu já conheci, um temperamento calmo e estóico, directamente oriundo da estirpe holandesa da Pensilvânia. Mas quando se falava em *Nelly*, também ele se debatia com uma dor íntima e profunda. Contou-me como tinha calcorreado a floresta pedregosa por trás da sua casa até descobrir a pedra ideal para o túmulo da cadela. Era uma pedra em forma de coração, e ele levou-a a um escultor, que gravou o nome *Nelly* na superfície da mesma. Ao fim de todos estes anos, a morte do animal ainda os deixava profundamente comovidos. Os olhos ensombravam-se-lhes quando falavam nela. Como dizia Sara, pestanejando para reter as lágrimas, às vezes aparece um cão que marca as nossas vidas para sempre e de que jamais nos esqueceremos.

Nesse fim-de-semana dei um longo passeio pelo bosque, e quando cheguei ao jornal na segunda-feira de manhã sabia exactamente aquilo que queria escrever acerca do cão que marcara a minha vida, o cão que eu jamais esqueceria.

Comecei a coluna descrevendo a madrugada em que descera o monte de pá na mão e a sensação estranha de estar na rua sem a companhia de *Marley*, que durante treze anos tomara por sua missão acompanhar-me em toda e qualquer excursão. «E agora cá estava eu sozinho», escrevi eu, «a cavar-lhe esta cova.»

Citei o meu pai, que, quando soube que eu tinha mandado pôr o cão a dormir, teceu o maior elogio que o meu cão alguma vez recebeu:

— Nunca mais vai voltar a haver outro cão como o *Marley*!

Reflecti bastante sobre a melhor forma de o descrever, e eis o resultado a que cheguei: «Nunca ninguém disse que ele era um cão bestial — ou sequer um bom cão. Era selvagem que nem um demónio e forte que nem um touro. Irrompeu através da vida com um estilo que normalmente associamos às catástrofes naturais. Tanto quanto sei, foi o único cão a ter sido expulso de uma escola de obediência.» E continuava: «*Marley* era um roedor de sofás, um rasgador de persianas, um lançador de saliva, um derrubador de caixotes do lixo. Quanto a inteligência, direi apenas que perseguiu a sua própria cauda até ao dia em que morreu, aparentemente convencido de estar à beira de realizar uma memorável proeza canina.» As suas qualidades, porém, não se ficavam por aqui, pelo que passei a descrever a sua intuição e empatia, a sua delicadeza com as crianças, o seu coração puro.

O que eu queria mesmo era dizer como este animal tinha tocado as nossas almas e ensinado algumas das lições mais importantes das nossas vidas. «Uma pessoa pode aprender muitas coisas com um cão, até com um cão tresloucado como o nosso», escrevi eu. «*Marley* ensinou-me a viver cada dia como uma exuberância e alegria ilimitadas, a aproveitar o momento e a seguir o coração. Ensinou-me a apreciar as coisas simples — um passeio na floresta, um nevão fresco, uma sesta numa réstia de luz do Sol numa tarde de Inverno. E quando começou a ficar velho e doente, ensinou-me a ser optimista em face das adversidades. Essencialmente, ensinou-me a importância da amizade e da abnegação e, acima de tudo, da lealdade absoluta.»

Era uma noção interessante que eu só agora, na ressaca da sua morte, começava a assimilar completamente: *Marley* como mentor espiritual. Como mestre e modelo de conduta. Seria possível a um cão — a qualquer cão, mas sobretudo a um cão amalucado e desvairadamente incontrolável como o nosso — mostrar aos humanos as coisas realmente importantes na vida? Eu acreditava que sim. Lealdade. Coragem. Devoção. Simplicidade. Alegria. E também as coisas não importantes. Um cão não tem necessidade nenhuma de carros sofisticados ou de casas sumptuosas ou de roupas da moda. Os símbolos de *status* não lhe dizem nada. Um pau lambido pelo mar serve perfeitamente. Um cão não julga os outros pela cor da pele, credo religioso ou classe social, mas sim por o que elas têm dentro de si mesmas. Um cão não se interessa em saber se somos ricos ou pobres, educados ou iletrados, burros ou inteligentes. Dêem-lhe o vosso coração que ele dar-vos-á o seu. As coisas são na realidade bastante simples, e no entanto somos nós, os humanos, muito mais sábios e sofisticados, quem sempre teve dificuldade em discernir o que é realmente importante ou não. Como escrevi na minha crónica de despedida a *Marley*, apercebi-me de que tudo estava ali mesmo à nossa frente, bastava abrir os olhos. Às vezes era preciso um cão com mau hálito, malcomportado e de intenções genuínas para nos ajudar a ver.

Terminei a minha coluna, entreguei-a ao meu editor, e fui para casa de noite, sentindo-me mais leve, quase levitante, como se tivesse sido aliviado de um peso que tão-pouco sabia carregar.

29

O CLUBE DOS CÃES MALCOMPORTADOS

Quando cheguei ao jornal na manhã seguinte, tinha a luz vermelha das mensagens telefónicas a piscar. Martelei o meu código de acesso e ouvi uma mensagem gravada que nunca ouvira antes. «A sua caixa de correio está cheia», disse a voz. «Por favor apague todas as mensagens desnecessárias.»

Introduzi a senha no meu computador e abri a caixa de correio electrónico. A mesma história. A primeira janela estava cheia de mensagens novas, bem como a seguinte e a outra também. O correio electrónico matinal tornara-se para mim um ritual, um barómetro instintivo, ainda que inexacto, do impacte causado pela crónica do dia anterior. Havia colunas que não suscitavam mais do que cinco a dez respostas, e nesses dias sabia que não tinha chegado às pessoas. Outras suscitavam várias dezenas, nos dias bons. Outras suscitavam ainda mais. Mas esta manhã havia centenas de mensagens, mais do que alguma vez tinha recebido antes. Nos cabeçalhos dos *e-mails* liam-se coisas como «Sentidas condolências», «Da perda», ou simplesmente «*Marley*».

Os amantes dos animais são uma casta especial de seres humanos, espíritos generosos e cheios de empatia. Talvez um pouco dados a sentimentalismos e com corações do tamanho de um céu sem nuvens. A maioria das pessoas que escreveram e telefonaram queria simplesmente exprimir a sua simpatia, dizer-me que também elas tinham passado pelo mesmo e que compreendiam aquilo por que a minha família estava a passar. Outras tinham cães cujas vidas se estavam a aproximar inexoravelmente do fim e receavam o que os esperava, tal como nos havia acontecido.

Um casal escreveu: «Compreendemos perfeitamente e lamentamos a perda do vosso *Marley*, tal como do nosso *Rusty*. Iremos sentir sempre a sua falta e sabemos que nunca serão completamente substituídos.» Um leitor chamado Joyce escreveu: «Obrigado por nos fazerem recordar o *Duncan*, que jaz no nosso pátio das traseiras.» Uma jovem suburbana chamada Debi ajuntou: «A nossa família compreende aquilo que vocês estão a passar. No passado Dia dos Trabalhadores tivemos de pôr o nosso *golden retriever Chewy* a dormir. Tinha treze anos e muitas das mesmas aflições que o John referiu no seu cão. No dia em que já nem sequer foi capaz de se pôr de pé para ir à rua fazer as suas necessidades, percebemos que não o podíamos continuar a fazer sofrer. Também nós fizemos um enterro no nosso quintal, debaixo de um bordo-vermelho, que será sempre um monumento à sua memória.»

Uma assistente social chamada Monica, dona de uma *golden retriever* chamada *Katie*, escreveu: «As minhas lágrimas e condolências para vós. A minha *Katie* tem apenas dois anos e eu estou sempre a pensar cá comigo "Monica, como foste tu deixar esta criatura maravilhosa roubar-te o coração desta maneira?"» De Carmela: «*Marley* deve ter sido um cão bestial para ter uma família que gostava tanto dele. Só os donos dos cães entendem o amor incondicional que eles nos dão e a tremenda dor que sentimos quando nos abandonam.» De Elaine: «Com vidas tão curtas como os nossos animais domésticos têm para passar connosco, e passam a maior parte dela à espera que nós regressemos a casa todos os dias. É incrível quanto amor e boa disposição eles trazem às nossas vidas e como nos ajudam a aproximarmo-nos». De Nancy: «Os cães são uma das maravilhas da vida e acrescentam-lhe tanta, tanta coisa.» De Mary-Pat: «Ainda hoje sinto falta do som dos penduricalhos do *Max* a tilintar enquanto ele cirandava pela casa a verificar as coisas; esse silêncio vai dar convosco em loucos por uns tempos, especialmente à noite.» De Connie: «É uma coisa simplesmente fabulosa, adorar um cão, não é? Faz com que as nossas relações com as pessoas pareçam insonsas como papas de aveia.»

Quando as mensagens finalmente pararam de chegar vários dias depois, resolvi contá-las. Perto de oitocentas pessoas, todas amantes de animais, tinham sido movidas a contactar-me. Era uma efusão incrível, e que catarse não foi para mim. Depois de as ter percorrido a todas — e respondido a tantas quanto me foi possível —, senti-me muito melhor, como se fizesse parte de um enorme grupo de ciberajuda. O meu pranto individual tornara-se uma sessão de terapia colectiva, e no meio daquela multidão de gente ninguém tinha vergonha em admitir que sentia uma dor real e pungente por algo aparentemente tão irrelevante como um velho cão malcheiroso.

Mas houve outra razão que levou os meus correspondentes a telefonar e a escrever. Queriam contestar a premissa central do meu testemunho, a parte em que eu insistia que *Marley* era o cão mais malcomportado do mundo. «Desculpar-me-á», rezava a resposta típica, «mas o seu cão não pode ter sido o cão mais malcomportado do mundo — porque o pior foi o meu.» Para corroborarem a sua posição, mimoseavam-me com relatos pormenorizados do comportamento abominável dos seus cães. Ouvi histórias de cortinas rasgadas, *lingerie* roubada, bolos de aniversário roubados, interiores de automóveis desfeitos, grandes fugas, até mesmo um anel de noivado de diamante, que tornavam o apetite de *Marley* por fios de ouro comparativamente simplório. A minha caixa de entrada fazia lembrar um debate num *talk-show*, *Os Cães Malcomportados e as Pessoas que os Adoram*, com as vítimas voluntárias a fazerem fila para se gabarem orgulhosamente dos seus cães, não só por serem bonitos, mas também malcomportados. Curiosamente ou talvez não, a maioria destas histórias macacas envolvia *retrievers* grandes e tresloucados como o meu. Afinal não estávamos sozinhos.

Uma mulher chamada Elyssa descreveu-me como o seu *labrador Mo* costumava fugir de casa quando deixado sozinho, normalmente arrombando as persianas das janelas. Elyssa e o marido julgavam que conseguiriam conter as manobras evasivas de *Mo* fechando e trancando todas as janelas do rés-do-chão. Não lhes ocorreu fechar também as janelas do andar de cima. «Um dia o meu marido chegou a casa e viu a janela do segundo andar entreaberta. Estava aterrado por ter de ir à procura dele», escreveu ela. Exactamente quando o marido começava a temer o pior, «*Mo* apareceu de repente na esquina da casa com um ar cabisbaixo. Sabia que estava em maus lençóis, mas nós ficámos estupefactos por ele não se ter aleijado. Tinha voado pela janela e aterrado num arbusto espesso que lhe atenuou a queda.»

Larry o Labrador engoliu o sutiã da dona e vomitou-o inteiro dez anos depois. *Gipsy*, outro *labrador* de espírito aventureiro, devorou uma janela veneziana. *Jason*, uma mistura de *retriever* e *setter* irlandês, engoliu o tubo de um aspirador de metro e meio, «com um arame de reforço por dentro e tudo», contou Mike, o seu dono. «O *Jason* também abriu um buraco de sessenta centímetros por noventa numa parede de gesso e atulhou uma trincheira de um metro de comprimento na carpete, estendendo-se desde o seu sítio preferido à janela», escreveu Mike, acrescentando, «mas eu adorava aquele animal.»

Phoebe, uma arraçada de *labrador*, foi expulsa de dois canis de acolhimento, onde nunca mais foi autorizada a entrar. A dona, Aimee, escreveu: «Parece que era a líder do bando, não só a arrombar a sua própria jaula como a fazer o favor de libertar os outros cães. Depois banqueteavam-se liberalmente durante a noite.» *Hayden*, um *labrador* de quarenta e cinco quilos, comia praticamente tudo o que lhe aparecia à frente, contou a dona, Carolyn, incluindo uma caixa inteira de comida para peixes, um par de sapatos suecos e um tubo de supercola, «em refeições diferentes». E acrescentava: «A sua maior proeza, no entanto, foi quando arrancou a ombreira da porta da garagem — onde eu cometera a estupidez de lhe prender a coleira — para poder ir estender-se ao sol.»

Tim contou que o seu *labrador Ralph* era tão bom ladrão de comida como *Marley*, mas mais esperto. Um dia, antes de sair, Tim colocou uma enorme tablete de chocolate em cima do frigorífico, onde ficaria fora do alcance de *Ralph*. O cão, contou o dono, abriu as gavetas do armário da cozinha, e utilizou-as como degraus para subir para a bancada, onde conseguiu equilibrar-se nas patas detrás e alcançar o chocolate, que desapareceu sem deixar rasto quando o dono chegou a casa. Apesar da *overdose* de chocolate, *Ralph* não deu parte fraca. «De outra vez», escreveu Tim, «*Ralph* abriu a porta do frigorífico e esvaziou-o por completo, incluindo coisas guardadas em frascos.»

Nancy recortou a minha crónica para guardar porque *Marley* era extraordinariamente parecido com a sua *retriever, Gracie*. «Deixei o jornal na mesa da cozinha e voltei-me para trás para guardar a tesoura. Quando me virei outra vez, *Gracie* tinha comido o artigo.»

Uau, sentia-me melhor a cada minuto que passava. *Marley* já não me parecia assim tão terrível. No mínimo, podia dizer-se que tinha muito boa companhia no Clube dos Cães Malcomportados. Trouxe várias mensagens para casa para as mostrar a Jenny, que se riu pela primeira vez desde que *Marley* morrera. Os meus novos amigos da irmandade secreta dos donos de cães disfuncionais tinham-nos ajudado mais do que alguma vez poderiam imaginar.

Os dias e as semanas sucederam-se e o Inverno deu lugar à Primavera. As abróteas despontaram na terra e desabrocharam em redor do túmulo de *Marley*, onde vinham repousar as flores brancas de cerejeira. Gradualmente, a vida sem o nosso cão começou a tornar-se mais confortável. Passavam-se dias sem que eu sequer pensasse nele, até que algum sinal — um dos seus pêlos na minha camisola, o retinir do seu estrangulador quando eu abria a gaveta para apanhar um par de meias — trazia-mo subitamente de volta. À medida que o tempo passava, as reminiscências eram cada vez mais agradáveis e menos dolorosas. Momentos há muito esquecidos lampejavam-me no espírito com uma nitidez vívida, como se fossem cenas de família revisitadas em cassetes de vídeo muito antigas: a maneira como Lisa, a jovem esfaqueada, beijara *Marley* no focinho quando saiu do hospital. A forma como fora apaparicado pela equipa de cinema. O modo como a senhora do correio lhe enfiava um biscoito pela fresta da porta todas as manhãs. A maneira como segurava as mangas nas patas dianteiras enquanto lhes mordiscava a polpa. A forma como arrebatava as fraldas dos bebés com aquela alegria narcótica estampada no focinho, e como implorava pelos seus tranquilizantes como se fossem bocados de bife. Pequenos momentos que mal pareciam dignos de ser relembrados. Mas agora, cá estavam eles, desfilando ao acaso no meu ecrã mental nas alturas e locais mais improváveis. A maioria deles fazia-me sorrir; outros faziam-me morder o lábio e parar para pensar.

Estava numa reunião de trabalho no jornal quando fui acometido pela seguinte cena: estávamos ainda em West Palm Beach, quando *Marley* era cachorro e Jenny e eu dois jovens recém-casados de olhos sonhadores. Íamos nós a passear ao longo do canal Intracosteiro num dia de Inverno soalheiro, de mãos dadas, *Marley* à nossa frente, rebocando-nos pelo caminho. Deixei-o saltar para o quebra-mar de betão, que tinha mais de meio metro de largura e ficava a menos de um metro acima da linha de água.

— John — protestou Jenny. — Ele pode cair.

Eu olhei para ela cepticamente.

— Achas que ele é assim tão estúpido? — perguntei. — O que julgas que ele vai fazer? Deixar-se cair do muro a baixo?

Dez segundos depois, foi exactamente isso que ele fez, aterrando na água de chapão e requerendo uma complexa operação de salvamento para o guindar novamente para o muro e de volta a terra firme.

Alguns dias depois ia na estrada a caminho de uma entrevista quando, sem qualquer motivo aparente, me surgiu outra cena dos nossos primeiros tempos de casados: um fim-de-semana romântico numa cabana à beira-mar na ilha de Sanibel antes de os nossos filhos nascerem. A noiva, o noivo — e *Marley*. Eu tinha-me esquecido completamente desse fim-de-semana, e agora cá estava ele outra vez, reproduzido em tons vívidos: seguíamos de carro através do estado com ele entalado entre nós a desengatar ocasionalmente a alavanca das mudanças com o focinho. Nós a darmos-lhe banho na banheira da nossa casa alugada depois de um dia na praia, espalhando bolas de sabão, borrifos de água e rajadas de areia por todo o lado. Mais tarde, Jenny e eu fazendo amor por baixo dos lençóis de algodão macio, com uma brisa marítima a correr sobre nós, e a cauda de lontra de *Marley* a bater contra o colchão.

Foi um dos protagonistas principais de alguns dos capítulos mais felizes das nossas vidas. Capítulos de amor e juventude e novos horizontes, de carreiras florescentes e bebés recém-nascidos. De sucessos repentinos e desilusões avassaladoras; de descoberta, liberdade e auto-realização. Entrou nas nossas vidas exactamente na altura em que nós tentávamos perceber no que elas se iriam tornar. Juntou-se a nós enquanto nos debatíamos com aquilo que todos os casais acabam por se confrontar, o processo por vezes doloroso de forjar um futuro comum a partir de dois passados distintos. Tornou-se parte do nosso tecido comum, um fio intrincado e insepará-vel do entrançado que nós formávamos. Tal como nós ajudá-ramos a fazer dele o animal doméstico em que viria a tornar-se, também ele ajudou a moldar-nos — como casal, como pais, como amantes de animais, como adultos. Apesar de tudo, de todas as desilusões e expectativas não correspondidas, *Marley* tinha-nos dado uma prenda, ao mesmo tempo grátis e sem preço. Ensinou-nos a arte do amor absoluto. Como dá-lo e recebê-lo. Quando assim é, todas as outras coisas tendem a bater certo.

No Verão que se seguiu à sua morte instalámos uma pis-cina, e não pude deixar de pensar como *Marley*, o nosso incan-sável cão-d'água, a teria adorado, mais do que algum de nós era capaz, mesmo enquanto lhe esgadanhasse o fundo com as patas e lhe entupisse o filtro de pêlo. Jenny ficou maravilhada ao ver como era fácil manter a casa limpa sem um cão a largar pêlo e a babar-se e a espalhar carradas de terra pela casa. Eu admitia como era fácil andar descalço pela relva sem ter de reparar sempre onde punha os pés. O jardim estava definitivamente melhor sem um caçador de coelhos grande e de pata pesada a amachucar tudo quanto era planta. Não restavam dúvidas, a vida sem um cão era mais fácil e incomparavelmente mais sim-ples. Podíamos ir passar um fim-de-semana fora sem termos de tratar do alojamento do animal. Podíamos ir jantar fora sem termos de nos preocupar com os objectos de valor nos armá-rios e nas estantes. Os miúdos podiam agora comer sem ter de vigiar os seus pratos. O caixote do lixo já não tinha de ir para cima da bancada da cozinha sempre que saíamos. Finalmente, podíamos recostar-nos e gozar calmamente o espectáculo assom-broso de uma tempestade. Eu gostava especialmente da liberdade de poder cirandar pela casa sem ter um íman amarclo gigante colado aos calcanhares.

Ainda assim, havia um sentimento de incompletude na nossa família.

Uma bela manhã de fim de Verão desci para tomar o pequeno-almoço, e Jenny estendeu-me uma secção do jornal dobrada por forma a mostrar uma página interior.

— Não vais acreditar nisto — disse ela.

Uma vez por semana, o nosso jornal local anunciava um cão de um abrigo de acolhimento em busca de um novo dono. O retrato incluía sempre uma fotografia do animal, o seu nome e uma breve descrição do mesmo, escrita como se o cão pudesse falar na primeira pessoa, defendendo a sua própria causa o melhor possível. Era um truque publicitário que os responsáveis do abrigo usavam para fazerem os cães parecer adoráveis e encantadores. Sempre acháramos os resumos dos cães divertidos, nem que fosse só pela maneira como se esforçavam por puxar o lustro a cães indesejados que já tinham ultrapassado as marcas pelo menos uma vez.

Naquele dia, olhando fixamente para mim a partir da folha de jornal estava um focinho que eu reconheci imediatamente. O nosso *Marley*. Ou pelo menos um cão que podia ser seu gémeo idêntico. Era um enorme *labrador* amarelo com uma cabeça em forma de bigorna, sobrolho sulcado e orelhas frouxas rebatidas para trás num ângulo cómico. Tinha os olhos fixos na objectiva com uma intensidade vacilante que nos deixava adivinhar que segundos antes de a fotografia ter sido tirada teria atirado o fotógrafo por terra e tentado engolir-lhe a máquina. Por baixo da fotografia vinha o nome: *Lucky*. Li a sua ficha de venda em voz alta. Eis o que *Lucky* tinha a dizer de si próprio: «Cheio de gás! Ficaria bem numa casa sossegada enquanto fosse aprendendo a controlar os meus níveis de energia. Não tive uma vida fácil, por isso a minha nova família precisará de ter paciência comigo e continuar a ensinar-me a ser um cão bem-comportado.»

— Meu Deus — exclamei eu. — É ele. Ressuscitou dos mortos.

— Reencarnação — disse Jenny.

Era extraordinário ver até que ponto *Lucky* era parecido com *Marley* e como a descrição também lhe assentava que nem uma luva. Cheio de gás? Dificuldade em controlar a energia? Aprender a ser bem-comportado? Estávamos bem familiarizados com estes eufemismos, pois também nós os usáramos sobejamente. O nosso cão mentalmente perturbado estava de volta, jovem e viçoso outra vez, e mais selvagem do que nunca. Ficámos os dois ali a olhar para o jornal, sem dizer nada.

— Acho que podíamos ir só vê-lo — disse eu por fim.

— Só pela graça — acrescentou Jenny.

— Isso. Só por curiosidade.

— Qual é o problema de ir lá ver?

— Nenhum — concordei eu.

— Então — disse ela — porque não?

— Não temos nada a perder.

AGRADECIMENTOS

Ninguém é uma ilha, e isto aplica-se também aos autores, por isso gostaria de agradecer às muitas pessoas que me ajudaram a fazer deste livro uma realidade. À cabeça desta lista, permitam-me começar por exprimir a minha admiração à minha agente, a talentosa e incansável Laurie Abkemeier, da DeFiore e Companhia, que acreditou nesta história e na minha capacidade para a contar ainda antes de eu próprio acreditar plenamente neste meu projecto. Estou convencido de que sem o seu inabalável entusiasmo e aconselhamento este livro ainda estaria trancado na minha cabeça. Obrigado, Laurie, por teres sido minha confidente, defensora e amiga.

Os meus sentidos agradecimentos ao meu maravilhoso editor, Mauro DiPreta, cuja edição judiciosa e inteligente tornou este livro melhor, e à sempre jovial Joelle Yudin, que foi tomando nota de todos os pormenores. Obrigado ainda a Michael Morrison, Lisa Gallagher, Seale Ballenger, Ana Maria Allessi, Christine Tanigawa, Richard Aquan e a todas as pessoas do grupo HarperCollins, por se apaixonarem pelo *Marley* e a sua história, e por tornarem este sonho realidade.

Devo ainda um agradecimento aos meus editores do *Philadelphia Inquirer*, por me salvarem do meu exílio auto-imposto da vida do jornal, de que tanto gosto, e pela dádiva inestimável que é ter a minha própria coluna num dos maiores jornais da América.

Estou mais do que grato a Anna Quindlen, cujo entusiasmo e incitamento são mais importantes para mim do que ela algum dia poderá imaginar.

Um obrigado do coração a Jon Katz, que me deu conselhos e sugestões preciosos e cujos livros, especialmente *A Dog Year: Twelve Months, Four Dogs and Me*, foram uma inspiração.

A Jim Tolpin, um advogado ocupado que arranjou sempre tempo para me dar conselhos sábios sem esperar nada em troca. A Pete e Maureen Kelly, cujo companheirismo — e casa de campo com vista para o lago Huron — foi o tónico que eu precisava. A Ray e JoAnn Smith, por estarem lá quando eu mais precisava deles, a Timothy R. Smith, pela música magnífica que me fazia chorar. A Digger Dan, pelas generosas provisões de carnes fumadas, e aos meus irmãos, Marijo, Timothy e Michael Grogan, pelo ânimo. A Maria Rodale, por me confiar uma herança familiar tão preciosa e por me ajudar a achar o meu equilíbrio. A todos esses amigos e colegas, demasiado numerosos para mencionar aqui, pela sua simpatia, apoio e bons votos... a todos vós, obrigado.

Ser-me-ia impossível realizar este projecto sem a minha mãe, Ruth Marie Howard Grogan, que desde cedo me ensinou o prazer de uma história bem contada e partilhou o seu dom de contar histórias comigo. É com tristeza que recordo e presto homenagem ao maior dos meus fãs, o meu pai, Richard Frank Grogan, que morreu a 23 de Dezembro de 2004, quando este livro ainda estava em fase de produção. Não teve tempo de o ler, mas uma noite, com a sua saúde já debilitada, tive a oportunidade de me sentar à sua cabeceira e de lhe ler os primeiros capítulos em voz alta, chegando mesmo a fazê-lo rir. Esse sorriso ficará comigo para sempre.

Tenho uma enorme dívida de gratidão para com a minha mulher, Jenny, e os meus filhos, Patrick, Conor e Colleen, por me deixarem trazê-los para a praça pública, partilhando os pormenores mais íntimos das nossas vidas. Obrigado pelo vosso desportivismo, não tenho palavras para dizer como vos adoro.

Por fim (sim, mais uma vez em último), tenho de agradecer a esse meu insuportável amigo de quatro patas, sem o qual este *Marley e Eu* não existiria. Ficaria certamente feliz de saber que a sua dívida por todos os almofadões rasgados, estuque esgadanhado e valores engolidos está agora plena e oficialmente saldada.

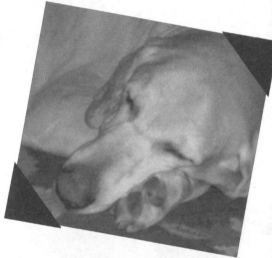